“十二五”国家重点图书

美国公共学校种族隔离的终结

Meiguo Gonggong Xuexiao Zhongzu Geli de Zhongjie

祝贺 著

美国教育变革研究丛书

总主编 张斌贤

浙江出版联合集团
浙江教育出版社

图书在版编目（C I P）数据

美国公共学校种族隔离的终结 / 祝贺著. -- 杭州 :
浙江教育出版社, 2014.6
（美国教育变革研究丛书）
ISBN 978-7-5536-1877-7

Ⅰ. ①美… Ⅱ. ①祝… Ⅲ. ①高等学校－种族隔离－
教育史－研究－美国 Ⅳ. ①G649.712.9

中国版本图书馆CIP数据核字(2014)第124099号

美国教育变革研究丛书
美国公共学校种族隔离的终结
祝　贺　著

责任编辑 潘新国
责任校对 陈云霞
封面设计 曾国兴
责任印务 温劲风
出版发行 浙江教育出版社
（杭州市天目山路 40 号　　邮编 310013）
激光照排 杭州兴邦电子印务有限公司
印　　刷 杭州富春印务有限公司
开　　本 710mm × 1000mm　　1/16
印　　张 16.75
插　　页 1
字　　数 258 000
版　　次 2014 年 6 月第 1 版
印　　次 2014 年 6 月第 1 次印刷
标准书号 ISBN　978-7-5536-1877-7
定　　价 34.00 元
联系电话 0571-85170300-80928
电子邮箱 zjjy@zjcb.com
网　　址 www.zjeph.com

总序

从2001年起，北京师范大学外国教育史教学科研团队一直把美国教育史作为主要的研究领域之一。十余年来，陆续承担和完成了20多项全国教育科学规划和教育部人文社科规划课题，先后培养了数十名博士和硕士研究生，累计出版了数十种著作和译著，发表了数以百计的论文。迄今为止，美国教育史研究已成为北京师范大学外国教育史学科建设的基本特色，在国内教育学界产生了较为广泛的影响。

为集中呈现团队的研究成果，2008年以来，我们先后在河北大学出版社出版了"美国研究型大学探索译丛"(6种)，在北京师范大学出版社出版了"京师高等教育发展论丛"(8种)，在安徽教育出版社出版了"美国教育经典译丛"(10种)，并组织编写了"美国著名大学校长评传"(10种，即将由安徽教育出版社出版)。上述著作主要反映了2001—2008年间团队的研究成果。

2009年初，我从繁重的行政工作中脱身出来，有了更多的时间和精力系统反思我们团队在过去几年开展的业务工作及其成败得失。经过较长时间的思考以及与同事、学生的深入讨论，我逐渐意识到，尽管美国教育的发展历史非常短暂，但由于这段历史本身所具有的丰富性和复杂性，教育史学界原有的以研究长时段、大问题、大趋势(或过程)为特征的研究取向和以宏观把握为特点的研究方式，是难以真正达成对美国教育历史发展的深刻认识的。要想深入认识和理解美国教育的历史，应当转换视角，从对宏观的历史过程的把握转向对微观的历史事件的认识，更多地关注那些在美国教育历史发展过程中具有重大意义的、具体的和微观的历史事件与历史现象，更多地关注那些在美国历史转变时期所发生的重大教育变革。我相信，只有实现了这样的转换，才有可能基于充分翔实的文献资料，深入到每一个研究对象的内部，客观地还原或重构历史，从而获得科学的认识；我相信，只有实现了这样的转换，才有可能真正地在具体的研究实践中填平长期以来"困扰"外国教育史学界的思想史与制度史的割裂;我相信,只有实现了这样的转换,才有可能从根本上提高外国教育史学科研究的学术化和科学化水平。

这套“美国教育变革研究丛书”所收录的著作正是我们团队近年来转换美国教育史研究视角所做尝试的初步成果。本丛书的出版首先应当感谢浙江教育出版社张宝珍总编,没有张总编的大力支持和精心筹划,难以在较短时间内完成出版工作。浙江教育出版社多名编辑为丛书的出版付出了辛劳,在此一并致谢。

我衷心地感谢参与本丛书写作任务的各位作者。他们任教于不同的高校,都承担着繁重的教科研任务,能在较短的时间内完成写作和修改,确实难能可贵。我也由衷地希望丛书的出版能为他们的专业发展提供重要的动力。

本丛书是我有幸获聘2011年度长江学者特聘教授后组织的第一项学术“工程”,也是我计划在今后开展的美国教育史研究的第一阶段成果。今后几年中,我们团队还将陆续出版相关著作,向教育学界展现我们的研究心得。我们渴望得到来自学界的批评指正,以使我们今后的研究工作沿着科学的方向不断推进。

本丛书得到“中央高校基本科研业务费专项资金资助”(supported by “the Fundamental Research Funds for the Central Universities”),谨此致谢。

张斌贤

2013年4月于北京师范大学

目 录

导　言

一

“布朗诉教育委员会案”[Brown v. Board of Education,347 U. S. 483 (1954),全名为 Oliver Brown et al. v. Board of Education of Topeka,et al.,以下简称“布朗案”]是美国教育史上最为重要的教育判例之一,它判决在普莱西诉弗格森案[Plessy v. Ferguson,163 U. S. 537(1896),以下简称“普莱西案”]中确立的“隔离但平等”违宪,从法律上取消了美国长期以来存在的黑人与白人在公共教育领域的种族隔离制度,并由此在美国掀起了废除种族隔离的高潮,被称作美国历史上的“世纪之案”①,同时也被认为是用司法能动主义保护少数群体权利的“典范性事件”②,是一个“自由派宪政主义的偶像”③,甚至是一个“神话”④。虽然这一案例只是否定了美国南方各州公共教育领域里黑人和白人之间的种族隔离,却挑战了美国人长期以来的生活方式:它不仅使南方黑人的受教育状况发生了巨大的变化,同时也激发了北方和西部存在事实性种族隔离地区的教育工作者重新反思和评价这种不合理的制度。这一案件的影响远远超出了教

① [美]L. 迪恩·韦布. 美国教育史:一场伟大的美国实验[M]. 陈露茜,李朝阳,译. 合肥:安徽教育出版社,2010:237.

② Cover, Robert M. *The Origins of Judicial Activism in the Protection of Minorities*[J]. *The Yale Law Journal*. Jun., 1982.

③ Carter, Stephen L. *Do Courts Matter?* [J]. *Michigan Law Review*, Vol. 90, No. 6, 1992.

④ Kirp, David L. *How Now, Brown*[N]. The Nation, June 1, 1992.

育领域，它加深了人们对平等公民权的认识，成为以后一系列重大社会关系和政策产生与变化的催化剂，也为全美国范围内种族关系的改变奠定了法律基础①。这个案件的审判在美国人的生活中最终导致了一场社会革命与文化革命②，标志着美国的种族关系将发生根本性的变革③，耶鲁大学法学院院长路易斯·H. 波拉克（Louis H. Pollak）称布朗案的判决为"自《独立宣言》以来，美国最为重要的政府行为"。④

有多方力量参与到了布朗案的审理过程中，包括联邦最高法院的两位首席大法官、八位大法官、全国有色人种协进会、国会议员、南方各州的州长和总检察长、联邦司法部等等，他们从不同的角度、以不同的方式影响着布朗案的审理过程。虽然联邦最高法院的九位法官最终一致判决南方公共教育中的种族隔离违宪，但布朗案判决的实施效果并不理想，布朗案判决之后的十年内，实际上"什么都没有发生"。⑤ 美国联邦最高法院虽然没有行政权，不能强迫各州按照其判决行事，但在英美法系的判例法传统之下，联邦最高法院拥有至高无上的地位，做出的法庭判例受到人们的尊敬，并且为以后的法律裁决起到示范作用。在尊崇法制的美国，为什么联邦最高法院的布朗案判决在颁布十年之后都没能彻底实现黑人和白人同校上学？布朗案究竟对美国的教育、种族关系、社会结构产生了怎样的影响？作者通过阅读相关历史文献资料发现，布朗案之所以对美国社会产生复杂的影响，是因为它的审理过程极为复杂、曲折，多方力量参与到了布朗案的审理过程中。如果没有对这个复杂过程进行系统、清晰的梳理，就无法进一步考虑布朗案对美国社会造成的深远影响，也无法透彻地认识和理解美国社会的种族关系现状。

---

① 屈书杰. 从种族隔离到学校一体化：20 世纪美国黑人教育[D]. 河北大学，2002：73.

② [美]保罗·布莱斯特. 法律决策的过程：案例与材料（下册）[M]. 陆符嘉，等，译. 北京：中国政法大学出版社，2002：733.

③ [美]韦恩·厄本. 詹宁斯·瓦格纳. 美国教育：一部历史档案[M]. 周晟、谢爱磊，译. 北京：中国人民大学出版社，2009：413.

④ Friedman, Leon. ed. *Argument: The Oral Argument Before the Supreme Court in Brown v. Board of Education of Topeka, 1952—1955*[M]. New York: Chelsea House Publishers, 1969: preface.

⑤ Muse, Benjamin. *Ten Years of Prelude: the Story of Integration since the Supreme Court's 1954 Decision*[M]. New York: the Viking Press, 1964.

本书将在尽可能充分收集历史文献资料的情况下，通过追溯布朗案产生、审理、判决和实施的过程，分析这一过程的复杂性和曲折性，探索布朗案判决为什么没能从根本上实现不同种族的学生同校上学的任务。

研究布朗案的整个审理和判决过程，能够进一步深刻认识美国教育上的重要问题，从而更加清晰地梳理美国教育史的框架和发展脉络。在美国教育史上，种族关系问题始终是一个关键问题，1896—1954 年长达半个多世纪的种族隔离则使公共教育中的种族矛盾和冲突变得更为尖锐。布朗案判决第一次从法律的角度阐明了美国公共教育中的种族隔离制度违宪，在教育史、法律史上具有极为重要的影响。它虽然只否定了美国南方公共教育中的种族隔离，却发挥了导火索的作用，推动黑人民众争取社会变革的胜利。① 我们虽然对布朗案耳熟能详，国外也有关于布朗案的大量历史文献，但这一案件产生于怎样的历史背景，其审理和实施过程中都经历了哪些复杂性和曲折性，联邦最高法院的法官们、南方的种族主义者、全国有色人种协进会在其中都进行了哪些活动，布朗案导致了哪些社会变革与学校变革，我们还不甚清楚。对这一历史问题进行深入研究，能够使我们更加深刻地认识布朗案本身的前因后果，更加深刻地认识教育中种族问题的复杂性。

研究布朗案的整个审理和判决过程，能够加深我们对于美国黑人教育现状的认识。种族问题仍然是现代美国社会的一大症结；就教育领域而言，黑人学生普遍学业成绩偏差、辍学率高、接受高等教育的比例偏低、就业率偏低。这些问题并不是一朝一夕形成的，而是由来已久，并存在于美国两百多年的历史当中。以布朗案为切入点来研究黑人争取教育平等权利的历史，能够帮助我们清晰认识美国黑人教育的发展历程，从而历史地认识美国黑人教育的现状。

研究布朗案的整个审理和判决过程，有助于扩展外国教育史学科的研究范围。在美国，法律在社会生活中具有举足轻重的影响，联邦最高法院的重要法庭判例能够对以后的法律判决起到示范作用。在教育领域也

① Dittmer, John. *The Politics of the Mississippi Movement, 1954—1964*[J]. In David Lewis and Charles Eagles. ed. *The Civil Rights Movement in American*[M]. Jackson: University Press of Mississippi, 1996:67.

是如此,美国历史上重要的教育判例对美国教育产生着里程碑式的影响,具有重大的研究意义。但是在教育学界,研究该领域的主要是教育法学、教育政治学方向的学者,他们将注意力主要集中在美国当代教育法律的研究上,较少关注历史上的教育判例;而对美国历史上教育判例的研究大多数是由法律史领域的学者进行的。由于专业以及研究重点不同,在研究这些教育判例时,法律史专业的学者将研究重点放在了法理分析上,对这些判例的教育意义、社会影响关注不够。而在教育史领域对于重要教育判例及其影响的研究并不多见。这种情况就造成了对于美国教育史上重要教育判例的研究较为薄弱的现状,也是教育史研究者应该努力的方向之一。本书尝试走出一条将法律史与教育史相结合的研究道路,在掌握大量历史文献资料的基础上,将布朗案的法理分析、社会影响和教育意义结合起来,以这一案件为切入点,来认识和理解"二战"之后美国废除学校中种族隔离的历史,从而深入理解美国现当代的教育状况。

二

与本书的研究内容直接相关的概念有三个:布朗诉教育委员会案、美国南方(Southern United States 或 American South)、种族隔离(Segregation)。这三个概念及其附属的子概念是理解布朗案始末缘由的出发点,因此需要作出清晰的界定。

(一) 布朗诉教育委员会案

布朗诉教育委员会案是美国联邦最高法院宣判的一个有关公共学校中种族隔离的案例。它包括五个独立的案子,分别是堪萨斯州的布朗诉托皮卡教育委员会案(Brown v. Board of Education of Topeka, Kansas)、南卡罗莱纳州的布瑞格斯诉埃利奥特案(Briggs v. Elliot, South Carolina)、弗吉尼亚州的戴维斯诉爱德华王子县教育委员会案(Davis v. Country School Board of Prince Edward County, Virginia)、特拉华州的哥伯哈特诉贝尔顿案和哥伯哈特诉布拉案(Gebhart v. Belton and Gebhart v. Bulah, Delaware)、华盛顿特区的博林诉夏普案(Bolin v. Sharpe, Washington D. C.)。由于这五个案件的核心矛盾都集中在美国公共中小学中黑人和白人的种族隔离问题，都对普莱西诉弗格森案中确立的“隔离但平等”提出了质疑与挑战，因此联邦最高法院将它们合并审理，并将来自堪萨斯州的案子按字母顺序排在第一位，将这五个案件统称为“布朗诉教育委员会案”，将1954年5月17日的最高法院判决作为第一次布朗案判决(Brown Ⅰ)。

第一次布朗案判决虽然宣布学校中的种族隔离违宪，废除了法律上的种族隔离，但最高法院并没有就“如何实施布朗案判决”这一重要问题给出结论，而是准备就这一问题进行再次辩论，并邀请南方17个州的总检察长以及联邦司法部的副总检察长作为“法庭之友”出席并发表观点。这次辩论与第一次布朗案判决之间相隔将近一年，在这期间，最高法院、南方各州、全国有色人种协进会的律师们就“如何实施废除种族隔离”的问题进行了调查与思考，并得出了各自的结论。法庭辩论之后，1955年5月31日，联邦最高法院颁布落实第一次布朗案裁决，指出要以“审慎的速度”(all deliberate speed)取消学校中的种族隔离。这次判决被称为“第二次布朗案判决(Brown Ⅱ)”，它是第一次布朗案判决的补充。这两次布朗案判决作为一个整体，事实上开始了南方各州废除公共学校中种族隔离的进程。①

1979年，堪萨斯州托皮卡501学区的黑人学生和家长对该地区是否贯彻落实前两次布朗案的裁决表示质疑，于是向联邦地区法院提起诉讼，地区法院将此案命名为“第三次布朗案(Brown Ⅲ)”。虽然这次诉讼仍是质疑公共学校中废除种族隔离的实施效果，但这次布朗案只是延续了前两次布朗案五个诉讼案件中的一个，即堪萨斯州的布朗诉托皮卡教育委员会案；并且，这次审判仅是在地区法院进行的判决，因此，第三次布朗案并不是完全意义上的前两次布朗案的延续。

由于第三次布朗案与前两次布朗案的内涵有一定区别，因此本书将研究的重点放在前两次布朗案上面。并且，如果未加着重说明，本书所指称的“布朗案”特指前两次布朗案判决，本书的研究对象是由这五个案件的审理、判决和实施引发的一系列社会历史事件。

① Kluger, Richard. *Simple Justice: The History of Brown v. Board of Education and Black America's Struggle for Equality*[M]. New York: Oxford University Press, 1978:746.

（二）美国南方

美国南方也经常被称为美南、迪克西（Dixie）或者被直接称为南方，这片地区不仅仅是一个地理概念，更是一个历史、政治和文化的概念，它指的是美国南部至东南部的一大片广袤多元、气候类型多样的地区，历史上的美国南方存在着区域的变化。

为了划定宾夕法尼亚州、特拉华州和马里兰州之间的边界，1750 年，美国测量员梅森（Charles Mason）、迪克逊（Jeremiah Dixon）两人在位于北纬 39°43′26.3″的地方测绘出一条线，这条线被称为梅森—迪克逊线（Mason-Dixon Line）。到 1790 年的时候，这条线已经成为公认的南北方分界线，以南为蓄奴州，以北为自由州。随着轧棉机的发明和棉花需求量的增长，南方日益衰落的烟草种植业被棉花种植业取代，南方的种植园经济和奴隶制又得到了恢复与加强。19 世纪初，因为联邦政府没有干涉新成立的路易斯安那州（Louisiana）原来存在的奴隶制，南方的种植园主就到圣路易斯（City of Saint Louis）附近和密西西比河（The Mississippi River）下游谷地新建了许多种植园，将自己的势力延伸至路易斯安那州。1820 年，国会在激烈的讨论之后向南方势力妥协，允许位于梅森—迪克逊线以北的密苏里州（Missouri）以蓄奴州身份加入联邦，史称“密苏里妥协案”（Missouri Compromise），南方的范围有所扩大。①

“密苏里妥协案”之后，南方种植园主在密西西比州（Mississippi）、阿拉巴马州（Alabama）、得克萨斯州（Texas）、路易斯安那州、阿肯色州（Arkansas）不断开辟新的种植园，形成了一个总面积约 100 万平方公里的“棉花带”，在其极盛时期，这一“棉花王国”所产的棉花占世界棉花总产量的 66%。② 后来以南北战争时加入南方阵营的州进行计算，美国南方包括 11 个州，分别是：得克萨斯州、阿肯色州、路易斯安那州、密西西比州、阿拉巴马州、佐治亚州（Georgia）、田纳西州（Tennessee）、南卡罗莱纳州、北卡罗莱纳州（North Carolina）、佛罗里达州（Florida）、弗吉尼亚州。南北战争中，这 11 个州形成了美利坚联盟国（the Confederate States of

---

① 张友伦，等，著. 美国社会的悖论——民主、平等与性别、种族歧视[M]. 北京：中国社会科学出版社，1999：159—161.

② Rice, Charles Duncan. *The Rise and Fall of Black Slavery*[M]. London: Macmillan. 1975: 260.

America)(简称为“邦联”),“迪克西”通常是对这11个州的称谓。而密苏里州、肯塔基州(Kentucky)、马里兰州(Maryland)和特拉华州位于南北方区分的中间地带,在内战中,这些州虽然不同意北方的政治观点并且允许蓄奴,但并没有选择脱离联邦,而是静观其变。这些州是否会被认为是南方的一部分,主要取决于南北方区分的方式。当时的俄克拉荷马州(Oklahoma)仍然是印第安人的保留地,弗吉尼亚州的西部诸县与北方站在一边,不愿加入邦联,于1863年独立出来,成为西弗吉尼亚州(West Virginia)。根据美国人口调查局的定义,现代意义上的美国南方地区包括17个州,除了“迪克西”11个州之外,还包括肯塔基州、俄克拉荷马州、密苏里州、马里兰州、特拉华州和西弗吉尼亚州。① 本书中的“美国南方”是指现代意义上的17个州,因为这些地区在1954年布朗案判决之前,都在明确的法律要求下实行黑人和白人之间的种族隔离。②

美国南方各州文化迥异,传统的南方人是长老会和圣公会教徒,但其共同的特点是强烈的个人主义和地方主义,保守主义色彩浓厚。美国内战之前,大种植园和奴隶制在南方经济中扮演着重要的角色。南方各地区的同质化程度很高,而城市化水平很低,它们相互之间竞争激烈、各自为战。南方社会依据对土地的所有权将人们划分成了不同的阶级,包括大种植园主、中小种植园主和牧师、白人自耕农和工匠、贫穷白人、自由黑人和黑奴。南方的农村社区通常会发展出对他们自己教堂的独特情感,教堂成为划分社区的主要依据。南方在内战中失败,北方共和党对南方进行军事管制并开始了对南方的重建,公共教育的重建也包括在其中。由于激进共和党人的推动以及黑人的积极响应,南方的公共教育系统得以建立;但南方白人极为反对建立种族混合的学校,随着共和党在南方势力的削弱以及黑人的妥协,南方最终确立了种族隔离的公共学校系统。1896年的普莱西案确立了种族隔离的合宪法性,南方各州随即建立起了种族隔离的社会制度体系,公共教育中也是“隔离但不平等”。

1956年3月12日,美国国会中101名来自南方的国会议员(国会里共有南方议员128名)联名签署(签署文件的101人中有19名参议员和

① http://www.census.gov/geo/www/us_regdiv.pdf

② *Reporting Service to Tell School Story*[N]. *Southern School News*, September 1954:1.

82 名众议员)并发布了一份声明,题为“宪法原则的声明”,谴责最高法院的决定是“对于司法权力的明显滥用,以联邦司法部门的身份颁布损害国会权威与地方州及其人民独立权力的立法”,这份宣言还赞扬了那些“表达决心将以任何合法手段抗拒强制的种族合校的州”,发誓要“撤销布朗案判决”,这份文件被称为“南方宣言”。① 在 20 世纪 60 年代中期至 70 年代中期,南方出现了对于废除种族隔离的大规模强烈抵制,而随着各方势力在南方的斡旋,这种抵制逐渐减弱,有关种族的议题逐渐变为自由派和保守派之间关于文化的战争。

在 1954—1964 年废除学校中种族隔离的过程中,南方各州表现出不同的态度。其中处于南北方交界处的西弗吉尼亚州、马里兰州、特拉华州受到北方的影响更大,因此废除种族隔离进行得较为顺利,虽然也遇到了来自州议会和白人社区的反抗,但总体上朝着废除种族隔离的方向发展;而南方其余各州则并没有明确的废除种族隔离的行动,反而在消极等待联邦最高法院进一步判决的同时,对联邦最高法院的布朗案判决软磨硬顶,进行了各种形式的抵制。到 1964 年的时候,阿肯色州和南卡罗莱纳州的合校率仅为 0.004%,而密西西比州还未开始废除种族隔离的行动(见图 1)。

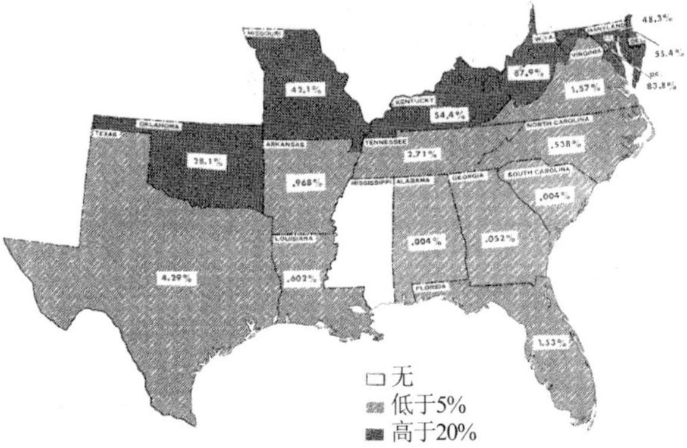

图 1 1964 年南方各州黑白合校率分布图②

与“美国南方”一词相联系的还有“老南方”(Old South)、“南方腹

---

① *Declaration of Constitutional Principles*[J]. Arkansas Historical Quarterly, Appendix A. Vol. 55, No. 2(Summer, 1996).

② *Southern Education Reporting Service. Statistical Summary of School Segregation-Desegregation in the Southern and Border States*[N]. Nashville, Tennessee, 1964.

地”(Deep South)、“黑人带”(Black Belt)这样几个概念，它们都是美国南方在地理和文化意义上的子区域。

1. 老南方

老南方是美国南方的一个子区域，指的是最早成为殖民地的南方各州。不同资料中对老南方的范围界定有一定的变化，而且在殖民地时期，这些州的边界与现在的边界划分略有不同，但老南方基本上包括了现在划分出的特拉华州、马里兰州、弗吉尼亚州、北卡罗莱纳州、南卡罗莱纳州和佐治亚州。就地理环境而言，这一区域不同于属于南方腹地的阿拉巴马州、路易斯安那州、南卡罗莱纳州和密西西比州，也不同于属于内陆边界州的肯塔基州和西弗吉尼亚州，更不同于位于最南端的得克萨斯州和佛罗里达州。

老南方的概念起源于内战之后的重建时期。当时，美国南方一小部分白人怀念内战前的社会秩序，怀念内战前他们开拓进取的丰功伟绩，怀念当时在黑人和白人之间形成的社会秩序的平衡。然而，内战前的南方理想并没有真实反映南方各州的日常生活状况，只有一小部分人经历过所谓典型的老南方生活。许多成年的白人女性一方面应对着周围发生的剧烈变化，另一方面尽力保持着她们的家族所认可的传统和温文尔雅的社交礼仪，这些女性将对重建的新要求和对社会秩序的旧观念融合在了一起。内战之后，许多南方白人带着怀旧的心情使用这个概念，重现对繁荣时代的社会秩序和优雅生活的记忆；而黑人则认为它指代的是奴隶制和种植园的时代，与“新南方”相对。甚至在那些对内战之前南方生活带有个人记忆的一代人去世之后，这一术语还在继续使用。它甚至被用做营销术语，销售那些具有“真正老南方传统”的商品。

2. 南方腹地

“南方腹地”主要包括路易斯安那州、密西西比州、阿拉巴马州、佐治亚州和南卡罗莱纳州，有时还包括得克萨斯州和佛罗里达州；这些州区别于“上南方”，在内战之前对种植园经济最为依赖，因此也被称为“下南方”(Lower South)或者“棉花州”(Cotton States)。1877 年至 1964 年的总统选举中，南方腹地各州以压倒性的多数选票支持民主党总统候选人，由于这种强烈的政治倾向，它们也被称为民主党的“南方基地”(Solid South)。除了路易斯安那州南部之外，英国血统的人在南方腹地各州都

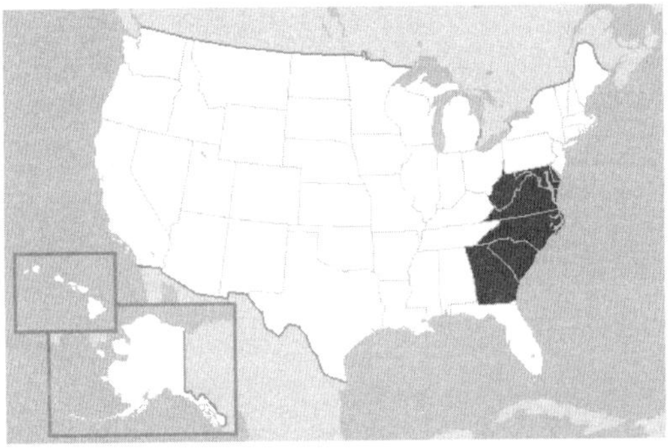

图 2　老南方各州①

占据主导地位。并且由于历史原因,老南方和南方腹地各州的种族主义都极为严重,根深蒂固。

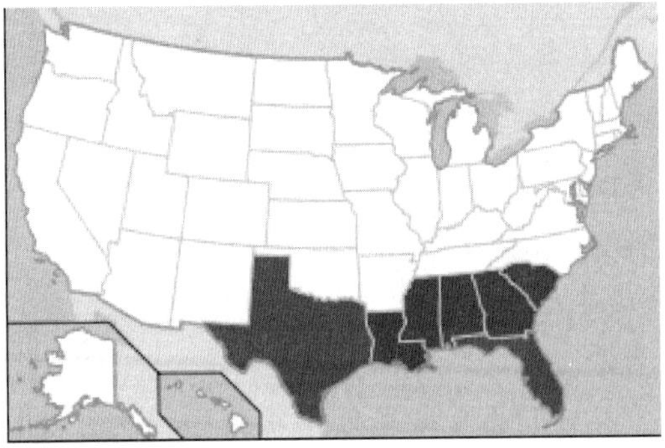

图 3　南方腹地各州②

3. 黑人带

黑人带指的是美国南方黑人比例极高的一片农业区。19 世纪上半叶,大约有 100 万的黑人奴隶被带到这一地区,被迫在棉花种植园劳动。奴隶制被废除之后,获得解放的黑人奴隶中有许多人作为农业工人和佃农定居在这里。这一区域的黑人比例极高,远远超过本地区的其他族裔,同时也高于南方其他区域的黑人比例。随着家庭农场的衰落,黑人带的农村普遍面临着严重的贫穷、人口外流、教育匮乏并且程度低、卫生保健条件和居住条件差、犯罪率和失业率高等问题。虽然本地区的所有族裔

① 维基百科全书[EB/OL]. http://en.wikipedia.org/wiki/File:US_map-Old_South.PNG. 2012—12—22

② 维基百科全书[EB/OL]. http://upload.wikimedia.org/wikipedia/commons/3/35/Map_of_USA_Deep_South.svg 2012—12—22

都受到这些问题的困扰,但受影响最大的是黑人。黑人带的范围和界限不断变化,但总的来讲,该区域横穿南方腹地的中心,呈带状分布,主要分布于阿肯色州、路易斯安那州、密西西比州、阿拉巴马州、佐治亚州、南卡罗莱纳州、北卡罗莱纳州和弗吉尼亚州。

图4 黑人带诸县①

(三) 种族隔离

《不列颠百科全书》(*Encyclopaedia Britannica*)将种族隔离定义为"一种根据种族或所谓的种族,将人限制在一定范围内的做法,如一定的居住区,一定的机构(学校、教堂)和一定的社会设施(公园、运动场、餐馆、休息室)"②,《牛津高阶英汉词典》的解释为"(对不同种族、宗教或性别的人采取的)隔离并区别对待"③。维基百科将"种族隔离"解释为:在日常生活中,按照不同种族将人群分隔开来,使得各种族不能同时使用公共空间或者服务。种族隔离可能是法律规定的,也可能是无法律规定但事实存在的。不论种族隔离是平等隔离还是不平等隔离,其本质上都是种族歧视行为。在种族隔离制度下,人们所能拥有的权利是依照其种族背景来划分的:拥有欧洲白人血统者能享有较高的权力地位,而对于非裔、亚裔与种族混合血统者而言,相关法律限制了他们参与政治、改善经济状况

---

① 维基百科全书[EB/OL]. http://en. wikipedia. org/wiki/File:Black_belt_counties. png. 2012—12—22.

② Racial Segregation[EB/OL]. http://www. britannica. com/EBchecked/topic/488135/racial-segregation, 2012—12—23

③ Hornby, A. S. *Oxford Advanced Learner's English-Chinese Dictionary*(6th *edition*)[M]. 北京:商务印书馆,2005:1574.

的机会。①

在历史上,许多国家发生过不同程度的种族隔离,例如美国、南非、澳大利亚、德国、印度尼西亚等。本书所关注的种族隔离指的是在美国内战之后的这段历史中,白人对黑人实施的种族隔离制度。美国内战之前,绝大部分的黑人作为奴隶生活在实行奴隶制的南方各州,根本没有权利可言;内战之后,400 万黑人奴隶获得了形式上的自由和公民权,但长期以来形成的种族偏见和歧视却并没有消失。在重建后期的美国南方,白人重新获得对南方各州的掌控权,并且通过吉姆·克罗法(*Jim Crow Laws*)②建立了一套复杂的种族隔离体系,对黑人进行隔离和歧视。白人对黑人从来不用"先生"、"女士"呼之,在报纸和统计数据中则更是统称黑人为"黑鬼"(negro);白人不和黑人握手、一起走路,不在公开场合来往,黑人和白人甚至连进城的时间都有划分。③ 黑人只能在"有色人种日"进入公园,如果他们想到餐厅用餐,只能从后门进去,购买之后到门外去吃。④ 实行种族隔离的场所不仅包括各种公共交通工具、公共学校、居住区,还包括各种公共场所、公共设施,甚至是公墓。黑人"从摇篮到坟墓"都要作为"二等公民"受到白人的歧视。⑤

与种族隔离相联系的还有废除种族隔离(desegregation)、种族合校(integration)两个概念。

1. 废除种族隔离

废除种族隔离指的是在原则上或者实践上,从种族隔离的状态转换

---

① 维基百科全书[EB/OL]. http://zh.wikipedia.org/wiki/%E7%A7%8D%E6%97%8F%E9%9A%94%E7%A6%BB

② "吉姆·克罗"(Jim Crow)一词是美国剧作家 T. D. 赖斯于 1828 年所创作剧目中一个黑人角色的名字,后来逐渐演变成为对黑人进行歧视、贬抑、种族隔离的代名词。从 1876 年到 1965 年,美国特别是南方诸州通过一系列法律,在公共场所对有色人种(主要是黑人)施行种族隔离,剥夺他们的选举权等一系列民主权利。这些法律被统称为"吉姆·克罗法"。

③ Ayers, Edward L. *The Promise of the New South: Life after Reconstruction*[M]. 15th Anniversary Edition. New York: Oxford University Press, 2007:132.

④ *United States Commission on Civil Rights. Twenty Years After Brown: A Report of the United States Commission on Civil Rights*[R]. Washington: The Commission, 1979:14.

⑤ Woodward, C. Vann. *The Strange Career of Jim Crow.* [M] New York: Oxford University Press, 1974:97—102.

至两个种族或者多个种族的状态。[①] 本书所关注的是美国在20世纪50年代至60年代中期，废除黑人和白人之间在公共学校中的种族隔离，其具体方式主要包括使白人学生和黑人学生同校上学，使他们享有平等的受教育权利。在布朗案判决之前的美国，公共教育领域普遍存在黑人和白人的隔离。尽管普莱西案规定"隔离但平等"，应该为不同的种族提供平等的设施，但这只是一纸空谈，隔离制度下几乎没有实现过平等，提供给黑人的设施远远落后于白人。就公共教育领域而言，黑人学校不仅数量少、层次低，而且在经费、人员、校舍、教材、教学质量等方面也远不如白人学校；此外，种族隔离的教育制度本身也会使黑人产生自卑感，阻碍他们与白人学生的交流，进而影响他们的发展。

在美国历史上，废除种族隔离可以分为两个阶段，这两者之间存在着内涵上的变化、目标和手段上的明显差异。第一阶段是从1954年联邦最高法院的第一次布朗案判决一直到20世纪60年代中期，这一时期人们主要关注的是废除南方各州法律规定的种族隔离，废除种族隔离的内涵是消除法律规定的双重学校系统，建立统一的学校系统，以便为黑人提供与白人同样的教育机会。也就是说，这一阶段主要消除"法律上的种族隔离"(De Jure Segregation)。第二个阶段是从60年代末到70年代，随着大量南方黑人移民至北方地区，人们关注的种族合校也从美国南方转移到南方以外的地区。这一时期主要关注消除"事实上的种族隔离"(De Facto Segregation)，这一时期的目标是使学校系统中的黑白学生数量达到平衡。[②]

2. 种族合校(Integration)

Integration有两种含义，其一是"将两个或两个以上的物体合在一起，使其发挥作用"；其二是"将以前由于肤色、种族、宗教等原因而隔离开来

---

① *Southern Education Reporting Service. A Statistical Summary, State by State, of Segregation-Desegregation Activity Affecting Southern Schools from 1954 to Present, Together with Pertinent Data on Enrollment, Teachers, Colleges, Litigation and Legislation*[R]. Nashville, Tenn., 1961:2.

② 屈书杰.从种族隔离到学校一体化：二十世纪的黑人教育[D].河北大学，2002:89—90.

的人混合在一起”。① 在布朗案的实施过程中，Integration 就是在学校中进行种族混合的过程，亦可译为“种族合校”。本书在相同的意义上使用 Integration 和 Desegregation。

三

20 世纪五六十年代的美国，是一个在社会政治、经济和文化方面都发生巨变的时期，与此段时间相关的历史资料和学术著作可谓车载斗量；而布朗案又是这一历史阶段中无法回避的重要事件，因此从各个角度分析布朗案判决的文献更是繁多。

（一）关于大规模抵制的研究

从整体上而言，在南方各州占统治地位的白人认为这一判决颠覆了他们习以为常的生活方式，因此都反对布朗案的判决，他们想尽各种办法进行抵制。本杰明·缪斯（Benjamin Muse）在其著作《十年序曲：1954 年最高法院判决之后种族合校的故事》（*Ten Years of Prelude: the Story of Integration since the Supreme Court's 1954 Decision*）指出，布朗案判决后的十年内，实际上“什么都没有发生”，1964 年的民权法颁布之后，联邦政府准备停止对种族隔离的学校进行资金支持，这才促进了废除种族隔离的快速进行。② 南方教育报告中心（Southern Education Reporting Service）从布朗案判决之后到 60 年代初连续出版了一套报纸《南方学校新闻》（*Southern School News*），这份报纸每月 1 期，报道了在 1954—1965 的 11 年中，南方 17 个州和哥伦比亚特区废除学校中种族隔离的过程，其中包括各州政府的反应与态度、法院的判决与行动、新闻媒体的看法与评论、南方各州公共学校委员会的看法与措施、白人社区的回应，是本书重要的

① Hornby, A. S. *Oxford Advanced Learner's English-Chinese Dictionary* (6th *edition*) [M]. 北京：商务印书馆，2005：919.

② Muse, Benjamin. *Ten Years of Prelude: the Story of Integration since the Supreme Court's 1954 Decision*[M]. New York: the Viking Press, 1964.

一手文献。① 里德·萨拉特(Reed Sarratt)的著作《废除种族隔离的严峻考验:前十年》(*The Ordeal of Desegregation: the First Decade*)以新闻报道的方式描述了布朗案判决之后到《1964 年民权法》之前的十年内,包括州长、议员、总统、学校管理者、高等教育机构、警察、律师、法官、编辑、牧师、商人、白人组织以及黑人在内的各类重要人物对布朗案判决及其实施的看法和态度。②

然而,由于各自的政治、经济、文化、历史、地理位置等因素的差异,南方各州并不是铁板一块,他们对布朗案判决的态度、废除种族隔离的过程各有不同。1964 年民权运动兴起之前,按照对布朗案的态度可以将南方各州分为两类:一类是边界州,包括俄克拉荷马州、密苏里州、肯塔基州、西弗吉尼亚州、马里兰州、特拉华州、哥伦比亚特区。由于更多地受到北方自由州的影响,这些州较为遵守法院的判决,逐步废除了公共学校中的种族隔离;而南方其他各州,尤其是弗吉尼亚州、阿肯色州,由于特殊的地理位置和历史背景,对布朗案的判决采取各种形式的抵制,拒不废除学校中的种族隔离。

（二）关于布朗案历史影响的研究

关于布朗案的历史影响,现有的资料大概分为两类观点:一类是站在传统派的立场上肯定布朗案的历史功绩,而另一类则是对布朗案的历史效果提出了质疑。

1. 肯定布朗案历史功绩

历史研究者们一致认为,布朗案增加了南方黑人抗议成功的机会。戴维·哥德费尔德(David Goldfield)在其著作《黑人、白人和南方:种族关系和南方文化,1949 年至今》(*Black, White and Southern: Race Relations and Southern Culture, 1949 to the Present*)中指出,布朗案判决增强了黑人的斗争意识。③ 约翰·狄特迈(John Dittmer)在其论文《密西西比运动的

---

① *Southern Education Reporting Service. Southern School News* [N]. Nashville, Tennessee, 1954—1965.

② Sarratt, Reed. *The Ordeal of Desegregation: The First Decade* [M]. New York: Harper & Row, 1966.

③ Goldfield, David. *Black, White and Southern: Race Relations and Southern Culture, 1949 to the Present* [M]. Baton Rouge and London: Louisiana State University Press, 1990.

政治:1954—1964》(*The Politics of the Mississippi Movement,1954—1964*)中指出,布朗案推动了黑人民众争取社会变革的行动。[①] 罗伯特·诺瑞尔(Robert J. Norrell)在其论文《我们做对的一件事:对民权运动的反思》(*One Thing We Did Right: Reflections on the Movement*)中认为,布朗案的判决让黑人感到,在当今时代一定能获得平等。[②]

一批传统史学研究者认为,布朗案对民权运动起到了促进和推动的作用。例如布拉德利·坎农(Bradley C. Cannon)在其文章《联邦最高法院在政治—道德争论中的支持作用》(*The Supreme Court as a Cheerleader in Politico-Moral Disputes*)中指出,布朗案判决提升了民权问题在美国的重要性,使其进入国会的议事日程[③]。赫尔曼·普里切特(C. Herman Pritchett)在其文章《平等保护与城市大多数人》(*Equal Protection and the Urban Majority*)中指出,布朗案判决激发了北方白人的良知,使得他们支持民权运动[④]。杰克·格林伯格(Jack Greenberg)在其文章《最高法院、民权和民事不协》(*The Supreme Court, Civil Rights and Civil Dissonance*)中赋予了布朗案极高的地位,称其为当代的《独立宣言》[⑤]。理查德·克鲁格(Richard Kluger)的著作《简单的正义:布朗诉教育委员会案的历史以及美国黑人争取平等的斗争》(*Simple Justice: The History of Brown v. Board of Education and Black America's Struggle for Equality*)不仅描述了布朗案的史实,还表达了对布朗案判决的乐观态度:他认为布朗案"完全代

---

① Dittmer, John. *The Politics of the Mississippi Movement,1954—1964*[J]. David Lewis and Charles Eagles edited, *The Civil rights Movement in America*[M]. Jackson: University Press of Mississippi, 1986.

② Norrell, Robert J. *One Thing We Did Right: Reflections on the Movement*[J]. *Armstead Robinson and Patricia Sullivan edited, New Directions in Civil Rights Studies*[M]. Charlottesville: University Press of Virginia, 1991.

③ Cannon, Bradley C. *The Supreme Court as a Cheerleader in Politico-Moral Disputes*[J]. *The Journal of Politics*, Vol. 54, No.3, Aug., 1992

④ Pritchett, C. Herman. *Equal Protection and the Urban Majority*[J]. *The American Political Science Review*, Vol. 58, No. 4,Dec., 1964.

⑤ Greenberg, Jack. *The Supreme Court, Civil Rights and Civil Dissonance*[J]. *The Yale Law Journal*, Vol.77, No. 8, July, 1968

表了美国的理想”。[①] 阿尔东·莫里斯(Aldon Morris)在其文章《几个世纪的黑人抵制:对美国和世界的重要性》(*Centuries of Black Protest: Its Significance and the World*)中认为,“布朗案象征着白人霸权一根坚实的支柱倒塌了”,布朗案的判决使黑人相信,他们能够推翻“吉姆·克罗法的整体构架”。[②]

2. 质疑布朗案的效果

詹姆斯·T. 帕特森(James T. Patterson)在其著作《布朗诉教育委员会案:民权的里程碑及其问题颇多的遗产》(*Brown v. Board of Education: A Milestone and Its Troubled Legacy*)中对布朗案判决的影响进行了质疑。他指出,布朗案一方面从宪法上废除了美国南方根深蒂固的种族隔离制度,为黑人的教育条件和教育机会带来巨大的进步;但还应看到的是,事实上,废除种族隔离的措施并没有如预期一般大幅度促进黑人学生的学业成就,反而引发了白人对于种族混合的学校各种形式的抵制。为了逃避与黑人学生上同一所学校,富裕的白人纷纷搬至郊区居住,送其子女进入昂贵的私立学校读书,黑人被重新孤立在内城质量较差的学校里。与此同时,黑人中对民主平等权利进行呼吁的声音逐渐走向极端,发展成为黑人权力运动。这一运动的开始使得黑人社会逐渐分裂,并且疏远了白人自由派,导致了民权运动的衰亡。[③]

克拉尔曼和帕特森的观点类似。迈克尔·克拉尔曼(Michael J. Klarman)在他的著作《布朗诉教育委员会案与民权运动》(*Brown v. Board of Education and the Civil Rights Movement*)、《从吉姆·克罗法到民权:联邦最高法院和种族平等的斗争》(*From Jim Crow to Civil Rights: The Supreme Court and the Struggle for Racial Equality*)以及论文《布朗案、种族变革以及民权运动》(*Brown, Racial Change, and the Civil Rights*

---

① Kluger, Richard. *Simple Justice: the History of Brown v. Board of Education and Black America's Struggle for Equality*[M]. New York: Oxford University Press, 1978.

② Morris, Aldon. *Centuries of Black Protest: Its Significance and the World*[A]. *In Herbert Hill and James Jones, Jr. ed., Race in America: the Struggle for Equality*[C]. Madison: University of Wisconsin Press, 1993:19—72.

③ Patterson, James T. *Brown v. Board of Education, A Civil Rights Milestone and Its Troubled Legacy*[M]. New York, Oxford University Press, 2001.

Movement）中认为，布朗案的实际效果微乎其微，“由于各种各样根深蒂固的社会、政治与经济势力的存在，种族关系的变革在美国是不可避免的”。至于布朗案对民权运动的短期影响，克拉尔曼承认法院的裁决有其作用，尽管只是以“一种间接且几乎不合法的方式”：布朗案与60年代中期民权立法的关键联系在于，司法裁决对于南方白人抵制种族关系的变革有着具体的影响。布朗案使得南方政治在种族问题上急剧地转向了右翼，从而造成了对民权示威进行残酷镇压的一触即发的政治势头。当这些暴力事件发生并通过电视新闻媒介生动地展现在全国观众面前的时候，先前无动于衷的北方白人不可能再视而不见了，由此出现了要求全国范围内的民权立法的呼声。这也使得肯尼迪—约翰逊行政当局不再相信“不予理睬”策略在政治上是有利可图的了。①

威尔金森（Wilkinson Ⅲ, J. Harvie）的著作《从布朗案到巴基案：最高法院和学校整合：1954—1978》（*From Brown to Bakke: the Supreme Court and School Integration: 1954—1978*）详细分析了布朗案裁决过程中以南方保守主义白人和全国有色人种协进会为代表的辩论双方之间的斗争与博弈。虽然在沃伦法院的支持下，布朗案在诉讼过程中取得了形式上的胜利，但是南方各州却采取各种手段抵制布朗案的判决结果。校车接送的做法从南方各州扩展到北方和西部各州，在关于是否要进行校车接送的问题上，南方各州和北方各州的态度并不相同，由于缺乏有效的领导和管理，北方各州的校车接送并没有得到很好实施。强制的校车接送运动最终引发了米利肯诉布拉德利案（Milliken v. Bradley, 418 U. S. 717），大都市的解决方案（包括校车）对于纠正底特律主要是黑人的公共学校中法律上的种族隔离，是既合适又必要的。②

德里克·贝尔（Derrick Bell, Jr）在其著作《沉默的契约：布朗诉教育委员会案和种族改革未实现的梦想》（*Silent Covenants: Brown v. Board of Education and the Unfulfilled Hopes for Racial Reform*）中对布朗案判决进行

---

① Klarman, Michael J. *Brown v. Board of Education and the Civil Rights Movement*[M]. New York: Oxford University Press, 2007; Klarman, Michael. *Brown, Racial Change, and the Civil Rights Movement*[J]. *Virginia Law Reviews*, July, 1994.

② Wilkinson Ⅲ, J. Harvie. *From Brown to Bakee: the Supreme Court and School Integration*: 1954—1978[M]. New York: Oxford University Press, 1979.

了全面的否定。贝尔认为,在“二战”之后、美苏冷战这样一个大的历史环境下,布朗案的胜诉、废除学校中的种族隔离更多的是搭上了美国国家利益的便车,而不是因为最高法院真正考虑到黑人的利益。在美国两百年来的历史、哲学和习俗中,黑人一直是作为“二等公民”从属于白人而生存的。黑人的利益是否得到提升,起决定作用的因素并不是黑人本身,而是要看提升黑人的利益是否有助于协调白人内部各阶级、各群体和各方力量之间的关系,是否有助于提升整个美国的利益。①

杰拉德·罗森伯格(Gerald N. Rosenberg)在其著作《空幻的希望:法院能够促成社会的变革吗?》(*The Hollow Hope*: *Can Courts Bring About Social Changes*?)认为,布朗案对美国社会改革的实际作用不大,真正的变革始于1964年民权法案的通过,一些政治派别卷入了消除种族隔离的斗争,后者试图取消实行种族隔离的学校从联邦政府拨款中受益的可能性。罗森伯格考虑到更间接的司法原因的可能性,但随即又拒绝了这种可能性——“如果法院没有在1954年采取第一步的重大措施,也就不会有1964年的民权法案”。罗森伯格对布朗案的间接影响表示怀疑:“(布朗案)使得种族隔离问题成为焦点,迫使政治精英有所作为:唤醒白人的良知,使黑人的愤懑合法化,怂恿黑人付诸行动。将所有这些称为法院在民权方面的重要贡献是难以成立的。有证据显示,布朗案的主要积极影响局限于加强人们对他们已经献身的变革的立法策略的信念。”②

(三)关于布朗案对当代社会影响的研究

在美国的中学教科书中,人们对布朗案持积极肯定的态度,布朗案被描述成体现了民主精神的标志性事件,是一曲少数族裔胜利的凯歌。然而,也有不少学者冷静地反思了布朗案对当代社会的影响——尽管经过了50年的努力,废除种族之间在教育上的隔离取得了一定的成果,在一定范围和程度上实现了少数族裔接受平等教育的权利,但仍然有很长的路要走。在反思布朗案的当代影响方面,相关文献可以分为三类。

① Bell, Derrick. *Silent Covenants*: *Brown v. Board of Education and the Unfulfilled Hopes for Racial Reform*[M]. New York: Oxford University, 2004.

② Rosenberg, Gerald N. *The Hollow Hope*: *Can Courts Bring About Social Changes*? [M]. Chicago: University Of Chicago Press, second edition, 2008.

1. 教育权利的体现方式:公立学校的择校方案

第一类文献是关于布朗案判决对公立学校择校方案的影响。利萨·史图伯格(Lisa M. Stulberg)在其著作《种族、学校和希望:布朗案之后的非裔美国人以及择校》(*Race, Schools, and Hope: African Americans and School Choice after Brown*)指出,布朗案判决之后,南方各州通过各种方式对布朗案进行大规模抵制,其中一种手段就是择校。布朗案判决为择校创造了社会和政治环境,南方各州用择校来避免种族合校,所谓的"自由选择计划"只不过是从理论上而非实际上给了黑人学生从公立学校中进行选择的权力,1968 年的格林诉新肯特县学校委员会案(Charles C. Green et al. v. County School Board of New Kent County, Virginia et al., 391 U.S. 430, 1968)就证明了这一点。正是由于"自由选择计划"以及其他的抵制方案在很大程度上阻挠了废除学校中种族隔离的进程,因此在布朗案判决之后的十年内,南方各州只关闭了很少的公立学校,而且新建的私立学园也很少。历史上的择校表现为这样几种形式:20 世纪 60 年代的社区控制运动(Community Control Movement)、70 年代的独立学校运动(Independent School Movement)、90 年代的教育券计划(Voucher Program)和特许学校(Charter School Movement)。这些择校形式虽然在具体的实施方式上有所不同,确实在一定程度上扩大了美国黑人接受平等教育的机会,使人们对美国的公立教育产生了希望和信心;但是在另一方面,这些择校形式并没有定位于从根本上系统地改变美国黑人在公立学校系统中的不平等待遇,是发展公立教育和废除种族隔离过程中的一股逆流。最好的学校改革形式要求联邦政府必须积极参与其中,为教育平等权利和资源分配提供资金支持与政策保护,但同时也要为地区的自由、创新和控制留出空间。①

卡罗尔·埃舍尔(Carol Ascher)等在其论文《宝贵的空间:大多数的黑人郊区及其公共学校》(*Precarious Space: Majority Black Suburbs and Their Public Schools*)中指出,现如今的黑人并非全都居住于内城,有大约三分之一的黑人也搬到了郊区居住,但这些郊区大多数是黑人聚居的社

---

① Stulberg, Lisa M. *Race, Schools, and Hope: African Americans and School Choice after Brown* [M]. New York: Teachers College Press, 2008.

区。这些区域的财产价值低于白人社区,为公立学校提供资金保障的税收要低很多,因此,这些区域内的公立学校在教学质量和条件上也不如白人社区的公立学校,而这些学校的学生大部分是黑人儿童。虽然各种"选择方案"名义上给了学生和家长择校的权利,但实质上决定学生上哪所学校的还是家庭的经济水平、居住区域和种族划分。① 而乔·安·威廉姆森(Joy Ann Williamson)在其论文《回应:两场运动的故事:错误纪念布朗案的效力和后果》(*Response: A Tale of Two Movements: the Power and Consequences of Misremembering Brown*)中指出,在白人居多、黑人较少的公立学校中,由于学业成就往往比不上白人,大多数黑人学生被分入"慢班"(Low-track Class)或者"补差班"(Remedial Class),受到留级或者停学的处置。②

2. 历史遗迹的转型:黑人学院与大学

第二类文献是关于布朗案判决对黑人学院和大学的影响。黑人学院和大学(Historically Black College and Universities)指的是美国历史上专门为黑人接受高等教育而开办的两年制初级学院或提供学士学位教育的场所,这种教育机构是种族隔离时代特有的产物。赛伦·多纳荷(Saran Donahoo)和丹尼斯·格林(Denise O. Green)在其文章《困于公车后部:黑人院校、法庭和废除种族隔离判决》(*Trapped in the Back of the Bus: Black Colleges, the Courts and Desegregation Rulings*)中指出,50年代末期,布朗案判决对黑人学院和大学的架构与功能并没有产生直接的影响,因为南方许多州都不想废除白人院校中的种族隔离,因此对布朗案判决装聋作哑,继而也就使得布朗案无法对包括黑人学院和大学在内的其他类型的高等院校产生影响。后来南方各州看到执行布朗案判决不可避免,这才开始极不情愿地废除白人院校中的种族隔离,但还是将黑人学院置之不管,因为很少有人考虑到这些机构,而且也没有把它们纳入高等教育种族合校的进程当中。赋予黑人学生进入白人高校的权利,对黑人高校的全

① Carol Ascher & Edwina Branch-Smith. *Precarious Space: Majority Black Suburbs and Their Public Schools*[J]. *Teachers College Record*. Volume 107, Number 9, September 2005.

② Joy Ann Williamson. *Response: A Tale of Two Movements: the Power and Consequences of Misremembering Brown*[A]. *105th Yearbook of the National Society for the Study of Education*[C], part II, 2006.

景和结构并没有立竿见影的影响;同样,在黑人院校消除种族界限并不足以吸引其他族裔的学生。直到巴基案(Regents of the University of California, Petitioner, v. Allan Bakke, 438 U.S. 265)判决之后,最高法院才对高等教育领域废除种族隔离的进程做出了有意义的裁定,并且暂时避开了对黑人学院和大学何去何从的争论,比如是否取缔它们或者进行种族合校,如何定位黑人文化在黑人学院和大学的核心课程、项目及计划中的地位与作用等问题。黑人院校虽然缺乏资金、设施不足,但在特定历史时期内为培养黑人的知识分子、专业人士和学者做出了重要的贡献,使得很多黑人成为中产阶级。一些黑人领袖认为,黑人学院和大学仍有其存在的意义和可能性。黑人院校本身就是对各族裔开放的,只要进行妥善的建设和管理,就可以使其对所有人都有吸引力。而一些保守者则认为:在现在和可以预见的未来,黑人院校将永远是黑人院校,其发展将受到束缚。①

布朗案的判决为黑人学院和大学的变革提供了动力,还有一些文献以个案的形式具体研究了这些变革。阿米里亚辛·哈迪德(Amiri Yasin Al-Hadid)在其文章《布朗诉教育委员会案对田纳西州院校的影响:受阻之梦的悲剧》(*The Impact of Brown v. Board of Education on Colleges in Tennessee: The Tragedy of a Dream Deferred*)中指出,随着历史的发展,一部分黑人学院和大学虽然逐步废除了种族隔离,但在文化和历史的视野中渐渐消失,他们或者逐渐演变为白人为主的高等院校,或者与其他高校合并。②米奇·伯恩姆(Mickey L. Burnim)在其文章《布朗案对公共的黑人高等院校之影响:一项北卡罗莱纳州的案例分析》(*The Impact of Brown on Public HBCUs: a North Carolina Case Study*)中指出,虽然黑人学院和大学整体上出现了日趋衰落的局势,但北卡罗莱纳州的黑人学院和大学则在

---

① Saran Donahoo & Denise O. Green. *Trapped in the Back of the Bus: Black Colleges, the Courts and Desegregation Rulings*[A]. In *Dara N. Byrne ed.*, *Brown v. Board of Education: Its Impact on Public Education, 1954—2004*[C]. New York: Thurgood Marshall Scholarship Fund, 2005.

② Amiri Yasin Al-Hadid. *The Impact of Brown v. Board of Education on Colleges in Tennessee: The Tragedy of a Dream Deferred*[A]. In *Dara N. Byrne ed.*, *Brown v. Board of Education: Its Impact on Public Education, 1954—2004*[C]. New York: Thurgood Marshall Scholarship Fund, 2005.

现代社会中发展更为蓬勃。布朗案判决 50 年之后，北卡罗莱纳州的黑人学院和大学通过强化种族合校增加了自身的多样性，并且仍然服务于为黑人提供高等教育这一历史使命。它们为争夺生源而努力，建立了系统而积极的市场竞争机制进行招生。①

3. 布朗案对教育政策、课程和资源的影响

第三类是布朗案对公立学校的教育政策、课程和资源的影响。布朗案判决之后，虽然越来越多的黑人学生获得了和白人同校上学的权利，但许多看似公平的教育政策实际上仍然在阻碍着黑人学生的进一步发展。高中所提供的严格的学术课程对于一个学生是否能够完成大学学业更为重要，而这其中最严格的课程之一就是 AP 课程（Advanced Placement Courses），它是公立高中里面最常见的一种大学准备课程。如果一个学生 AP 课程合格，那么 90% 的美国大学将给他提供免费的大学学分，并且允许他上大学之后不选修相关的入门课程。卡伦 · 米克什（Karen Miksch）在其文章《获得大学准备课程中的不平等：一个批判性的民权问题》（*Unequal Access to College Preparatory Classes：A Critical Civil Issue*）中指出，学生进入大学的过程看起来对不同族裔持中立态度，但实际上强化了不平等。将近 50% 的美国高中由于教学质量不高、缺乏师资、经费不足等原因而不提供 AP 课程，而这些学校大部分分布在财产税较低的社区、内城以及农村，这些地方的居民往往是以黑人和西班牙裔居多。由于缺乏大学准备课程，这些少数族裔学生在上大学前就处于劣势地位，进入顶尖大学的机会远远低于富裕的白人中产阶级。②

此外，学者们还将布朗案的当代影响面由黑人扩展开来，从亚裔、西班牙裔等少数族裔的角度考察布朗案对这些群体的影响。比阿特丽斯 · 阿里亚斯（Beatriz M. Arias）在其文章《布朗案对拉美裔人的影响：一项政策意图转型的研究》（*The Impact of Brown on Latinos：A Study of*

---

① Mickey L. Burnim. *The Impact of Brown on Public HBCUs：A North Carolina Case Study*[A]. In Dara N. Byrne, ed., *Brown v. Board of Education：Its Impact on Public Education, 1954—2004*[C]. New York：Thurgood Marshall Scholarship Fund, 2005.

② Karen Miksch. *Unequal Access to College Preparatory Classes：A Critical Civil Issue*[A]. In Dara N. Byrne, ed., *Brown v. Board of Education：Its Impact on Public Education, 1954—2004*[C]. New York：Thurgood Marshall Scholarship Fund, 2005.

Transformation of Policy Intentions）以个案研究的形式考察某个地区废除拉美裔与白人之间在学校中种族隔离的具体措施与后果、政策变迁的过程。布朗案虽然在判决中只提及废除黑人和白人之间在学校方面的种族隔离，但对其他少数族裔与白人的合校进程也起到了促进作用，提高了少数族裔儿童的学业成就。① 然而正如一枚硬币存在两面，种族合校对少数族裔而言也存在潜在的弊端，也就是公立学校中对少数族裔文化的忽视。伯纳德·吉福德（Bernard Gifford）在他的文章《加利福尼亚州公共学校中对拉美裔学生的语言孤立：重返社会所面临的挑战》（*The Linguistic Isolation of Latino Students in California's Public Schools: The Challenge of Reintegration*）中就指出了这一点。他认为美国虽然是一个多元文化的国家，但其文化的主体仍然是盎格鲁—撒克逊白人文化，公立学校中的课程仍是以宣扬白人文化为主，对少数族裔的语言、文化、习俗少有涉及。这样不仅使得少数族裔学生对本族的语言、文化逐渐产生疏离感，也使得包括白人学生在内的全体学生无法对少数族裔的文化进行了解，从而失去了最佳的学习环境。②

四

作为一项历史研究，文献分析法是本书最主要的研究方法。文献分析法是指"通过对收集到的某方面的文献资料进行研究，以探明研究对象的性质和状况，并从中引出自己观点的分析方法"。③ 它能帮助调查研究者形成关于研究对象的总体印象，有利于动态把握研究对象的历史与现状。本人有幸获得了与布朗案相关的大量历史文献资料，包括：(1) 布朗案在联邦地区法院、联邦最高法院审理时的法庭辩论记录及其判决原文；

---

① Beatriz M. Arias. *The Impact of Brown on Latinos: A Study of Transformation of Policy Intentions*[J]. *Teachers College Record*. Vol. 107, No. 9, Sep. 2005.

② Bernard Gifford. *The Linguistic Isolation of Latino Students in California's Public Schools: The Challenge of Reintegration*[A]. *105th Yearbook of the National Society for the Study of Education*[C], part II, 2006.

③ 萧浩辉. 决策科学辞典[M]. 北京：人民出版社. 1995:302.

(2)与布朗案相关的律师、法官、州长、联邦官员、总统等人的传记、笔记、日记、回忆录等,例如首席大法官厄尔·沃伦的回忆录、雨果·布莱克法官的传记、哈罗德·伯顿法官在布朗案讨论期间的笔记、任职司法部的重要人物菲利普·埃尔曼的访谈录、弗吉尼亚州律师的日记等等。(3)美国南方教育报道中心(Southern Education Reporting Service)专门追踪布朗案实施情况的一套报纸《南方学校新闻》(*Southern School News*)以及20世纪60年代开始报道南方各州种族合校进展状况的统计数据。(4)与本书相关的政府文件、珍贵的历史照片、统计图表、录像资料。(5)各类文献汇编,分类整理了布朗案判决及其实施过程中,不同群体对这些事件的反应、态度以及言行。(6)对布朗案以及相关历史进行研究的学术著作、期刊论文等。通过广泛收集与本论文相关的大量原始文献,并按照一定的逻辑思路进行归纳、整理和分析,以保证研究的客观性、真实性。

本书在研究过程中还使用了个案研究法。个案研究法是社会科学研究中广泛使用的一种研究方法,通过对典型的个案进行细致的研究与分析,从而增加研究的丰富性。本书所涉及的是20世纪五六十年代布朗案的审理和实施过程,在研究南方各州对布朗案判决的大规模抵制时,本书具体考察了阿肯色州、弗吉尼亚州、阿拉巴马州等地对布朗案的反应;此外还考察了不同阶层的南方白人,比如国会议员、州长、普通民众对布朗案的态度和言行。通过对这些有代表性的州和人物进行个案研究,使得研究更加丰富、生动,也加强了对研究结论的论证。

第一章

“隔离但平等”与布朗案的产生

在美国教育史上，种族关系始终是一个关键问题，1896—1954 年长达半个多世纪的种族隔离则使公共教育中的种族矛盾和冲突变得更为尖锐，这种隔离是白人对少数族裔，尤其是黑人的隔离。在种族隔离制度下，少数族裔，尤其是黑人的社会地位和经济状况普遍落后于白人；在教育领域，他们也无法获得和白人平等的教育权利，无法通过提高自身的知识和技能来改变个人命运。本研究以黑人和白人之间教育领域的种族隔离为例，探讨“种族关系”这样一个重大问题。

第一节 美国公共教育种族隔离合法性的确立

内战之前，黑人人口大约为 400 万，他们之中的绝大多数都作为奴隶生活在南方，因此，美国公共教育中的种族问题很大程度上就是一个南方问题。美国独立之后，南方各州依然保持着以奴隶制为基础的大种植园经济；“密苏里妥协案”之后，南方以“蓄奴州”的身份加入联邦，南方各州的奴隶制获得了合法的地位。

一、内战前美国南方的公共教育

美国南方传统上以大种植园经济为主，盛行奴隶制，整个社会清晰地划分为几个等级：处于最上层的是少数大种植园主；低一级的是白人中产阶级，由中小种植园主、商人、律师、牧师、医生等构成；再低一级的是白人自耕农、小商贩、工匠和工人，他们在整个社会上占有很大的比重，人数相当可观；又低一级的是“贫穷白人”，他们的生计十分艰难，勉强养家糊口；地位最低的是黑人，包括少量的自由黑人以及大约400万的黑人奴隶。① 内战之前，美国南方大部分地区的白人仍然沿袭私立教育的传统，对其子女进行基本的“4R”教育，包括阅读、写作、算术和宗教。上层白人为其子女聘请家庭教师，中产阶级白人的子女进入私立学园、教会学校等机构读书，普通白人子女主要在社区内简陋的小学校或者慈善学校中接受教育。与白人的受教育状况形成鲜明对比的是，黑人，尤其是黑人奴隶能够获得的教育微乎其微。②

南方白人和黑人之间的种族矛盾在独立战争期间稍有缓和，在临近北方的南方地区曾出现过混合学校，例如在弗吉尼亚州的亚历山大(Alexandria)和马里兰州的巴尔的摩(Baltimore)就曾有黑人学生与白人学生同校上学，但这种学校存在的时间极短。一些诸如美诺会、贵格会等宗教团体和个人也为黑人建立了专门的学园，但后来南方各州的上层白人逐渐意识到，受过教育的黑人可能会对奴隶制进行反抗。1831年的纳特·特纳(Nat Turner)起义使得南方白人更加坚定了不能让黑人接受教育的信念，于是加快了取缔黑人教育活动的步伐。各州不仅限制了黑人奴隶的人身自由，更剥夺了他们作为“人”应该享有的各种权利，包括受教育权在内。有些州甚至在州法律中明文规定，教授黑奴、自由黑人和黑白混血儿童读写属于违法行为。③ 尽管有法律和社会习俗的压力，南方一些富有同情心的白人还是坚持开办主日学校(Sunday School)，使部分自由黑人和黑奴通过这种方式获得了少量的教育。④

美国独立之后，托马斯·杰斐逊(Thomas Jefferson)怀着在全国范围内建立公共学校的理想，多次试图使弗吉尼亚州的立法机关通过有关免费学校的法案，但是全都失败了。他不得不承认大众接受新事物需要一个过程。他在1806年消沉地写道：“我们必须承认，使大众接受新事物的

---

① 刘绪贻，杨生茂. 美国通史(第2卷)[M]. 北京：人民出版社，2002：334—336.

② Kaestle, Carl F. *Pillars of the Republic: Common Schools and American Society, 1780—1860* [M]. New York: Hill and Wang, 1983:192—197.

③ 屈书杰. 从种族隔离到学校一体化：二十世纪的黑人教育[D]. 河北大学，2002：12.

④ [美]韦恩·厄本，詹宁斯·瓦格纳. 美国教育：一部历史档案[M]. 周晟，谢爱磊，译. 北京：中国人民大学出版社，2009：185.

速度慢如蜗牛。四十年的经历告诉我,每采取一步措施之后都必须给出适应的时间。如果过于迅速地推行,结果就会适得其反。”①

很多南方白人对建立公共学校表示不屑,但南方也不断有人支持公共学校。1817 年,北卡罗莱纳州的议员阿奇博尔德·墨菲(Archibald D. Murphey)提交议案,强烈建议在本州建立公共教育系统。他称赞了裴斯泰洛齐和兰卡斯特的教育思想,提出本州的公共教育系统应该对穷人免费,对其他人进行部分补贴,然而这些议案并没有得到通过。北卡罗莱纳的立法机构在 1826 年用部分税收建立了一个文化基金(Literary Fund),用于支持“公共学校和合适的学校”。1839 年,北卡罗莱纳正式通过第一部公共学校法案,开始将文化基金向各县分配。这部法案号召每个县都进行公开投票,决定当地是否建立公共学校和学区、怎样选择县级的学监、怎样为公共学校在当地收税等问题。1840 年,北卡罗莱纳第一所公共学校在罗金厄姆县正式开学;1846 年,北卡罗莱纳的每个县都建立起了至少一所公共学校;1850 年,北卡罗莱纳实际运行的公共学校已经达到了 2657 所,就读学生 100600 名。北卡罗莱纳公共学校的创办没有任何慈善的性质,所有白人的子女都可以在这里接受平等的免费教育。②除了北卡罗莱纳州之外,阿拉巴马州、路易斯安那州和田纳西州的公共教育也取得了一些进展。

总的来说,因为南方白人有很严重的地方主义和个人主义,整个南方的社会等级结构相当稳固。南方绝大多数地区的经济都以棉花种植和奴隶制为基础,各地区同质化程度很高,但城市化水平又非常低,而且相互之间竞争激烈、各自为战,因此他们反对通过征税的手段来支持公共教育的发展,这就严重制约了南方的公共教育,使其远远落后于北方。在公共教育方面处于领先地位的北卡罗莱纳州虽然从 1839 年就规定分配文化基金,但在整个 1840 年代仍然围绕怎样将州基金分配到各县的问题争论不休,公共学校法案被认为是一部没有权威的法案。到 1850 年代末,增加州资助、培训教师等议案还没有通过,北卡罗莱纳的学校系统实际上并

---

① Kaestle, Carl F. *Pillars of the Republic: Common Schools and American Society, 1780—1860* [M]. New York: Hill and Wang, 1983:198.

② [美]韦恩·厄本,詹宁斯·瓦格纳.美国教育:一部历史档案[M].周晟,谢爱磊,译.北京:中国人民大学出版社,2009:172—173.

不像法案中所说的那么“公共”。① 即使北卡罗莱纳这样的例子也只是凤毛麟角;而且北卡罗莱纳州将教育对象限于普通白人子女,并不能代表整个南方的教育发展状况。从整体上而言,南方上层白人依然沿袭家庭教育传统,黑人仍旧被排除在公共教育的范围之外。因此南方还没有建立起由公共经费支持的、真正意义上的公共教育系统。

二、重建时期南方公共教育的构建

1865 年,国会颁布的第十三条宪法修正案正式废除了奴隶制,南方 400 万黑人奴隶获得了形式上的自由和公民权,同时也获得了接受教育的权利。由于黑人仍然在政治、经济上处于劣势地位,因此他们无法在政党政治中参与决策,他们的愿望和诉求仍然无法得到实现,掌握美国南方公共教育走向的是共和与民主两党的上层白人领袖。由于废奴主义者是共和党成立初期的一支重要力量,而民主党的上层领袖大多由南方的白人种植园主担任,因此这两个政党在南方公共教育的问题上就出现了明显的分歧:共和党支持建立公共学校,尤其支持建立种族混合的公共学校;而民主党从根本上反对公共学校的构建,即使做出了让步,也希望在公共教育中实施种族隔离。因此,关于南方的公共教育之争,很大程度上就演变为民主、共和两党之间的斗争。

南方公共学校的零星成就在内战中遭到了破坏,重建南方的教育成为摆在联邦政府和国会面前的一大问题。激进的共和党人于 1866 年之后掌控了实权,把持了南方各州政府;在他们的影响下,国会通过了一系列报复性的重建法案,不仅收回了南方各州的选举权和管理权,而且加强了对南方的军事管制。激进的共和党人想把南方曾经叛乱的州降级为地区,希望可以按照北方的设想,将南方改造为包括“小农场、小村庄、免费的学校、平等的政治权利”的理想社会。②

(一)是否要建立公共学校

以参议员查尔斯·萨姆纳(Charles Sumner,1811—1874)为首的一些

---

① Kaestle, Carl F. *Pillars of the Republic: Common Schools and American Society, 1780—1860* [M]. New York: Hill and Wang, 1983:201—203.

② [美]韦恩·厄本,詹宁斯·瓦格纳.美国教育:一部历史档案[M].周晟,谢爱磊,译.北京:中国人民大学出版社,2009:200.

激进主义者希望通过立法形式在全国范围内建立种族混合的公共学校，但他们自己也感觉到这种做法不可行，因为即使北方的大多数社区也默许地区或者州来决定当地的教育问题，而不是通过联邦法律来解决。除了小部分理想主义者之外，共和党内大部分的激进主义者只是将建立混合学校作为刺探政敌虚实的幌子，并没有想过在北方实施这种学校。共和党人还希望通过建立混合学校的提案强化南方的共和党力量，提高南方黑人投票者的忠诚度。在激进共和党人的控制之下，1868 年，南卡罗莱纳州和路易斯安那州通过了新的州宪法，特别强调在公共学校中禁止种族隔离；同年，阿拉巴马州、阿肯色州、佛罗里达州、佐治亚州和北卡罗莱纳州也颁布了新宪法，只是说要努力实现教育中的平等，并没有特别指出要确保建立种族混合的学校。弗吉尼亚州、密西西比州以及得克萨斯州于 1869 年颁布了新宪法，也没有说明是否建立混合学校。①

从总体上而言，在内战结束之后的 30 多年内，南方各州的教育中并不存在种族隔离。自由民局是这一时期对南方黑人进行教育救助的主要机构，其设立目的是想帮助渴望学习的黑人获得生存和发展所必需的读写技能，因此它建立的 4000 多所学校当然只对黑人开放。将种族隔离作为双元社会的模型，并且作为长期以来普遍遵循的、解决种族问题的方案，是后来才提出的。②

黑人对文化修养的价值有着根本的信仰，对知识和教育极度渴求，不遗余力地保障自己子女受教育的权利，并通过自己的实际行动表现出对公共教育的支持。在对知识的强烈渴望下，黑人一方面热情地欢迎、积极地响应北方共和党人通过自由民局、教会、慈善机构、基金会等方式进行的教育救助；另一方面积极地建立黑人控制下的免费公共学校。自由民局由于财政原因于 1866 年临时关闭了路易斯安那州所有的黑人学校，命令暂停为黑人教育征税。听到这一消息，路易斯安那州的黑人“惊慌失措……他们不同意其子女停学，立刻表示同意将自己的财产进行估价，支付学校全部的开销”。黑人领袖还向北方军队官员请愿，希望对他们所在

① Kelly, Alfred H. *The Congressional Controversy over School Segregation, 1867—1875*[J]. *The American Historical Review*, Vol. 64, No. 3, Apr., 1959.

② Muse, Benjamin. *Ten Years of Prelude: the Story of Integration since the Supreme Court's 1954 Decision*[M]. New York: the Viking Press, 1964:2.

的社区额外征税,用以补充自由民局的学校基金。在一份 30 英寸长的黑人请愿书上写有 1 万名黑人家长的名字,这些家长尽管自己极为贫穷、没有文化,但仍愿意承担学校的一切费用,希望其子女能够接受教育。1866—1868 年之间,黑人建立了一种免费的学校教育系统,与自由民局的教育系统平行;尽管自由民局管理的学校后来重新开始运行,但黑人的免费学校在其管辖之外仍然蓬勃发展。在黑人的学校中就读的学生数量快速增长,实际上超过了到自由民局的学校系统读书的人数:到 1867 年 1 月,新奥尔良有 65 所黑人办的免费学校,有 2967 名学生就学;自由民局管辖下有 56 所学校,2527 名学生就学。①

南方黑人期望能够建立一种普遍的、由州支持的公共教育,而这对南方上层白人的教育观念产生了巨大的冲击。这些人绝大多数都是大种植园主,拥有大量的土地,他们允许给穷人提供一定程度的教育,将其作为对贫穷白人儿童的恩惠;但是这和建立州强制的公共教育完全是两码事。这些上层白人认为,州没有权力干涉教育问题,更没有权力干涉南方社会的整体架构。通过公共教育对社会的等级制度进行积极干预,就违反了社会的自然发展,威胁到家庭对于儿童的权威,颠覆了主人与劳工之间的互惠关系,侵占了教会的职权。在 1860—1880 期间,包括小农、实业家、劳工在内的其他阶层的南方白人并不反对这种观点,事实上从总体而言,由于独特的经济、政治、社会和心理原因,南方各个阶层的白人大致上都认同上层白人的观点。其结果就是美国南方白人在内战之后尤为敌视普遍的公共教育。② 在弗吉尼亚州,一名浸礼会白人牧师用“公民(Civis)”的笔名在报纸上发表文章攻击公共学校,认为公共学校是一种不道德的无神论,其政治依据“和自由制度毫无关系,并且对自由有致命的危害”。他坚持认为“儿童的教育和政府毫无关系,而是家长神圣的、必须履行的职责”。他特别反对将黑人和白人平等对待,认为“种族区分的界限不是外在环境的偶然结果,而是上帝之手指划定的”。长老会牧师达布尼

① White, Howard A. *The Freedmen's Bureau in Louisiana*[M]. Baton Rouge: Louisiana State University Press, 1970:177—179. Blassingame, John W. *Black New Orleans:1860—1880*[M]. Chicago: The University of Chicago Press, 1973:111—112.

② Anderson, James D. *The Education of Blacks in the South, 1860—1935*[M]. Chapel Hill: The University of North Carolina Press, 1988:4.

(Robert Lewis Dabney)持类似观点,他认为公共学校是“北方人的骗局,是一个不切实际的工程”。在他看来,这个不公正的体系“从被压迫的民众那里榨取大量税收”,用于“对那些解放的黑奴进行所谓的教育”。为了上缴税收,许多白人不得不让自己的孩子待在家里或者到田里劳动;“游手好闲、偷窃成性的黑人穷小子”却在这些税收的支持下上学读书。达布尼坚持认为黑人“资质低下、无知、道德败坏、依赖别人、缺乏上进心”,这些是教育所无法改变的,“受过教育的黑人会变成有责任心的市民”的说法“荒唐可笑、狡猾阴险,完全靠不住”。他认为受过教育的黑人只会产生愚蠢且不切实际的想法,而对他们从事体力劳动的真正使命弃之不顾。那些支持为黑人提供公共教育的人,真正的目的是实现黑白混种。①

在激进共和党人的强压之下,在南方白人的反对声中,南方的公共学校虽然在一小部分支持者的肯定中得以建立,但举步维艰,发展十分缓慢。得克萨斯州1869年通过的州宪法规定要建立免费的公共学校,但这部法律直到1871年才生效;佐治亚州的新宪法于1868年通过,直到1870年才开始制定有关公共学校的具体条款。即使如此,佐治亚的公共教育系统仍未建立,而是以经费不足为理由进行拖延,等到1877年才建成公共学校系统。②

(二) 建立怎样的公共学校

在南方各州建立公共学校的举措虽然备受争议,但最终还是付诸实施了。然而,这一话题再次引起了两党之间、国会和州政府之间、黑人和白人之间的争论。其中最为敏感的问题是:到底应该在南方建立种族混合的学校还是种族隔离的学校?一些黑人更倾向于建立种族混合的学校,因为他们意识到,如果建立种族隔离的学校,黑人必定无法获得和白人平等的教育资源;而大多数白人则更愿意建立种族隔离的学校。

皮博迪教育基金会(Peabody Education Fund)及其主席巴纳斯・西尔

---

① Hunt, Tomas C., Wagoner, Jennings L. *Race, Religion, and Redemption: William Henry Ruffner and the Moral Foundations of Education in Virginia* [J]. *American Presbyterians: Journal of Presbyterian History*, Vol.66, 1988.

② Dabney, Charles W. *Universal Education in the South* [M]. Vol. I. Chapel Hill: The University of North Carolina Press, 1936:251—252.

斯(Barnas Sears, 1802—1880)促进了兴建种族隔离的公共学校。1867年,马萨诸塞州的慈善家乔治·皮博迪(George Peabody, 1795—1869)捐款1000000美元成立了皮博迪教育基金,用以推动和促进南方的“智力、道德和工业教育”。这个基金会的董事会选定巴纳斯·西尔斯为主席。西尔斯当时任布朗大学的校长,继贺拉斯·曼(Horace Mann, 1796—1859)之后就任马萨诸塞州教育部长。为了将基金的作用发挥到最大,西尔斯向董事会建议:只资助那些已经建立而且正在接受公共财政支持的学校;只资助好的学校,使其成为其他学校的榜样。尽管皮博迪在创建基金会的时候曾说过,资助的标准是“需要和有用,其他差异都不予考虑”,但西尔斯在实际操作中却将种族标准考虑在内。1869年,西尔斯建议将资助黑人学校的资金削减到白人学校的三分之二,因为“黑人学校的开支低于白人学校”。而且西尔斯反对资助混合学校,因为他认为混合学校是一个“祸根”,白人肯定不会进入这类学校,也不会对这类学校进行任何资助;如果基金会资助这种学校的话,肯定会将董事会引入无休止的争论。西尔斯的提议得到了董事会的赞成,基金会只资助那些实行种族隔离的学区。西尔斯同时还资助那些由于不愿成为混合学校而无法获得政府资助的白人学校。西尔斯为自己的行为辩解,称那些由于拒绝进行种族混合而被排除在公共教育之外的白人儿童属于“被忽视的人群”,理应接受帮助。①

国会里关于是否在南方建立混合学校的争论从重建初期就没有间断,由于温和派共和党人的势力占了上风,1866年的民权法案对南方公共学校的问题避而不谈。1873年12月,第43届国会召开,萨姆纳再次提出了在南方公共学校中禁止种族隔离的提案。这一提案引起了温和派共和党人的反对,他们尽力阻止通过强制建立混合学校的条款。西尔斯认为,如果国会通过了建立混合学校的条款,皮博迪教育基金会的成果就将毁于一旦,因此他一反自己“远离政治”的承诺,一方面向国会议员进行游说,认为假如通过了建立混合学校的提案,南方各州的公共学校系统将彻底瓦解,黑人和白人都将遭殃;另一方面,他设法与总统尤利西斯·格

① [美]韦恩·厄本,詹宁斯·瓦格纳.美国教育:一部历史档案[M].周晟,谢爱磊,译.北京:中国人民大学出版社,2009:201—203.

兰特(Ulysses Grant, 1822—1885)进行沟通——格兰特也是皮博迪基金会董事会的一名成员,他向西尔斯承诺,会适当地解决混合学校的问题。此外,为了赢得广大民众的支持,西尔斯在《大西洋月刊》(*The Atlantic*)的教育专栏发表匿名文章,认为如果国会通过了建立混合学校的议案,那么南方的公共学校系统就无法生存,南方白人就会“抓住这个机会废除公共学校制度,回到他们最喜爱的私立学校时代”。①

反对混合学校议案的不止西尔斯一人,弗吉尼亚州第一任公共教学学监、弗吉尼亚州教育法的缔造者拉夫纳(William Henry Ruffner)也持相同观点。1874 年,拉夫纳在《斯克里布纳月刊》(*Scribner's Monthly*)发表文章,认为在当时的历史条件下,强制的种族合校将毁灭南方取得的所有进展。他认为暴力虽然摧毁了奴隶制,但还没有改变人们的种族态度,没有消除两个种族在道德、智力和文化上的差距。这种态度和差异只能“通过时间来消除”。拉夫纳承认当时的北方和南方都存在种族主义,“种族之间的厌恶情绪随处可见”,即使是北方大多数地区也尽量避免建立混合学校。因此在当时的环境下,企图将不同种族的学生混合在一起的想法是“徒劳愚蠢、卑鄙险恶的”。② 在多种力量的反对之下,1875 年,民权法案中再次避开了建立混合学校的问题。

南方确实有个别地方尝试建立种族混合的学校,但是在重建后期的社会环境下,南方各州所有与建立混合学校相关的尝试最终都不了了之,各州通过制宪会议颁布法律确立种族隔离的学校制度。1873 年,得克萨斯州最先颁布法律规定种族隔离的学校制度,南方其余各州紧随其后,在南方各州建立种族混合的学校的尝试宣告破产。

来自黑人方面以布克·T. 华盛顿(Booker T. Washington,1856—1915)为代表的妥协思想,也对建立种族隔离的学校制度起到了重要的推动作用。布克·华盛顿生于弗吉尼亚州的一个奴隶家庭,由于受到主人的合理对待,他对白人奴隶主并没有产生特别的憎恨之情。他发现也有白人对黑人怀有同情心,黑人也并不是都对白人充满敌意,黑人和白人有

① Vaughn, William P. *Partners in Segregation: Barnas Sears and the Peabody Fund*[J]. *Civil War History*, Vol. 10(September 1964).

② [美]韦恩·厄本,詹宁斯·瓦格纳. 美国教育:一部历史档案[M]. 周晟,谢爱磊,译. 北京:中国人民大学出版社,2009:208.

可能友好相处。获得解放之后,布克·华盛顿到弗吉尼亚州的汉普顿师范和农业学院(Hampton Normal and Agricultural Institute)学习,1881年被任命为阿拉巴马州塔斯基吉学院(Tuskegee Institute)的首任院长。受汉普顿学院院长塞缪尔·查普曼·阿姆斯特朗(Samuel Chapman Armstrong,1839—1893)的影响,布克·华盛顿坚持劳动教育的观点,认为黑人种族首先要把劳动自救放在首位,通过劳动致富并证明人生的价值、赢得他人的尊重。同时,由于他看到南方黑人中普遍存在贫困、愚昧、无知、犯罪等问题,认为这是黑人问题的症结所在,也是黑人受歧视和被剥夺权利的根本原因。此外,在白人至上主义盛行的情况下,他认为如果黑人提出获得选举权等政治要求,必定会激起南方白人种族主义者的愤怒。黑人不仅达不到目的,反而会受到迫害,甚至会失去最基本的生存条件。因此,布克·华盛顿认为黑人应该暂时避开政治权利斗争,默认种族隔离与歧视的社会环境,努力从道德、劳动技能、经济水平上尽快提升自身素质,用“智力、财产和品格解决公民权利问题”①:培养自身勤劳、节俭、自制等宗教品格,获得知识和实用技能,从事农业、机械、手工业、家庭服务与商业,争取成为美国社会和经济生活中不可或缺的因素,努力发财致富。只有这样才能重塑黑人形象,赢得白人的尊重,白人也会赋予黑人相应的政治权利,黑人问题就能够得到解决。

1895年,布克·华盛顿在亚特兰大州际棉花博览会上发表演讲,声称黑人更关心白人的善意、改善自己境遇的机会、为社会做出更大的贡献,对社会平等问题不太感兴趣。布克·华盛顿的观点受到白人的热烈追捧,许多白人资本家纷纷对塔斯基吉学院进行资助,布克·华盛顿也因此声名鹊起。② 虽然布克·华盛顿的观点只是权宜之计,但在当时的社会环境下却助长了建立种族隔离学校的势头,使得众多黑人暂时放弃了对追求政治权利、建立混合学校的吁求,转而在种族隔离的学校里接受简单的工业劳动教育和技能培训。

19世纪70年代初,由于重新实现了联邦统一、摧毁了南方的奴隶制

---

① Harlan, Louis R. ed., *The Booker T. Washington Papers*[M]. Vol. 1. Urbana: University of Illinois Press, 1972:45.

② [美]韦恩·厄本,詹宁斯·瓦格纳.美国教育:一部历史档案[M].周晟,谢爱磊,译.北京:中国人民大学出版社,2009:211—213.

经济、建立了一系列有利于工业发展的经济政策，这种形势导致了共和党内妥协思想的出现和增长。不少共和党人对南方的重建和民主化进程已不再感兴趣，认为联邦政府应该将更多的精力用于国内的经济建设，而不是纠缠于无休止的南方斗争。由于对南方问题有不同的看法，共和党内部分裂为两个阵营。1872 年，格兰特总统签署了大赦法案，使得许多曾经参与叛乱的民主党领袖重新参与政权，大大加强了南方民主党的力量。与此同时，由于共和党对工商业的保护政策使农业的发展遭受损失，军事管制存在贪污舞弊等弊病，民主党就抓住这些问题大做文章，不仅赢得了南方白人小农的支持，而且在舆论上占据了优势，南方的种族主义活动猖獗。在这种情况下，黑人的政治权利和生命安全受到威胁，对共和党的热情大大降低。1870 年颁布的宪法第十五条修正案也并没有在南方真正实行，至此，激进派的重建已成强弩之末，南方社会的实际控制权又逐渐转移到民主党手中。①

三、普莱西诉弗格森案

1876 年，南方的民主党人与共和党总统候选人拉瑟福德·B. 海斯(Rutherford B. Hayes, 1822—1893)私下做了一笔政治交易：南方人将选票投给海斯，海斯当选总统后从南方撤出联邦军队。海斯于 1877 年就任总统之后兑现了对南方的政治承诺，标志着美国历史上重建时期的结束。

重新掌控南方社会的白人不仅剥夺了黑人的选举权，而且开始在整个南方社会实行种族隔离。田纳西州首先于 1870 年通过法律禁止种族之间通婚，南方各州继而陆续通过各种法律，规定了白人和有色人种(主要是黑人)在社会生活各个方面的隔离制度，其中也包括公共教育领域的种族隔离。这些法律统称为吉姆·克罗法。南方白人尽管不能摧毁已经建立的公共教育制度，但他们强调低税收，反对强迫入学法案，阻止颁布可能强化公共教育宪法基础的新法律，总体上阻碍了公共学校的发展。以路易斯安那州为例：作为南北双方协定的一部分，路易斯安那州组建了新的学校委员会以管理公共学校系统，这个委员会在成立两个月后就加速了新奥尔良(New Orleans)公共学校里种族隔离的步伐。也有共和党

① 刘绪贻，杨生茂. 美国通史[M]. 第 3 卷. 北京：人民出版社，2002：62—66.

人对此表示反对:共和党活动家阿里斯蒂德·玛丽(Aristide Mary)领导了一个庞大的代表团向学校委员会抗议,他们认为隔离的学校将导致隔离的公共设施、禁止种族通婚,贻害无穷。但这些抗议并没有减缓公共学校中种族隔离的进程,相反,由于经费缺乏,路易斯安那州的公共学校在1883年的大部分时间都处于关闭状态。①

在重建时期,虽然南方各州的法律确认了在公共学校中实行种族隔离,但是这一制度以法庭判例的形式由联邦最高法院确定下来,还是通过普莱西诉弗格森案。1890年,路易斯安那州通过了《隔离车厢法案》(*Separate Car Act*),要求在铁路运输中为白人和有色人种提供隔离的车厢。新奥尔良一群有声望的白人、黑人以及法国移民后裔非常关注此事,他们成立了公民委员会(Committee of Citizens),希望能够废除这个法律。他们最终说服荷马·普莱西(Homer A. Plessy)参与一场精心策划的法庭诉讼,向路易斯安那州的种族隔离法律进行挑战。普莱西生下来就是一名自由人,他具有八分之七的白人血统和八分之一的黑人血统,然而根据路易斯安那州的法律,他仍然被认定为黑人,属于“有色种族”,因此在乘车时必须坐在有色人种的车厢内。1892年6月7日,普莱西登上了东路易斯安那公司一辆从新奥尔良开往卡温顿(Covington)的州内列车,并且坐进了白人车厢。列车员根据《隔离车厢法案》命令他到有色人种车厢去,但被普莱西拒绝。与此同时,公民委员会还聘请了具有逮捕权的私人侦探,立即以违反《隔离车厢法案》为名扣留了普莱西。按照计划,普莱西被带下列车并受到监禁。普莱西因此将路易斯安那州政府告上法庭,认为州法律要求在铁路上必须设立隔离车厢的规定侵犯了自己根据美国宪法第十三和十四两条修正案而享有的权利。但主审该案件的法官约翰·霍华德·弗格森(John Howard Ferguson)认为,州政府有权在本州范围内调节铁路运营,因此他判决普莱西违犯隔离法案并处以罚金。公民委员会将普莱西的案子上诉至路易斯安那州最高法院,但州最高法院的法官维持了原判。公民委员会的成员毫不气馁,于1896年将普莱西的案

① DeVore, Donald E. & Logsdon, Joseph. *Crescent City Schools: Public Education in New Orleans, 1841—1991*[M]. Lafayette: Center for Louisiana Studies,1991:89, 91,102.

件上诉至联邦最高法院。① 1896 年 5 月 18 日,最高法院以 7:1 的多数票裁决判定普莱西败诉。最高法院认为路易斯安那州的法律并不意味着歧视黑人,而只是确认白人和黑人之间由于肤色不同而存在差别,因此并不违反宪法第十三和十四条修正案。原告所说的"隔离意味着不平等"是黑人一厢情愿的想法。投反对票的法官是约翰·马歇尔·哈伦(John Marshall Harlan),他在反对意见中义正词严地谴责了三 K 党的暴行,认为宪法应该对不同肤色的公民一视同仁,成为一部"色盲"的宪法(Color-Blind Constitution),然而现今的宪法并没有平等对待所有种族,最高法院的这一判决将臭名昭著。② 这一案例的裁决从联邦最高法院的高度肯定了种族隔离的合宪法性,肯定了"吉姆·克罗法"在美国社会生活中的正确性。这一判例作为一个指导性原则,成为此后美国社会生活各个方面种族隔离的依据,巩固了"隔离但平等"的法律基础。

普莱西案判决之后,南方各州纷纷颁布法律剥夺黑人的各项权利,并将种族隔离推广到社会生活的各个方面,建立起一套复杂的种族隔离体系。这场旨在建立种族隔离体系的运动从 19 世纪 90 年代开始兴起,在 20 世纪前十年快要结束时达到了顶峰。实行种族隔离的领域不仅包括各种公共交通工具、公共学校、居住区、雇佣机会,还包括各种公共场所、公共设施,甚至是公墓。黑人"从摇篮到坟墓"都要作为"二等公民"受到白人的歧视。③ 由于向黑人开放的资源、机会和设施都非常有限,因此种族隔离事实上意味着在社会生活各个方面对黑人进行排斥。在很大程度上来说,种族隔离制度是对奴隶制的替代,通过这种方式保持黑人在南方的社会、经济和政治生活中的从属地位不变。④

普莱西案的判决进一步强化了黑人和白人在教育上进行种族隔离的依据。根据普莱西案的判决,只要为不同种族提供了平等的设施,种族隔

① 维基百科全书[EB/OL] http://en.wikipedia.org/wiki/Plessy_v._Ferguson, 2012—9—1

② Olsen, O. H. *The Thin Disguise: Turning Point in Negro History*[M]. New York: Humanities Press, 1967:108—121.

③ Woodward, C. Vann. *The Strange Career of Jim Crow*[M]. New York: Oxford University Press, 1974:97—102.

④ Muse, Benjamin. *Ten Years of Prelude: the Story of Integration since the Supreme Court's 1954 Decision*[M]. New York: the Viking Press, 1964:2.

离就是合乎宪法的,但黑人学校不仅数量少、层次低,而且在经费、教育设施、教学质量等方面远远落后于白人学校。1899 年,黑人儿童占南方学龄儿童总人数的 31.6%,但其教育经费仅占公共学校教育总经费的 12.9%;黑人学校每学期的上学天数比白人学校每学期的上学天数平均短 59 天。[①] 黑人学校资金匮乏,黑人教师的工资只相当于白人教师工资的四分之一到三分之一,通常一所黑人学校只有一名老师对不同年级的大量黑人学生进行集体授课。黑人学校的教室通常是一间破旧的、存在安全隐患的木屋或者废弃的教堂、商店,课本陈旧并且数量不足。由于白人学校的校车从不搭载黑人学生,这些黑人学生只能步行很远去上学。[②] 1940 年,南方各州黑人学校的生均投入只达到白人学校的 45%;在南卡罗莱纳州、佐治亚州、阿拉巴马州,黑人学校的生均投入只达到白人学校生均投入的 33%;在密西西比州,这个比例只有 15%。[③] 由于种族隔离和歧视的存在,黑人的整体教育水平一直非常低,文盲率居高不下:黑人的文盲率在 1880 年、1890 年、1900 年分别为 70%、56%、44.5%。[④] 此外,黑人学校的雇员地位低下、劳动繁重、收入微薄,只是略微强于从事没有技术含量的粗重劳动。[⑤]

种族隔离的教育制度建立在“黑人是劣等种族”的理论之上,深深植根于南方公共教育的历史发展之中,种族隔离的教育中根本不可能存在平等,所谓的“隔离但平等”只是给白人的教育霸权披上了一件合法的外衣。直到 1954 年布朗案判决之前,美国南方 17 个州有法律明文规定在公共学校中实施种族隔离,而另外 4 个州——亚利桑那州、堪萨斯州、新墨西哥州和怀俄明州将是否在公共学校中实施种族隔离的选择权交给各

① Berry, Mary & Blassingame, John. *Long Memory: The Black Experience in America*[M]. New York, Oxford University Press, 1982:265.

② Shelley Tougas. *Little Rock Girl 1957: How a Photograph Changed the Fight for Integration*[M]. Mankato, Minnesota: Compass Point Books, 2012:40—41.

③ Patterson, James T. *Brown v. Board of Education, a Civil Rights Milestone and its Troubled Legacy*[M]. New York: Oxford University Press, 2001: xvii.

④ Bergman, Peter & Bergman, Mort. *The Chronological History of the Negro in America*[M]. New York, 1969:286,303,329.

⑤ Muse, Benjamin. *Ten Years of Prelude: The Story of Integration since the Supreme Court's 1954 Decision*[M]. New York: the Viking Press, 1964:2.

学区。在20世纪初出生的美国人都把学校中的种族隔离看作是几乎不可能改变的,一位宪法研究者戴维·德林格(David Dellinger)回忆说,“种族隔离就是我所在世界中的一个事实。和太阳系中行星的位置一样,种族隔离不存在什么对和错,它就是这么简单”。种族隔离的地区涉及11173个学区,1150万学龄黑白儿童,这些学生占了当时在公共学校读书的28836000名学生的39%。①

第二节 20世纪上半叶争取黑人教育平等权利的斗争

布克·华盛顿的妥协主义观点是黑人争取平等权利过程中一种权宜之计:华盛顿希望通过职业技术教育的措施使黑人获得基本的生存技能,积累财富,同时也获得富有同情心的白人的理解与支持,进而改善黑人和白人之间的种族关系。但历史并没有按照布克·华盛顿及其拥护者们的设想发展,黑人和白人之间的关系仍在继续恶化,他们不仅相互不信任,而且相互敌视。

19世纪末20世纪初,白人对黑人的私刑和暴力登峰造极,白人知识分子通过各种方式证明黑人种族的劣等性,黑人和白人之间的种族冲突不断。② 美国黑人史家雷福德·洛根指出,19世纪的最后10年和20世纪初叶是美国黑人社会地位的最低点③。黑人作家查尔斯·切斯纳特认为,在1890到1925这35年中,黑人的权力“到达低潮,种族偏见变得更加强烈和毫不妥协”④,到20世纪30年代早期,大部分黑人已经对“二等

① Kluger, Richard. *Simple Justice: the History of Brown v. Board of Education and Black America's Struggle for Equality*[M]. New York: Oxford University Press, 1978:327—328; Ravitch, Diane. *The Troubled Crusade: American Education: 1945—1980*[M]. New York: Basic Books, 1983:127.

② 张聚国.杜波依斯与布克·华盛顿解决黑人问题方案的比较[J].南开学报,2000年第3期.

③ Logan, Rayford. *The Betrayal of the Negro: From Rutherford B. Hayes to Woodrow Wilson*[M]. New York, 1965:62.

④ Woodward, C. Vann. *Origins of the New South, 1877—1913*[M]. Baton Rouge: Louisiana State University Press, 1971:355.

公民”的社会地位听之任之、逆来顺受。① 但也有一部分黑人知识分子开始对华盛顿的主张产生怀疑和反思,认为这种妥协思想是黑人受到歧视与压迫、缺乏政治影响力、沦为“二等公民”的根源所在,其中具有代表性的是 W. E. B. 杜波依斯(William Edward Burghardt Du Bois, 1868—1963)。

一、杜波依斯与全国有色人种协进会的产生

杜波依斯生于马萨诸塞州一个自由黑人家庭,是第一个获得哈佛大学哲学博士学位的黑人。杜波依斯拒绝了布克·华盛顿为他在塔斯基吉提供的数学教席,而是受聘于威尔伯福斯学院教授古典学科,后来杜波依斯又受聘于宾夕法尼亚大学和亚特兰大大学。20 世纪初期,大量黑人从美国南方迁移出来:1900 年之前,美国 90% 的黑人生活在南方;1915—1930 年之间, 150 万的黑人迁离南方,其中大多数迁徙到美国东北方、中西部,少数到达远西部,黑人的“大迁徙”改变了黑人在全美国的地区分布。1930 年,美国南方的黑人数量下降至全国黑人总数的 78.8%;而居住在城市中的黑人数量由 1900 年占全国城市人口总数的 22.7% 上升到 1930 年的 43.7%,北方和西部的黑人城市人口由 1900 年占这两个地区黑人人口总数的 70.4% 上升到 1930 年的 88.1%。因此在杜波依斯的时代,黑人问题从主要是一个南方问题上升为一个全国性的问题,由主要是一个农村问题变成一个突出的城市问题。②

(一) 杜波依斯对布克·华盛顿的挑战

在亚特兰大大学期间,杜波依斯对黑人问题进行了深入的研究,出版了一系列关于黑人问题的著作。通过这些研究,杜波依斯考察和揭露了南方黑人恶劣的生存条件以及受到的不公正待遇,逐渐走到了布克·华盛顿观点的对立面。杜波依斯 1903 年出版了《黑人的灵魂》(*The Soul of Black Folk*)一书,在“布克·T. 华盛顿先生以及其他”(of Mr. Booker T. Washington and Others)一章中公开反对布克·华盛顿的妥协路线。杜波

---

① Ware, Lcland B.. *Setting the Stage for Brown*: *The Development and Implementation of the NAACP's School Desegregation Campaign*, *1930—1950*[J]. *Mercer Law Review*, Vol. 52, 2000—2001.

② 张聚国. 杜波依斯对解决美国黑人问题道路的探索[J]. 史学月刊,2000 年第 4 期.

依斯认为,布克·华盛顿的劳动教育强调黑人应当集中精力从职业技术教育中获得社会财富和白人的认同,应当放弃、至少暂时放弃追求政治权利和社会平等,放弃追求高等教育,造成的结果是黑人被剥夺了选举权,接受高等教育的机会和资助越来越少,在社会生活的各个方面备受歧视,虽然摆脱了法律上的奴隶身份,但仍然作为“二等公民”而存在。

布克·华盛顿在亚特兰大州际棉花博览会上的发言是在黑人民主权利上一次完全的妥协、彻底的投降,华盛顿的妥协政策为他自己赢得了名誉,成为“南方自从杰斐逊·戴维斯以来最为著名的人,拥有了大批追随者”,却出卖了黑人的平等权利。① 职业技能培训虽然对黑人意义重大,但只注重追求眼前的物质利益,使得黑人忽视了人生更为崇高的目标。杜波伊斯对黑人中普遍存在的无知与愚昧深感焦虑和痛惜,认为只有黑人中的精英才能给这个种族带来希望。② 这些精英应该接受高等教育,成为黑人种族的领袖,因为“如同其他种族一样,黑人也将由自己民族中能力超群的一部分人来拯救”。③ 杜波依斯在他的文章《天才的十分之一》(*The Talented Tenth*)中认为,黑人精英需要接受教育而不是接受培训,需要学习古典学科、人文、社会以及自然学科等最有价值的知识,而不是掌握简单的劳动技能。④

杜波依斯认为黑人不仅应该接受高等教育,而且应该更为积极地争取社会权利,只有立刻行动起来才能避免黑人的“社会死亡”。⑤ 这一观点为他赢得了强硬派的支持,从1905年开始,杜波依斯和主张抵抗、不愿妥协的人在尼亚加拉发起了“尼亚加拉运动”(Niagara Movement),他们每年举行会议来讨论美国日趋严重的种族问题,寻求解决这些问题的途

---

① [美]韦恩·厄本,詹宁斯·瓦格纳.美国教育:一部历史档案[M].周晟,谢爱磊,译.北京:中国人民大学出版社,2009:213—214.

② Broderick, Francis L. *W. E. B. Du Bois: Negro Leader in a Time of Crisis*[M]. Stanford: Stanford University Press, 1959:69—70.

③ Broderick, Francis L. & Meier, August. *Negro Protest Thought in the Twentieth Century*[M]. New York: The Bobbs-Merrill Company, Inc., 1965:41.

④ [美]韦恩·厄本,詹宁斯·瓦格纳.美国教育:一部历史档案[M].周晟,谢爱磊,译.北京:中国人民大学出版社,2009:214—215.

⑤ Logan, Rayford W. ed., *What the Negro Wants*[M]. Chapel Hill: University of North Carolina Press, 1944:70.

径,并在会议结束时发表宣言,表明他们的立场和观点,阐述他们的斗争主张。

(二) 全国有色人种协进会的成立

1908 年,在林肯总统的家乡伊利诺伊州斯普林菲尔德市(Springfield, Illinois)爆发了一场种族暴乱,白人的暴行引起了黑人和民权人士的反抗。1909 年,一群自由主义者在纽约对这次暴乱进行探讨以促进黑人的政治权利斗争,杜波依斯也受邀参加。会上成立了名为“全国黑人委员会”的组织,后来改名为“全国有色人种协进会”(National Association for the Advancement of Colored People, 简称为 NAACP),其目标是对抗白人在全美范围内日益加剧的种族暴行,确保“所有人在政治、教育、社会和经济方面享有同等的权利,消除种族仇恨和种族歧视”。他们把黑人的选举权和其他政治平等权利放在首位,并积极争取包括教育平等权利在内的其他公民权。① 杜波依斯当选为协进会理事会理事,并受聘担任协进会宣传与研究部主任。全国有色人种协进会还创办了宣传刊物《危机》(*The Crisis*),作为他们发表观点、传播思想的阵地。

全国有色人种协进会刚成立时并没有过多涉及教育领域,但杜波依斯已经开始意识到教育中的不公平问题。20 世纪 20 年代,他在《危机》上发表了一系列文章,指出黑人学校和白人学校在教育经费方面存在巨大的差异:例如当时联邦政府试图通过一项对教育进行联邦资助的法案,但在联邦政府的规定下,这样做的结果却增强了黑人教育和白人教育中现有的经费差异。他在社论中登载了相关数据以支持自己的结论,认为如果通过了这个法案并由当地政府执行,只能使白人变成更加极端的种族主义者。杜波依斯在其社论《教育》中指出:“摆在全国有色人种协进会面前的下一步任务是一个长远的行动,保障黑人儿童在全国学校中获得平等的教育权利。教育基金的投放公然无视宪法……以及州法律……歧视有色人种儿童,使他们处于无知状态……肯定有方法将他们的案件诉讼至州法院和联邦法院。”②

---

① Rudwick, E. M. & Harlan, L. *W. E. B. Du Bois: Propagandist of the Negro Protest*[M]. Philadelphia: University of Pennsylvania Press, 1968:97.

② Tushnet, Mark V. *The NAACP's Legal Strategy Against Segregation Education, 1925—1950*[M]. Chapel Hill: The University of North Carolina Press, 1987:6.

全国有色人种协进会的建立者们在刚开始的几年里认为，黑人现有的斗争在经济问题上立场过于温和，忽视了公民权利和政治权利。这一时期虽然全国有色人种协进会代表一些黑人进行了部分的案件诉讼，但法律诉讼并不是他们的主要工作内容。1922 年，一位波士顿富翁之子查尔斯·加兰（Charles Garland）捐资 800000 美元建立了一个基金以支持社会变革，这个基金的管理者是一群自由主义活动家，其中包括全国有色人种协进会的执行秘书詹姆斯·约翰逊（James Weldon Johnson）。1929 年，约翰逊等人组建了一个“黑人工作委员会”（Committee on Negro Work），着重解决美国的黑人问题。这个委员会起草了一份报告，建议基金会拨款给全国有色人种协进会进行大规模的法律斗争，为南方的黑人争取宪法权利。① 加兰基金同意进行拨款之后，全国有色人种协进会很快建立了一个法律调整委员会，将自身的工作范围界定为借助法律途径挑战种族隔离和种族歧视，敦促联邦政府和各州政府采取行动解决民权问题，并且开展宣传活动，使广大民众认识到美国种族问题的严重性。②

二、全国有色人种协进会争取教育平等权利策略的变化

（一）教育问题进入全国有色人种协进会视野

1930 年 3 月，全国有色人种协进会为了获得加兰基金更多的资助，向这个基金的委员会提交了一份报告，详细说明将用资助所得从哪些方面争取黑人的平等权利。就是在这一时期，全国有色人种协进会形成了挑战教育领域种族隔离的想法。这份报告指出，将用这笔基金挑战“学校资金的不公平分配、禁止黑人参加陪审团、居住区隔离、剥夺公民权利以及抵制公民自由”。就教育方面而言，其具体的方案是“由于二元的学校系统开支过高变得不合时宜，因此需要加速废除种族隔离的学校”，全国有色人种协进会将“支持南方腹地各州为黑人学校争取平等教育经费的诉讼案件”，期望通过努力使得“无论南方还是北方，都将把注意力集中

① Ware, Leland B.. *Setting the Stage for Brown: The Development and Implementation of the NAACP's School Desegregation Campaign*, 1930—1950 [J]. *Mercer Law Review*, Vol. 52, 2000—2001.

② Tushnet, Mark V. *The NAACP's Legal Strategy against Segregation Education, 1925—1950* [M]. Chapel Hill: The University of North Carolina Press, 1987: 1—3.

在公共学校基金分配中的恶意歧视上面”。加兰基金委员会经过一系列的讨论,最终同意了全国有色人种协进会的申请,资助 100000 美元重点消除“黑人所面临的具体障碍”,其中第一项具体内容就是“学校基金分配中的不平等”。①

全国有色人种协进会在提交给加兰基金的报告中提到,这场斗争要由“一位颇有才干的律师勾画出蓝图”,这位律师需要“至少有一年的法律学习经历,指导过起诉书和法庭概要的起草,并且会协调整个诉讼过程”。在基金会同意给予资助之后,全国有色人种协进会加紧寻找这样一位合适的律师。最后选定的是一位年轻的犹太律师,费利克斯·法兰克福特(Felix Frankfurter)②任教哈佛时的得意门生——内森·马戈尔德(Nathan Margold),他为全国有色人种协进会起草了一份《马戈尔德报告》(*Margold Report*)。由于全国有色人种协进会在以前的斗争中从未涉及教育领域,因此这份报告中一半的内容都在分析教育中的种族隔离。③

这份报告包含了复杂的法律分析以及普莱西案往后可应用的法律先例,不仅分析了普莱西案所确定的“隔离但平等”的宪法基础,而且为全国有色人种协进会挑战黑人和白人在教育中的不平等提供了两种可行的策略:一是直接对“隔离但平等”进行挑战,因为隔离本身就是奴役和歧视的标志,隔离制度之下根本不可能存在平等;二是暂时认可“隔离但平等”的说法,利用相关法律先例坚持严格解释“平等”,迫使各州不得不耗费巨资将黑人的教育提升至与白人相等的水平,这样就使得教育中的种族隔离成为一种极不经济的政策,最终迫使白人自愿废除种族隔离。马戈尔德认为可以从南方腹地的公共学校入手,因为那里种族歧视最为严重,黑人学校和白人学校之间根本没有任何平等可言。④ 当时在全国有色人种协进会的内部也有不同意见,有人认为挑战学校中的种族隔离需

---

① Tushnet, Mark V. *The NAACP's Legal Strategy Against Segregation Education, 1925—1950* [M]. Chapel Hill: The University of North Carolina Press, 1987:13—15.

② 费利克斯·法兰克福特 1939—1962 年任美国最高法院大法官,本书第二章将详细介绍。

③ Tushnet, Mark V. *The NAACP's Legal Strategy Against Segregation Education, 1925—1950* [M]. Chapel Hill: The University of North Carolina Press, 1987:20.

④ 任东来,胡晓进. 在宪政的舞台上——美国最高法院的历史轨迹[M]. 北京:中国法制出版社,2007:290—291.

要从南方以外的地区下手,比如宾夕法尼亚州或者美国西南部;南方腹地的种族主义极为顽固,如果从这里开始废除种族隔离的话,不仅收效甚微,而且可能引起其他的负面政治效应。但马戈尔德认为,对隔离学校的攻击从政治上和法律上都是可行的。①

20 世纪 30 年代的经济危机影响了全国有色人种协进会挑战教育平等问题的步伐。由于股票下跌,加兰基金的财产价值受损;而且加兰基金将大部分资金借给包括全国有色人种协进会在内的许多非营利机构,这些组织在经济大萧条时期运营艰难,无力偿还贷款。加兰基金出现资金短缺,1933 年 7 月资助全国有色人种协进会 1 万美金,用以挑战学校和公共交通中的种族隔离;直至最后,加兰基金的资助额总共只有 2 万美金。1933 年,马戈尔德被任命为美国内政部助理律师,离开了全国有色人种协进会;全国有色人种协进会一时之间缺少一位全职的律师来领导法律诉讼。②

(二) 休斯顿与教育"均等化策略"

接替马戈尔德工作的是查尔斯·汉密尔顿·休斯顿(Charles Hamilton Houston),他是霍华德大学的法学教授,全国有色人种协进会较早的成员之一。在加入该组织之前,休斯顿为全国有色人种协进会和加兰基金的一个联合委员会准备了一份备忘录,其中就对"均等化策略"(Equalization Strategy)进行了构想。③

由于经费缩减,这个联合委员会将斗争范围缩小至对教育和公共交通中的种族隔离进行挑战,休斯顿在为这一长期的法律诉讼制定计划时将目标进一步缩小。休斯顿认为在资源有限的条件下,必须精心选择诉讼目标以引起大众的兴趣,使案件所涉及地区的黑人民众受到鼓舞并继续斗争。休斯顿写道:"在只有 1 万美金资助的情况下,在全国范围内就种族歧视的两个方面进行有效的斗争越来越难了。孤立的案件意义不

---

① Tushnet, Mark V. *The NAACP's Legal Strategy Against Segregation Education, 1925—1950* [M]. Chapel Hill: The University of North Carolina Press, 1987:26.

② Tushnet, Mark V. *The NAACP's Legal Strategy Against Segregation Education, 1925—1950* [M]. Chapel Hill: The University of North Carolina Press, 1987:16—17.

③ McNeil, G. *Groundwork: Charles Hamilton Houston and the Struggle for Civil Rights* [M]. Philadelphia: University of Pennsylvania Press, 1984:3.

大，除非案件所涉及的当事人和社区相信进行持久的斗争，这样才能保证斗争的动力用之不竭，因此需要集中力量。”①休斯顿的备忘录提供了两种建议：第一种是将所有的精力都集中在教育案件上，第二种是将经费平均分配到教育案件和公共交通案件的诉讼中。休斯顿认为争取教育领域的平等更为重要，因为对教育领域种族隔离的斗争会受到黑人学生和家长的支持，从而事半功倍。1935 年中，休斯顿指出了关注教育领域的法律诉讼的原因：“教育为生活中的竞争做准备，如果没有接受良好的教育，就会阻碍个人参与竞争的能力。”在黑人律师协会（Negro Bar Association）的大会上，休斯顿进一步指出：“黑人学校在教育经费方面不如白人，因此黑人在应聘工作方面也处于劣势地位。”劣等的教育使得黑人青年男女很难英勇无畏、积极地捍卫他们自己的权利。② 他推荐双管齐下的斗争方法：一方面反对学校基金的不平等分配，另一方面反对教师工资中的差别对待。休斯顿希望通过这些法律诉讼鼓舞各地区黑人为权利而战的意愿，同时形成一套法庭诉讼模式，各地区可以按照这些模式自愿进行诉讼。③

休斯顿还修改了《马戈尔德报告》中的建议，发展出了“均等化策略”。休斯顿认为马戈尔德的法律分析虽然非常充分，但此时联邦最高法院似乎还没有准备推翻普莱西案的判决，因此马戈尔德的方法可以在时机成熟时采用，当前适合在普莱西案判决的范围内进行诉讼。“均等化策略”的前提是，维持真正“隔离但平等”的教育体系费用过高，实施种族隔离的各州都无法负担。这样全国有色人种协进会可以要求各州为黑人提供真正“隔离但平等”的教育，从而迫使各州不得不放弃教育中的种族隔离。休斯顿本着先易后难的原则，希望从南北边界州的研究生教育和专业教育入手解决种族隔离的问题。在这种思想指导之下，休斯顿开始在

① Ware, Leland B. *Setting the Stage for Brown: The Development and Implementation of the NAACP's School Desegregation Campaign, 1930—1950*[J]. *Mercer Law Review*, Vol. 52, 2000—2001.

② Tushnet, Mark V. *The NAACP's Legal Strategy Against Segregation Education, 1925—1950*[M]. Chapel Hill: The University of North Carolina Press, 1987:34.

③ Ware, Leland B. *Setting the Stage for Brown: The Development and Implementation of the NAACP's School Desegregation Campaign, 1930—1950*[J]. *Mercer Law Review*, Vol. 52, 2000—2001.

全国范围内寻找案件。休斯顿曾在有“黑人哈佛”之称的霍华德大学法学院任教,他将这里转变为培养黑人民权律师的摇篮,从这里毕业的许多学生都在美国南方各州从事律师职业。在这些分布在各地的律师的帮助下,首先进入全国有色人种协进会视野的案件来自马里兰大学。

马里兰大学曾经接收过黑人学生,但从20世纪20年代开始,马里兰州通过立法规定在学校中实行种族隔离,并且为黑人学生提供的设施质量远远落后于白人。1935年,黑人唐纳德·盖恩斯·默里(Donald Gaines Murray)申请到马里兰大学法学院读书,但因为种族原因遭到拒绝。休斯顿将这一事件报告给全国有色人种协进会与加兰基金的联合委员会,这个委员会决定资助默里起诉马里兰大学,并授权休斯顿立即处理这一案件。

休斯顿对马里兰大学提起了民事诉讼,并且和他的学生瑟古德·马歇尔(Thurgood Marshall,1908—1993)一起为默里辩护。休斯顿在法庭辩论的总结陈词中强调,没有任何州法律禁止黑人学生进入公共基金支持的教育机构。普莱西案要求各州为黑人学生和白人学生提供平等的教育机会,而马里兰州没有做到,因此没有履行其宪法责任。法官认为马里兰大学有义务为黑人和白人提供同等的教育机会,然而却没有履行其宪法职责,因此强制命令马里兰大学允许默里入学。然而马里兰大学并不服输,向马里兰州上诉法院提起上诉。马里兰大学的辩护律师列出了三点反对意见:第一,这所学校是一个私人实体,不是一个州属机构,所以并不需要遵循第十四条修正案①;第二,即使大学是政府的一部分,马里兰州已经为黑人学生专门建立了一所黑人法学院;第三,马里兰州已经建立了一项奖学金为黑人学生提供研究生教育的机会,黑人学生可以用这笔钱到其他州上学。但第一条理由不攻自破,马里兰大学与马里兰农业学院合并,因此变成了一个州属机构;新建的黑人法学院在各项设施上都无法和马里兰大学相比,因此并不构成平等;而且当默里的请求被拒绝时,资助黑人到外州上学的奖学金还没有建立,而且这项奖金总额太小,不足以

① 美国宪法第十四条修正案(The Fourteenth Amendment):1865年12月,第39届国会通过了宪法第十四条修正案,规定美国的“所有合法居住者都是美国公民”。其中有“平等保护条款”(Equal Protection Clause)。

满足众多申请者的需要，何况这笔奖金并不包括在外州上法学院的全部学费。因此上诉法院认为，马里兰州为黑人提供的法学教育落后于白人，而且黑人申请外州法学院的机会非常渺茫。法院认为新建一所黑人法学院的做法并不是一种可行的补救方案，因此上诉法院维持原判，要求马里兰大学允许默里入学。① 这一案件的胜利极大地鼓舞了全国有色人种协进会以及黑人民众争取教育平等权利的信心，其他州的律师纷纷向法院提起类似的诉讼，黑人学生急于提升自己的教育机会，也情愿冒险充当案件的原告。

在取得了默里案的胜利之后，全国有色人种协进会又取得了盖恩斯诉密苏里大学案的胜利。劳埃德·盖恩斯(Lloyd Gaines)是密苏里州杰斐逊市林肯大学1935年的毕业生，他申请到密苏里大学的法学院就读，但因种族原因遭到拒绝。全国有色人种协进会代表盖恩斯向初审法院提起诉讼，但法院支持密苏里大学一方。盖恩斯的案子最终上诉到联邦最高法院，法院认为这个案件的关键问题并不是讨论外州的法学教育，而是密苏里州本身为白人提供了怎样的教育机会，同时仅因为肤色原因阻碍了黑人怎样的教育机会。法院发现，在提供平等的教育机会方面，每个州都有独立的宪法责任，这一要求在不同的州都适用。法院同时提到，平等保护的权利是“个人权利”，因此密苏里州必须在本州范围内保障盖恩斯享有和白人平等的接受法学教育的权利。因为密苏里州没有为黑人单独建立法学院，因此授权盖恩斯进入密苏里大学法学院就读。盖恩斯案在最高法院的胜利比默里案更有分量，因为此案的胜诉代表了全国有色人种协进会在种族隔离问题的相关诉讼中的一个重大胜利，意味着马里兰州最高法院在默里案中的推理思路被联邦最高法院接受，盖恩斯案作为一个有约束力的判例可以在全国范围内适用。休斯顿的“均衡化策略”为黑人反对公共学校中种族隔离的斗争奠定了坚实的基础。②

① 169 Md. 478, 182 A. 590, 103 A. L. R. 706 & Ware, Leland B. *Setting the Stage for Brown: The Development and Implementation of the NAACP's School Desegregation Campaign, 1930—1950*[J]. *Mercer Law Review*, Vol. 52, 2000—2001.

② Gaines v. Canada, 305 U. S. 580(1938). & Ware, Leland B.. *Setting the Stage for Brown: The Development and Implementation of the NAACP's School Desegregation Campaign, 1930—1950*[J]. *Mercer Law Review*, Vol. 52, 2000—2001.

（三）马歇尔与争取教育平等权利的努力

1936年中期，休斯顿邀请他的学生马歇尔加入全国有色人种协进会，他自己担任马歇尔的顾问。在马歇尔的建议下，全国有色人种协进会于1939年建立了一个下属的法律实体，定名为“法律辩护和教育基金会”（Legal Defense and Educational Fund, Inc，简称LDF），由马歇尔出任首席律师，以实施全国有色人种协进会的法律诉讼和教育活动。

20世纪40年代，法律辩护和教育基金会工作的重点是为黑人教师争取平等的工资待遇以及废除边界州研究生教育中的种族隔离。在马歇尔等人的努力下，南方黑人教师的工资有了较大幅度的增长，到1945—1946年的时候，达到了白人教师工资数额的65%左右。①

美国卷入第二次世界大战之后，全国有色人种协进会投入了大量的精力关注军队中的种族歧视，并且帮助黑人在社会生活的各个领域，比如公共交通、居住区、选举权、就业等方面争取平等权利，其中好几个案件最后都上诉到联邦最高法院，取得了一系列重要的胜利。第二次世界大战之后大批退伍军人重返大学校园，全国有色人种协进会意识到整个社会对高等教育的需求急剧上升，因此重新关注研究生教育中的黑人教育权利问题。

在马歇尔的指挥下，法律辩护和教育基金会努力通过案件诉讼为黑人进入州立教育机构扫清障碍。从某种意义上说，法律辩护和教育基金会对研究生教育中种族隔离的挑战是对默里案和盖恩斯案的继续，但战后的案件中也有不少创新之处，其中一项进展是诉讼程序的缩短。美国1937年颁布了《司法条例》（*Judiciary Act*），规定对美国宪法提出挑战的案件可以走联邦法院的途径：案件首先在联邦地区法院由三名法官同时审理，其中一名法官来自本地区的联邦上诉法院，两名法官来自联邦地区法院。如果诉讼双方中任意一方对审理意见不服，就可以直接上诉至联邦最高法院。这就减少了上诉步骤，加速了法律辩护和教育基金会处理案件的进程。另一个战略性的进展是马歇尔开始运用教育专家和其他专家的证词，小心谨慎地聚焦于教育过程的复杂性，来说明强制的种族隔离

① Tushnet, Mark V. *The NAACP's Legal Strategy against Segregation Education, 1925—1950* [M]. Chapel Hill: The University of North Carolina Press, 1987:103.

对黑人学生产生了严重的心理危害。马歇尔用专家的证词来证实，即使黑人和白人的教育在物质层面做到了平等，但在一个种族隔离的社会环境中，教育过程中许多微妙的因素仍然无法起作用。由于大部分案件涉及法学院的准入问题，而主审的法官们都毕业于法学院，因此他们能够基于个人经验了解这些专家所指的技术概念。这不仅证明了普莱西案的前提有缺点，而且证明了即使各州能够建立起设施完全平等的、二元的教育系统，也无法实现宪法第十四条修正案所承诺的平等。全国有色人种协进会这一时期取得了“斯威特案”(Sweatt v. Painter, 339 U. S. 629)和“麦克劳林案”(McLaurin v. Oklahoma State Regents for Higher Education,339 U. S. 637)的胜利，标志着从早期追求教育设施平等到50年代直接挑战种族隔离制度的转变，这些案件认为种族隔离制度对黑人造成的损失是平等的设施所无法补救的。一旦法庭将目光转向这些证据，那么离承认“种族隔离之下不存在平等”就不远了。①

在斯威特案中，黑人斯威特申请到德克萨斯大学法学院读书，但因种族原因遭到拒绝。马歇尔代表斯威特向德克萨斯州的初审法院提出诉讼，初审法院判决德克萨斯大学在6个月内建成一所黑人法学院。新的黑人法学院仓促建成，法院认为这所法学院与德克萨斯大学法学院“在本质上是平等的”。然而马歇尔等律师并没有就此罢休，他们就此案进行上诉，并运用专家证词进行辩护，认为在公共学校中实行种族隔离制度并没有科学依据：学生之间的互动在学习过程中起到了至关重要的作用，而种族隔离阻碍了这种作用的发挥。此案最终上诉至联邦最高法院。② 麦克劳林案与此案大同小异，68岁的黑人教师麦克劳林申请到俄克拉荷马大学攻读教育学博士学位，这所大学于一年之后接收了他，但他无论在教室、图书馆还是咖啡厅，都必须坐在隔离的座位上，全国有色人种协进会代表麦克劳林提起诉讼，此案也上诉至联邦最高法院。

联邦最高法院于1950年6月同时宣布了对这两个案件的审理结果，

---

① Ware, Leland B. *Setting the Stage for Brown: The Development and Implementation of the NAACP's School Desegregation Campaign, 1930—1950*[J]. *Mercer Law Review*, Vol. 52, 2000—2001.

② Tushnet, Mark V. *The NAACP's Legal Strategy against Segregation Education, 1925—1950*[M]. Chapel Hill: The University of North Carolina Press, 1987:126—137.

都做出了有利于黑人的判决。在斯威特案中,最高法院发现新建的法学院无论在质与量上都无法和得克萨斯大学相比;而在麦克劳林案中,虽然麦克劳林获准进入俄克拉荷马大学,但进行座位隔离的做法抑制和损害了麦克劳林的学习效果,影响了他与其他学生的互动,最终影响了他的专业学习。在这两个案件中,虽然最高法院并没有直接说明废除种族隔离制度的合宪法性,但已经彻底瓦解了普莱西案的基础。教育中的平等已经不仅限于教育设施的平等,还包括学生之间平等、无障碍的交流。种族隔离制度阻碍了黑人与白人学生之间的交流,因此就阻碍了黑人学生的发展。①

三、争取教育平等权利策略的转变

直到20世纪40年代末,全国有色人种协进会才逐渐关注公共中小学中种族隔离和不平等问题。全国有色人种协进会之所以将公共中小学里的种族隔离推迟到这个时候进行处理,除了休斯顿的均等化策略之外还有很多原因。

首先,因为30年代末和40年代初美国国内的政治形势相当严峻,公共中小学中设施不平等的问题给全国有色人种协进会提出了一个非常复杂的政治问题,这个问题不得不被推迟了几年。到1950年的时候,在第二次世界大战、美苏冷战、黑人政治力量的崛起、美国南北方经济的一体化、自由派白人的声援等因素的作用下,美国国内的种族关系出现了微妙的变化。在这种新的国内种族氛围中,马歇尔认为仅为黑人在种族隔离的中小学里争取到平等的设施和待遇是不够的②,如果在这个时候对种族隔离制度进行攻击,胜诉的概率比较大。1950年,全国有色人种协进会给处理种族隔离案件的律师和法律顾问召开了一个会议,他们决定在将来的案件诉讼中追求"没有种族隔离基础上的教育",这就意味着"均等化原则"最终让路于直接对种族隔离的挑战。

另一个原因是,这时有关中小学中种族隔离的案件大量出现,这个问

① Patterson, James T. *Brown v. Board of Education, A Civil Rights Milestone and its Troubled Legacy*[M]. New York: Oxford University Press, 2001:17—19.

② Franklin, John Hope. Moss, Jr, Alfred A.. *From Slavery to Freedom: A History of Negro Americans*[M]. New York: Knopf, 1987:608.

题再也无法推迟了。截至 1950 年秋天,仅堪萨斯一个州就出现了 11 例起诉黑白公共中小学中教育设施不平等的案例。①全美国至少有11000个种族隔离的学区,大部分在南方。这些涉及黑白种族之间教育条件差异的案件只能在当地起诉和审理,虽然世人皆知黑人的教育条件不如白人,但是从法律程序上来讲,这些案件只能具体问题具体分析,就算打赢了官司,其结果也不能普遍化,因此耗时耗力。法律辩护和教育基金会也没有那么多的人力和物力来处理成千上万这样的诉讼案件。②

第三个原因是,全国有色人种协进会不仅在研究生教育领域取得了“斯威特案”和“麦克劳林案”的胜利,而且在 38 个争取黑人其他领域民权的诉讼案件中打赢了 34 个,这些胜利极大地增强了黑人的信心。③

此外,黑人尤其重视保护黑人儿童与白人儿童同等的教育机会,马歇尔说服全国有色人种协进会的赞助者们支持对种族隔离制度的直接攻击。④

在这些原因的作用下,来自中小学的种族隔离案件突然间占据了 50 年代美国种族问题的中心,全国有色人种协进会也在这一时期直接将矛头指向了种族隔离制度本身。

第三节 “二战”后美国种族关系的变化及其原因

20 世纪中叶,美国社会黑人与白人之间的种族关系出现了微妙的变化;即使是实行种族隔离制度的南方各州,吉姆·克罗法也有所动摇。虽然多数南方白人仍然为种族隔离制度进行辩护,但美国人从总体上已经

① *Brown v. Board of Education* [EB/OL]. http://www.civilrights.org/education/brown/brown.html. 2012—10—19

② Fireside, Harvey, Fuller, Sarah Betsy. *Brown v. Board of Education: Equal Schooling for All* [M]. Hillside, NJ: Enslow Publishers, 1994:37.

③ Telgen, Diane. *Defining Moments: Brown v. Board of Education* [M]. Detroit, MI: Omnigraphics, Inc. 2005:35—36.

④ Tushnet, Mark V. *The NAACP's Legal Strategy Against Segregation Education, 1925—1950* [M]. Chapel Hill: The University of North Carolina Press, 1987:106—107.

不再赞同这一原则。① 这是第二次世界大战之后美国社会、政治和经济环境相互作用的必然产物。

一、整个美国社会种族关系的缓和及其原因

20 世纪中叶,整个美国社会黑人与白人之间的种族关系发生了微妙的变化。其中的影响因素很多,但主要的因素有第二次世界大战、美苏冷战、美国南北方经济和社会的一体化、黑人政治权力的发展、白人自由派对黑人的声援等。

(一) 第二次世界大战

第二次世界大战促进了这一时期美国种族关系的变化。有学者指出,“第二次世界大战是废除种族隔离的开端”②。

首先,第二次世界大战为黑人提供了更多的经济机会。由于美国本土不是第二次世界大战的战场,战争带动了军事工业和国防工业的发展,因此在战争的刺激下,美国逐渐走出了经济大萧条的阴影,使得黑人能够参与到一个发展更快的经济当中,同时由于白人男性大量参战、劳动力紧缺,以前一些不雇佣黑人的工作也向黑人开放。黑人是经济大萧条最大的受害者,北方黑人的失业率是白人的两倍,在 1937 年达到了 38.9% 。随着战时经济的拉动,黑人的失业人数从 1940 年的 937000 人降至 1944 年的 151000 人。战争期间,在联邦政府任职的黑人翻了三倍,战争工业中的黑人雇佣率从 1942 年的 3% 上升到 1944 年的 8.3% ,1940 至 1944 年间在技术性的工业岗位上工作的黑人数目翻了一倍,在城市工作的黑人工人的工资也翻了一倍多。③ 经济机会的增加促使了黑人中产阶级的出现,这一群体已经解决了基本的生存问题,更为迫切地追求平等的教育权利及参与政治的权利,美国种族关系的变革与这一阶级的出现是密不可分的。

---

① Muse, Benjamin. *Ten Years of Prelude*: *The Story of Integration since the Supreme Court's 1954 Decision*[M]. New York: the Viking Press, 1964:3.

② Barone, Michael. *Our Country*: *The Shaping of America from Roosevelt to Reagan*[M]. New York: Free Press,1990:211.

③ Wynn, Neil A. *The Afro-American and the Second World War*[M]. New York: Holmes & Meier, 1993:39,55—59.

其次,第二次世界大战还使得白人在一定程度上转变了他们对种族问题的看法。1941 年 1 月 6 日,美国总统罗斯福在国情咨文中提出了“四大自由”的主张,即言论自由、信仰自由、免于匮乏的自由以及免于恐惧的自由。美国参加“二战”之后,同盟国的战争宣传经常用“四大自由”来攻击纳粹的种族优越论,罗斯福总统宣称,自由是“我们与敌人之间的本质区别,是所有不同种族、居住在不同地区、拥有不同信仰的人们都应该拥有的权利”。① 然而美国国内的种族关系很快受到了德国和日本的诟病。日本曾在其战争宣传中指出,美国国内存在大量种族暴乱,即使在“二战”美军的部队里也对黑人进行种族隔离和歧视,黑人士兵只能在非核心部门从事最苦、最危险的工作,比如充当装卸兵、工程服务兵、先遣步兵等。② 而且美国国内的黑人报纸也经常比较纳粹种族主义和美国南方白人对待黑人的方式,发现有许多相似之处。多数白人起初并未感觉到美国国内的种族隔离有什么不对的地方,1942 年的一次民意调查显示,大部分美国白人相信,黑人对自己“所处的社会和经济条件一定感到心满意足”,但白人“很快就发现在这一点上他们是完全错误的”。③ 与法西斯的战争迫使美国白人开始反思他们习以为常的种族隔离和歧视,并且试图从各个方面将其自身与纳粹的行径区分开来,因为希特勒使得种族主义“臭名昭著”。④

再次,“二战”给黑人的民权斗争带来难得的历史机遇,因此即使是那些传统上比较保守的黑人组织也在政治活动上积极了起来。由于黑人在美国社会中遭受着严重的种族歧视,并且对“一战”结束时美国的民主和白人的虚伪极为失望,当“二战”爆发时,一部分黑人认为“二战”“保卫世界民主”的宣传和“一战”时动员黑人入伍的宣传没什么两样,因此持孤立主义的立场,不主张参战。但黑人社会不久就意识到,“二战”为种族关系的变革提供了推动力。美国主要的黑人报纸《匹兹堡信使报》

---

① Burns, James MacGregor. *Roosevelt: The Soldier of Freedom*[M]. New York: Open Road Publishing, 1970:387—388.

② [美]富兰克林.美国黑人史[M]. 张冰姿,等,译. 北京:商务印书馆,1988:395.

③ 谢国荣.“二战”对美国民权运动的影响[J].世界历史,2005 年第 3 期.

④ Isaacs, Harold R. *The New World of Negro Americans*[M]. New York: John Day Co., 1963: 28—29, 42—43.

(*Pittsburgh Courier*)认为,美国反对纳粹种族主义的宣传会使美国陷入一种"两难的困境",迫使美国以更加开明的态度对待国内的少数种族。该报预测,"二战"结束之后的美国必定不再是一个"白人的世界","白人不可战胜的神话将永远被击碎"。① 在这种信念的支持下,黑人于 1942 年提出了"双重胜利"的斗争目标,即对外反对轴心国的法西斯主义,对内反对吉姆·克罗法的种族隔离与歧视。当时有调查显示,纽约市 42% 的黑人认为反对国内的吉姆·克罗法比反对德国和日本更为重要。② 1942 年,59 位著名的南方黑人领袖联名发表了《杜拉姆宣言》,公开声明"黑人反对美国社会中基于种族、阶级和信仰因素而实施的歧视与隔离",他们相信"南方生活方式的发展方向将会与美国在世界范围内为自由而战相一致。这不仅会使黑人获得充分的自由,而且也使白人过上避免恐惧的自由生活"。③

最后,大量黑人在"二战"之后提高了自身的权利意识。许多黑人在第二次世界大战中踊跃参军,作战英勇,他们将参军作为提高自身社会地位的一个途径。尽管黑人在军队中受到歧视,但仍然获得了基本的技能训练和教育,一位黑人下士说:"我刚入伍时是一个黑鬼,退役时是一个堂堂正正的人。"④退役之后,这些黑人军人权利意识增强,更为积极地争取黑人的民权,他们认为"如果我们够资格为这个国家牺牲,我们就够资格选举、工作、和白人一起上学"。⑤ 一名黑人老兵退役后回到阿拉巴马州注册进行选举,他说:"我们在海外为民主而战,回国之后就应该享有一点儿民主。"⑥退役黑人希望通过战时学到的技术改善退役后的生活,但他们很失望地发现,战后的美国社会很快就恢复了原状,不仅削减了一大部分的黑人工作,而且有些白人种族主义者还对退役黑人施以私刑,因此他

---

① 谢国荣."二战"对美国民权运动的影响[J].世界历史,2005 年第 3 期.

② Wynn, Neil A. *The Afro-American and the Second World War*[M]. New York: Holmes & Meier, 1993:110.

③ 谢国荣."二战"对美国民权运动的影响[J].世界历史,2005 年第 3 期.

④ Goulden, Joseph. *The Best Years, 1945—1950*[M]. New York: Atheneum, 1976:353.

⑤ Wynn, Neil A. *The Afro-American and the Second World War*[M]. New York: Holmes & Meier, 1993:29.

⑥ Norrell, Robert J. *Reaping the Whirlwind: The Civil Rights Movement in Tuskegee*[M]. New York: Vintage Books 1985:61.

们强烈渴望获得平等的权利。①

（二）美苏冷战与美国南北方经济的一体化

影响美国种族关系变化的第二个因素是美苏冷战。第二次世界大战之后出现了以美国和苏联为首的两大阵营的对峙，美国在新出现的第三世界国家中积极寻找盟国，论证美国生活方式的优越性，希望削弱苏联的影响。此时白人霸权在世界范围内正逐渐消失，但美国国内正在推行种族隔离制度，黑人在社会上"二等公民"的地位与美国标榜的所谓的民主、平等形成强烈的反差。苏联一再指出，吉姆·克罗法的存在表明了美国所谓的自由平等都是一纸空文，也毫无疑问地表明了美国生活方式的破产。② 苏联对吉姆·克罗法的发难使美国觉得难堪，美国各界也深感种族隔离制度将会使得美国在与苏联的斗争中逊色。正如瑟古德·马歇尔在1954年的一次演讲中所说，当美国政府指控共产主义政权侵犯人权的时候，对方就会很轻松地说："你们说苏联强制劳动，你们的阿拉巴马州对黑人施加私刑又怎么样？你们说保加利亚的选举不民主，你们密西西比州的选举税就很民主吗？"美国国内的种族歧视在世界范围内严重损害了美国的外交政策。美国在世界范围内抵制极权主义的斗争中，废除种族隔离的问题变得尤为迫切。③ 因此，抵消美国在冷战中的负面国际形象，成为促进美国联邦政府在内战之后积极推行民权举措的关键因素之一。④

美国南方和北方经济与社会的一体化强化了南方对北方经济的依赖，也逐渐削弱了南方团结一致抵制种族变革的行为，从而加大了南方种族关系变革的可能性。从20世纪30年代开始，南方在越来越大的程度上参与到美国的主流经济中去。一方面，联邦政府加强了对南方经济的

---

① Wynn, Neil A. *The Afro-American and the Second World War*[M]. New York: Holmes & Meier, 1993:114.

② Balkin, Jack M. ed. *What Brown v. Board of Education Should Have Said: The Nation's Top Legal Experts Rewrite America's Landmark Civil Rights Decision*[M]. New York: New York University Press, 2001:19.

③ Tushnet, Mark V. *Making Civil Rights Law : Thurgood Marshall and the Supreme Court, 1936—1961*[M]. Cary, NC: Oxford University Press, 1994:188.

④ Dudziak, Mary L. *Desegregation as a Cold War Imperative*[J]. *Stanford Law Review*, Vol. 41, No. 1(Nov., 1988).

关注与扶持。1938 年，罗斯福总统的国家应急委员会（National Emergency Council）做了一份关于南方经济情况的报告，指出南方的经济状况成为一个全国性的问题，阻碍美国从大萧条中复苏。[1] 大约从这个时候开始，美国的经济政策就逐渐转向了逐步缩小、最后消除南北方之间经济差异的轨道。通过逐步减小区域差异，国家经济政策资助对南方传统的种植园经济进行改造。南方越来越依赖联邦政府的经济支持，经济上的附属关系逐渐向政治方面渗透，南方对国家政治的控制力减弱。另一方面，南方各州自身的经济政策同样加速了南方整合到全国经济之中的趋势。1936 年，密西西比州的州长雨果·怀特（Hugo White）在其就职演说中提出了“平衡农业和工业”的计划，这标志着南方各州开始大规模地努力争取北方的工业投资，其手段是通过提供税收鼓励、资助贷款、授予土地和工厂、提供低工资并且不属于工会的劳动力。因此，南方各州才能够使得北方的工业投资“以前所未有的强烈程度和专一性”进入南方。[2]

（三）黑人政治权利的迅速发展

黑人政治权力的迅速扩展为美国种族关系的变革提供了重要的因素。首先是北方黑人政治权利的发展。19 世纪末 20 世纪初，90% 的美国黑人都生活在内战中曾经叛乱的南方 11 个州，他们普遍被剥夺了政治权利。大约第一次世界大战的时候出现了黑人的大迁徙，1900—1910 年间，从南方迁出的黑人大约有 20 万人，而 1910—1920 年之间迁出的黑人将近 50 万。在 1910—1960 的半个世纪中，大约有 500 万的南方黑人迁徙到了北方和西部的城市中，他们在这些城市中获得投票权的阻力较小。在这些迁往北方和西部的黑人中，85% 以上居住在七个州（包括纽约州、新泽西州、宾夕法尼亚州、俄亥俄州、密歇根州、伊利诺伊州和加利福尼亚州）中作为工业中心的大城市里，这些地方人口众多，控制着总统选举大约 80% 的选举人票。在一场势均力敌的竞选中，这些州的黑人选票将起

① Bartley, Numan, V. *The Creation of Modern Georgia*[M]. Athens: The University of Georgia Press. 1983:177.

② Wright, Gavin. Economic Consequences of the Southern Protest Movement, In Armstead L. Robinson & Patricia Sullivan ed., *New Directions in Civil Rights Studies*[M], Charlottesville: University Press of Virginia, 1991:176.

至关重要的作用,①因此两党都对北方黑人的选票进行争夺。尤其是从20世纪40年代开始,两党都竞相出台民权提案,以期获得黑人的选票,而黑人政治团体也抓住这一机会争取黑人的平等权利。1943年11月20日,全国有色人种协进会邀请20个全国性的黑人组织和工会组织的代表在纽约集会,共同商量黑人在1944年总统选举中的策略,并且发表了《黑人选民宣言》。这份宣言表示,黑人不会固定不变地支持某个政党,而是将两个政党支持黑人争取平等权利方面的言行进行比较,将选票投给更为积极的一方。②

此外,黑人政治团体在全国范围内也获得了较大的发展。全国有色人种协进会不仅为黑人争取民权提供司法诉讼上的大量支持,而且在芝加哥成立了争取种族平等大会,该组织发起了一系列的静坐和罢工活动,在底特律、洛杉矶、丹佛、芝加哥等城市赢得了斗争胜利,取消了餐厅和电影院中的种族隔离。全国有色人种协进会自身也不断发展壮大,从1940年的5万人增加到1949年的45万人,成为美国最大的黑人民权组织。③此外,新成立的"产联"(产业工会联合会,Congress of Industrial Organizations ,简称CIO)也支持黑人的民权斗争,吸引黑人加入工会组织。到20世纪40年代末,大约有150多万黑人工人加入了工会组织。④

(四) 自由派白人对黑人的声援

自由派白人对黑人越来越多的声援为美国国内种族关系的变革以及黑人争取平等权利的斗争营造了良好的舆论环境。冈纳·米达尔(Gunnar Myrdal)在1944年出版的著作《美国困境:黑人问题与现代民主》(*An American Dilemma: The Negro Problem and the Modern Democracy*)中认为,反对纳粹种族主义专制的斗争打破了种族优越性理论,加速了自由主义的胜利;美国社会中的种族主义会逐渐让道,因为所有美国人都或

---

① McAdam, Doug. *Political Process and the Development of Black Insurgency:1930—1970*[M]. Chicago: The University of Chicago Press,1982:74, 77—80,82,157.

② 谢国荣."二战"对美国民权运动的影响[J].世界历史,2005年第3期.

③ 谢国荣.民权运动之前奏:杜鲁门当政时期的黑人民权问题[J].历史研究,2005年第2期.

④ Korstad, Robert & Lichtenstein, Nelson. *Opportunities Found and Lost: Labor, Radicals, and the Early Civil Rights Movement*[J]. *Journal of American History*, Vol. 75, No. 3(December 1988).

多或少认同“自由、民主和机遇”这样三个“美国信条”，而种族主义恰恰与这三条相抵触。①

美国总统杜鲁门也以自己的言行促进了黑人争取民权的斗争。1946年，杜鲁门向国会提交《就业法》并得到通过，该法要求联邦政府采取措施实现“充分生产和充分就业”的目标，因此在一定程度上保障了黑人的经济权利。杜鲁门当政时期，美国南方仍然存在白人对黑人的私刑事件，杜鲁门对这些事件表示愤怒。杜鲁门认为，不管他自己作为一个来自密苏里州的南方人对此事的态度怎样，作为总统，他对种族暴力感到愤怒。②

在众多民权组织和社会团体的压力下，杜鲁门与“反对暴徒暴力全国紧急委员会”(National Emergency Committee Against Mob Violence)的代表会晤，并且任命了一个特别的总统委员会来调查种族暴力事件，对他们的工作给予了积极的支持。这个总统委员会公开呼吁联邦政府保障黑人的合法权利，并且向杜鲁门提交了一份委员会报告。刚开始，杜鲁门对于如何应对这份报告不置可否，后来考虑到黑人选票在总统竞选中的作用日益增加，而南方各州对于民主党总统候选人赢得选举的影响力下降，再加上黑人政治团体的施压，杜鲁门于1948年2月2日就民权问题提交总统咨文，指出美国的黑人民权问题存在着理想与现实之间的严重差距，这种差距必须尽快消除。他指出，“在全美国的范围内，联邦政府有明确的责任，确保不能否定和剥夺宪法对公民自由的保障以及法律对公民权利的平等保护”。杜鲁门要求国会在十个方面采取立法行动，其中明确指出要完善现有的民权法规、反对私刑，在州际交通、就业、选举等方面不得进行种族歧视。③ 1947年6月，杜鲁门在全国有色人种协进会的大会上发言，认为如今民主权利的扩展并不意味着保护人民免受政府的侵害，而是由政府来保护人民。联邦政府必须保护全美人民的权利和平等，他尤其强

① Myrdal Gunnar. Bok, Sissela. *An American Dilemma: The Negro Problem and the Modern Democracy*[M]. New York: Harper & Row, 1944.

② Ferrell, Robert H. *Truman: A Centenary Remembrance*[M]. New York: The Viking Press, 1984:191.

③ 谢国荣. 民权运动之前奏：杜鲁门当政时期的黑人民权问题[J]. 历史研究，2005年第2期.

调这里指的是全体美国人①，杜鲁门称自己在保障黑人民权方面是“认真的”。②尽管杜鲁门这些有利于黑人的言行有着多重目的，并且也并没有将这些措施全都落到实处，但他毕竟是美国历史上第一位向国会提交民权咨文的总统，这就为黑人的民权斗争营造了良好的舆论环境。

由于这些深层的原因，从长期来看，无论联邦最高法院是否介入种族问题、布朗案是否发生，美国国内都不可避免地会发生种族关系的变革。③ 而布朗案则顺应了这一历史潮流，推动了美国种族关系的改善。

二、美国南方黑人与白人之间种族关系的相对缓和及其原因

以全国有色人种协进会为代表的黑人组织主要通过法律诉讼的手段挑战美国社会中不平等的黑白种族关系，并且将重点放在教育领域。20世纪中叶，黑人和白人之间的种族隔离问题广泛存在，不仅在南方各州存在法律规定和允许的种族隔离，并且在北方和西部的很多地区也存在事实上的种族隔离；挑战公共教育中种族隔离的诉讼之所以会在美国南方发生，与美国南方黑白种族关系相对缓和直接相关。

就全美国而言，美国南方是对黑人的种族隔离与歧视最为严重的地区，其中以路易斯安那州、密西西比州、阿拉巴马州、佐治亚州和南卡罗莱纳州所在的“南方腹地”尤甚。然而在20世纪中叶，随着美国南方一系列的政治、经济和社会力量的推动，吉姆·克罗法的根基开始有所动摇，南方各州黑人与白人之间的种族关系相对有所缓和。

（一）南方工业化和城市化水平的提高

南方各州的城市化和工业化发展削弱了本地区吉姆·克罗法的基础。首先，20世纪以来，农业和农村在美国南方所占的比重逐渐降低。1900年，南方有65.8%的人口从事与农业相关的工作，到1930年，南方的农业人口降到了42.5%，1960年的时候则降到了10.2%；1900年时，

---

① Kluger, Richard. *Simple Justice: the History of Brown v. Board of Education and Black America's Struggle for Equality*[M]. New York: Oxford University Press, 1978:250—251.

② Merrill, Dennis. ed., *Documentary History of the Truman Presidency*[M], Vol. 11. Bethesda, MD: University Publications of America, 1995:328

③ Klarman, Michael. *Brown, Racial Change, and the Civil Rights Movement*[J]. *Virginia Law Review*, Vol.80, No. 1.

南方有84%的地区是农村,1930年的时候这一比例下降到68%。① 即使是在南方工业化程度最低的密西西比州,农业人口的比重也明显下降,从1940年的58%下降到1960年的21%。由于本地区从事农业劳动的主要是黑人,随着农业比重的下降,本地区黑人农业人口的数量也逐渐下降。1940年,黑人农业人口有159500人,这一数量持续下降,到1980年只剩下不足9000人。② 农业和农业人口所占比重的下降促进了城市化和工业化的发展,战争工业流动性的经济压力加速了农业人口向城市人口转化,而持续的城市化和工业化对南方的种族关系也产生了重大的影响。吉姆·克罗法的最初目的就是维持黑人农业劳动力对白人雇主的依附关系,对黑人的私刑也主要出现在农村地区。随着南方城市的发展和农业比重的下降、农业结构的变化,维持这种隶属关系的最初需求也逐渐消失。③ 因此,随着南方各州农业和农村比重的下降,吉姆·克罗法在南方社会中存在的基础动摇了。

城市化和工业化同时也促进了南方黑人中产阶级的产生。就整个南方而言,黑人在城市中拥有比农村更多的就业机会,找到一份技术工作的可能性要比在农村高两到四倍。④ 尽管在南方城市中工作的大多数黑人仍然在从事技术含量较低的工作,但从事高技术含量工作的黑人的比例在缓慢上升,从1940年的7.3%上升到1950年的12.2%。南方黑人的平均工资收入有所增长,吉姆·克罗法的经济前提被削弱了。1930年,79%的黑人农业劳动者属于佃农,他们几乎完全依赖拥有土地的白人为

---

① McKinney, J. C. and L. B. Bourque. *The Changing South: National Incorporation of a Region*[J]. *American Sociological Review*, Vol. 36, No. 3(June 1971).

② McMillen, N. R. *Dark Journey: Black Mississippians in the Age of Jim Crow*[M]. Urbana: University of Illinois Press, 1990:152.

③ Foner, E. *Reconstruction: America's Unfinished Revolution, 1863—1877*[M]. New York: Harper & Row, 1988:198—203; McAdam, Doug. *Political Process and the Development of Black Insurgency:1930—1970*[M]. Chicago: The University of Chicago Press,1982:73—74, 77,89,96.

④ Bullock, H. A. *Urbanism and Race Relations*. In Rupert B. Vance and Nicholas J. Demerath, ed. *The Urban South*[M]. Chapel Hill: University of North Carolina Press, 1954:216.

生,所以不敢以蒙受致命的经济损失为代价去挑战种族关系的现状。①随着经济地位的提升,南方黑人中产阶级的社会地位也开始出现了上升的趋势,他们对白人的经济依赖程度减弱了,并因此能够在争取民权的活动中不用过分担心白人的经济报复。② 其次,随着经济水平的提高,黑人中产阶级对各种商品、社会活动、娱乐的需求增加,而有些商场、餐馆、剧院等场所的白人经营商不愿失去数量众多的黑人顾客,因此愿意废除种族隔离;但是同样由于害怕失去白人顾客,并且害怕受到白人公民委员会(White Citizens Council)③的报复,他们不得不拒绝为黑人顾客服务。④最后,由于已经解决了基本的生存问题,黑人中产阶级更为迫切地追求平等的教育权利、积极的政治参与,挑战公共学校中对黑人的隔离与歧视离不开黑人中产阶级的参与和努力。

(二) 南方整体教育水平的提高

美国南方包括黑人和白人在内的整体教育水平的提高,也动摇了种族隔离与歧视的基础,促进了南方黑人和白人之间的种族关系出现缓和的趋势。南方各州对教育财政的投入一直低于北方,但这一比例在不断增加。1929—1930 年,南方的教育投入相当于北方的 41.1%,到 1949—1950 年的时候上升至 58.1%;由于南方白人获得了更高水平的教育,至少是从 20 世纪中叶开始,南方白人教育水平的提高预示着白人对长期存

① McAdam, Doug. *Political Process and the Development of Black Insurgency: 1930—1970* [M]. Chicago: The University of Chicago Press, 1982: 87.

② Yinger, J. M. and G. E. Simpson. *Can Segregation Survive in an Industrial Society?* [J] *The Antioch Review*, Vol. 18, No. 1(Spring 1958).

③ 白人公民委员会是布朗案判决之后在美国南方各州普遍出现的一个白人种族主义组织,他们通过暗杀、游行、经济制约等各种形式反对种族合校,后来反对在整个社会范围内进行种族混合。1954 年,第一个白人公民委员会组织在密西西比州成立,南方各州随后纷纷效仿。到 1957 年,白人公民委员会在南方腹地已经有大约 250000 名成员,其中包括不少国会议员、法官、州议会成员。他们的目标是与密西西比州议员伊斯特兰 1955 年成立的州际组织——联邦立法政府(Federation for Constitutional Government)相配合,维持美国社会中不同种族之间的隔离。

④ Klarman, Michael. *Brown, Racial Change, and the Civil Rights Movement*[J]. *Virginia Law Review*, Vol. 80, No. 1.

在的吉姆·克罗法开始有所反思,并且产生了反感。①

然而对南方种族关系变化起到更大作用的是黑人教育水平的迅速提高。随着农业机械化的发展,需要的黑人农业劳动力越来越少,黑人的读书时间增多,获得的高等教育机会越来越多。南方黑人的文盲率迅速降低,从1880年的76.2%下降到1920年的26%,到1950年的时候下降到大约8.9%至12%;与此同时,黑人和白人文盲率之间的差异在逐渐缩小,1880年时,黑人的文盲率比白人高54.7%,到1950年的时候,黑人文盲率仅比白人高6.5%至8.7%。② 以北卡罗莱纳州的格林斯保罗(Greensboro)为例,1932年这里仅有75名黑人教师,而且其中68%的人都没有大学文凭;1952年这里有200名黑人教师,所有人都拥有大学文凭,而且65%的人拥有了硕士文凭。③ 黑人院校的入学率在20世纪40年代翻了一倍;1930年,这些机构的总收入只略微超过800万美元,到1947年的时候超过了3800万美元,而这些黑人院校绝大多数分布在南方各州。④ 黑人教育的进展对吉姆·克罗法的衰亡有着重大的影响。在奴隶制终结之初,大多数黑人没有知识、没有技能,因此大部分白人赞同种族隔离制度;而当黑人和白人之间的教育程度与技术水平差距缩小的时候,认同种族隔离制度的人越来越少,这一制度也越来越难维持。就像审理布朗案的联邦最高法院大法官之一——罗伯特·杰克逊法官(Robert H. Jackson, 1892—1954)所说:"从19世纪60年代到19世纪末,黑人从整体上而言和现在的状况不同。他们刚刚获得解放,没有机会证明自己的学习能力,甚至无法自立和自我管理。但是在种族隔离的制度下,黑人的进步非常引人注目,并且经受了历史的检验,黑人种族的崛

---

① Bernard Caffrey, Simms Anderson II, and Janet Garrison. *Change in Racial Attitudes of White Southerners after Exposure to the Atmosphere of a Southern* University [J]. *Psychological Reports*, Vol. 25, 1969.

② Margo, R. A. *Race and Schooling in the South, 1880—1950: An Economic History* [M]. Chicago: University of Chicago Press, 1991:7.

③ Chafe, William. *Civilities and Civil Rights: Greensboro, North Carolina, and the Black Struggle for Freedom* [M]. New York: Oxford University Press, 1980:23.

④ McAdam, Doug. *Political Process and the Development of Black Insurgency: 1930—1970* [M]. Chicago: The University of Chicago Press, 1982:74, 77—80, 82, 157.

起是人类历史上最快、最剧烈的变革之一。”①

对于黑人而言,更高的教育水平使他们对吉姆·克罗法更为不满。越来越多的黑人大学毕业生发现,由于种族隔离与歧视的存在,他们被迫从事和其技术水平完全不相称的粗重劳动,因此他们更为憎恨吉姆·克罗法。在佐治亚州的亚特兰大,大学毕业的黑人通常在公共学校或者邮局中工作;在 20 世纪 60 年代早期,亚特兰大 80% 的邮递员都是黑人,其中超过 60% 的人都拥有大学学历。此外,对社会抗议运动的领导离不开受过良好教育的领导者,黑人教育水平的提高也对产生这样的领导者产生了关键的作用。②

(三) 南方人口结构的变化

南方人口结构的变化也促进了南方黑人和白人之间种族关系的相对缓和。在南方腹地各州和老南方各州境内存在一个“黑人带”,这些地区以农业经济为主,黑人人口比例极高且极为贫穷、地位低下,各种政治权利集中在少数白人手中,广泛存在白人对黑人的私刑。从南方 11 州脱离联邦到剥夺黑人的公民权、南方民主党的反抗,到后来对布朗案判决存在严重的抵制情绪、对废除种族隔离进程的大规模抵制,南方的黑人带各县一直处于领导地位,而且当地的黑人比例越大,白人的种族主义情绪越严重。③ 在 20 世纪中叶,南方黑人大量迁出,黑人带的范围有所缩小。南方黑人不仅在总数上有所下降,而且占全国黑人的比例也有所下降。1900 年,南方黑人占到美国黑人总数的 90%,1940 年下降到了 70% 至 75%之间,1960 年下降到了 50% 以下。④ 南卡罗莱纳州是全美国黑人比例第二高的州,该州的黑人比例在 1900 年为 58.4%,1940 年下降到

---

① Klarman, Michael. *Brown, Racial Change, and the Civil Rights Movement*[J]. *Virginia Law Review*, Vol.80, No. 1.

② Walker, Jack L. *Sit-Ins in Atlanta: A Study in the Negro Revolt*[M]. New York: McGraw Hill, 1964:1—3.

③ Black, Earl. *Southern Governors and Civil Rights: Racial Segregation as a Campaign Issue in the Second Reconstruction*[M]. Cambridge, MA: Harvard University Press, 1976:57, 88, 132—134.

④ Wynn, Neil A. *The Afro-American and the Second World War*[M]. New York: Holmes & Meier, 1993:7—8.

42.9%①;阿拉巴马州的黑人人口比例在1870年为47.5%,在1940年下降到34.7%,1960年下降到30%②;南方腹地5个州的黑人比例从1900年左右开始下降,从大约47%下降到1970年的25%,以黑人为主的县1900年有284个,1940年下降到180个,黑人带的面积急剧缩小。③

由于南方各州没有通过高等教育投入而获得足够的人力资源,因此需要大量移民从事南方工业发展中的技术性工作,这些移民大多来自美国北方和西部。此外,20世纪中叶,空调在南方各州得到了广泛的使用,这就使得人们能够更容易地对付这里夏季的炎热天气。再加上南方冬季气候温和,因此有大量的白人移民从西部和北方来到了"阳光地带"。这些移民中有很大一部分人来自新英格兰地区和中北部各州,同时也带来了不同于南方白人的种族观念,促进了南方黑人和白人种族关系的相对缓和。④

(四) 南方白人对种族差异观点的变化

种族隔离制度的基本理论前提是黑人种族与白人种族之间存在根本的差异,而越来越多的南方白人开始反对这种观点,这一点也动摇了南方各州由来已久的吉姆·克罗法。在第一次世界大战前后,关于种族差异的"科学"理论以及白人优越性的观点受到了越来越多的攻击;到20世纪30年代的时候,社会科学家的研究已经基本上否认了这些理论。此外,随着社会科学研究范式的变化,对种族差异的解释逐渐从强调生物学上的原因,转化为强调文化方面的原因;随着时间的推移,这种对种族差异的文化解释逐渐渗入大众的观念之中。此外,美国民众对纳粹种族主

① Barone, Michael. *Our Country: The Shaping of America from Roosevelt to Reagan*[M]. New York: Free Press,1990:273.

② Strong, Donald S. *Alabama: Transition and Alienation*[A]. In William C. Harvard, ed, *Changing Politics of the South*[C]. Baton Rouge: Louisiana State University Press, 1972: 428.

③ Heard, A. *A Two-Party South?* [M] Chapel Hill: University of North Carolina Press, 1952: 149—150.

④ Schulman, Bruce J. *From Cotton Belt to Sunbelt: Federal Policy, Economic Development, and the Transformation of the South, 1938—1980*[M]. New York: Oxford University Press, 1991:108, 159—160,177—178.

义理论和行为的普遍厌恶也对种族差异观点的变化起到了实质性的作用。① 从1940年到1956年,认为黑人和白人同样聪明的北方人从50%增长到了80%,而持这一观点的南方人也从30%增长到60%。同一时期,从总体上而言,南方各州特定的种族政策变得更为宽容:赞同不在公共交通工具上实施种族隔离的南方白人从4%上升到27%,不反对不同种族的住宅毗邻的南方白人从12%上升到了38%。②

总而言之,尽管不能认为在20世纪中叶,大部分的南方白人已经放弃了他们对种族隔离制度的认同;但在各种政治、社会和经济力量的作用下,南方白人深信不疑的种族隔离观念正在逐渐受到冲击,吉姆·克罗法的基础开始有所松动,因此全国有色人种协进会领导的挑战公共教育中黑人与白人之间种族隔离的诉讼案件才有可能出现。

第四节 布朗案的产生与上诉

布朗诉教育委员会案是1952年上诉至美国联邦最高法院的关于学校中种族隔离的案子之一,它由5个独立的案件组成,分别是堪萨斯州的布朗诉托皮卡教育委员会案、南卡罗莱纳州的布里格斯诉埃利奥特案、弗吉尼亚州的戴维斯诉爱德华王子县学校委员会案、特拉华州的哥伯哈特诉贝尔顿案和哥伯哈特诉布拉案、哥伦比亚特区的博林诉夏普案。

一、布朗案的组成案件

(一) 布朗诉托皮卡教育委员会案

作为整个案件名称的布朗诉托皮卡教育委员会案来自堪萨斯州的托皮卡市。堪萨斯州被认为属于北方,因为它在历史上从未实行过奴隶制。堪萨斯的种族隔离并不是强制的,州法律允许人口多于15000的地区自

---

① Degler, Carl N. *In Search of Human Nature: The Decline and Revival of Darwinism in American Social Thought*[M]. New York: Oxford University Press, 1991:15—19,147—148, 150—151, 191—192, 202—203,205.

② Herbert H. Hyman, & Paul B. Sheatsley. *Attitudes Toward Desegregation*[J]. *Scientific American*(Dec. 1956).

主决定是否在公共学校实行种族隔离,托皮卡市满足条件。1950 年的时候,托皮卡的公共高中和公共初中都是混合学校,但在公共小学却实行种族隔离。托皮卡有 18 所白人小学,只有 4 所黑人小学。

起初,堪萨斯州大多数黑人中产阶级不希望因为废除学校中的种族隔离而危及他们的财产安全以及他们与堪萨斯州白人相对缓和的关系。然而到 1950 年,托皮卡的黑人家长觉得学区给黑人儿童提供的教育设施远远落后于白人儿童,因此他们决定对本市种族隔离的学校系统提起法律诉讼。挑战黑白之间教育不平等的相关案件不断出现,但全国有色人种协进会在堪萨斯的分会一直觉得时机并未成熟,没有接手这些案件。1950 年秋,堪萨斯州托皮卡市的奥利弗·布朗(Oliver Brown)希望将他七岁的女儿琳达·布朗(Linda Brown)转学至离家只有七个街区的萨姆小学,但遭到校方拒绝,因为萨姆小学是一所白人小学,而琳达是一名黑人儿童。琳达不得不继续在黑人小学——孟禄小学就读,而这所学校离她家非常远。她每天需要 7 点 40 分出门,在车流量很大的道路上走 6 个街区,穿越一个危险的火车岔道口,然后坐上校车辗转一英里,才能到校上课。校车经常晚点,她只能在寒风中等待。如果校车按时到达的话,她能在 8 点半到学校,比上课时间早半个小时。但这个时候教室门是不开的,她只能在寒冷中等待教室开门,拍手跺脚以取暖。①

为了不让琳达每天辛苦地长途跋涉去上学,奥利弗向全国有色人种协进会请求帮助。该会的堪萨斯分会同意为这个案子准备诉讼材料,希望能够推翻种族隔离制度。在该会的帮助下,布朗与其他有相似遭遇的黑人家长一起,将托皮卡教育委员会告上堪萨斯州联邦地区法院,要求禁止在托皮卡的公共中小学中实施种族隔离。

(二) 布里格斯诉埃利奥特案

在同一时期,全国有色人种协进会还接手了其他 4 个类似的案子。南卡罗莱纳州克拉伦顿县(Clarendon County)的黑人数量占到了总人口的 70%,但此县绝大多数的教育资金都流入了白人学校。1949 年,克拉

---

① Brown v. Board of Education [EB/OL]. http://www.civilrights.org/education/brown/brown.html; Berman, Daniel M. *It is So Ordered: the Supreme Court Rules on School Segregation*[M]. New York: W. W. Norton & Company, 1966:9.

伦顿县给黑人学生的教育经费是每生每年43美元，而给白人学生的开支是每生每年179美元。白人学校有饮水器、室内洗手间、自助餐厅、图书馆、体育馆、实验室；而黑人学校的饮水设施只有敞口的木桶和公用的勺子，厕所在室外，除了教室之外没有任何其他设施。黑人学生甚至还要为学校的水电维修交费，因为学区仅支付教师的工资，其余的一概不管。这种不平等还包括校车服务，白人学生上学有校车接送，而一些黑人学生却不得不步行9英里上学。①

20世纪40年代末，克拉伦顿县第22学区一些黑人家长希望黑人学生也能和白人学生一样使用校车上下学，但学区教育委员会主席罗德里克·埃利奥特(Roderick W. Elliott)不予批准。于是这些黑人家长和一些黑人活动家请求南卡罗莱纳的全国有色人种协进会分会代表他们向该学区提起法律诉讼，目的是迫使学区为黑人学生提供真正平等的设施和服务，严格遵守“隔离但平等”的规定。该分会将这一请求告诉了马歇尔，但他情绪很复杂。马歇尔更希望初等教育领域的诉讼案件来自南北边界的州，因为那里的白人种族主义没有南方腹地那么普遍和严重，但是克拉伦顿县黑人家长们的决心深深打动了他，马歇尔最终决定受理这个案件。这些要求进行法律诉讼的黑人家长遭到白人的打击报复，他们无端被解雇、无法在当地的商店获得信用额度、不能租借农具，甚至有人遭到白人的暴力袭击。然而他们不屈不挠，1950年将这个案件告上南卡罗莱纳州的联邦地区法院。其中一名提起诉讼的黑人家长是“二战”退役海军哈利·布里格斯(Harry Briggs)，他由于姓氏的首字母排序处于首位，所以此案件就定名为布里格斯诉埃利奥特案。②

(三) 戴维斯诉爱德华王子县学校委员会案

弗吉尼亚州的案子来自爱德华王子县。罗伯特·莫顿高中(Robert R. Moton High School)是该县一所黑人高中，校舍只够容纳180名学生，但实际的在读人数是450名，因此教室和校车都拥挤不堪。一些学生不

---

① Telgen, Diane. *Defining Moments*: *Brown v. Board of Education* [M]. Detroit, MI: Omnigraphics, Inc. 2005:36—37.

② Wayne J. Urban, Jennings L. Wagoner. Jr., *American Education*: *A History*[M]. Boston: The McGraw-Hill Companies, Inc. 3rd edition, 2004:297—298; Telgen, Diane. *Defining Moments*: *Brown v. Board of Education*[M]. Detroit, MI: Omnigraphics, Inc. 2005:37.

得不在学校后院里建成油毡房学习，他们戏称这种油毡房为“鸡棚”。① 1951 年 4 月 23 日，莫顿高中的 450 名学生进行了为期两周的罢课，抗议黑人学校与白人学校之间设施的不平等，希望县教育委员会能够给他们建一所新的学校。全国有色人种协进会当地的领导人起初并不赞成这场罢课活动，因为爱德华王子县的种族矛盾格外严重，并不是一个适宜挑战种族隔离的地方。但该会的律师被学生们的决心所打动，最终同意代表他们提起诉讼，但条件是学生及其家长需要直接向种族隔离的教育制度挑战，尽管这不是学生以及家长的本意。这次罢课持续了十天，不仅要求县教育委员会真正做到普莱西案中规定的“隔离但平等”，而且将矛头直接指向了公共教育中的种族隔离制度本身，向弗吉尼亚州承认种族隔离制度的法律提出了挑战。该案在弗吉尼亚州的联邦地区法院提起诉讼，定名为戴维斯诉爱德华王子县学校委员会案。②

（四）贝尔顿诉哥伯哈特案和布拉诉哥伯哈特案

特拉华州的案子由两个案件组成，分别是贝尔顿诉哥伯哈特案和布拉诉哥伯哈特案。特拉华州的种族歧视由来已久。内战之后，特拉华州征收选举税以阻止黑人投票，而且黑人学校的资金只由黑人的税收支持，因此根本就无法与税收充足的白人学校相提并论。尽管 20 世纪 20 年代在一些私人捐赠的帮助之下，黑人学校的水平有了一定程度的提升，但到 1950 年的时候，整个特拉华州只有一所四年制的黑人高中——威明顿（Wilmington）县的霍华德高中（Howard High School）。“二战”之后，特拉华州的种族关系逐渐出现微妙的变化。1950 年，全国有色人种协进会在特拉华州的律师成功通过法律诉讼废除了特拉华大学本科生中的种族隔离，这是美国历史上第一次废除本科阶段的种族隔离。特拉华州并没有上诉，因此州内的许多机构和设施都开始自发地废除种族隔离。在这种

---

① Baker, Donald P. *Shame of a Nation: The Lessons and Legacy of the Prince Edward School Closings*[N]. *Washington Post*, March 4, 2001.

② 参见[EB/OL]. http://www.civilrights.org/education/brown/davis.html; Klarman, Michael J. *Brown v. Board of Education and the Civil Rights Movement*[M]. New York: Oxford University Press, 2007: 55.

情况下,黑人家长们开始看到了为他们的孩子争取平等教育机会的可能性。①

特拉华州克雷蒙特(Claymont)县的黑人学生不能到占地14英亩、师资条件良好、能接收400名学生的克雷蒙特高中就读,而只能坐校车前往威明顿县城区教学条件和师资力量都较差的霍华德高中就读。埃塞尔·贝尔顿(Ethel Belton)是当地一名黑人家长,他和其他七名黑人家长不愿意自己的孩子每天跋涉一个半小时去一所劣等学校上学,于是请求州教育委员会让他们的孩子在克雷蒙特高中入学,但这个请求遭到拒绝。于是他们向黑人律师小路易斯·雷丁(Louis Redding, Jr.)求助,进行法律诉讼。此外,在特拉华州的霍吉森(Hockessin)农村,白人女性莎拉·布拉(Sarah Bulah)每天早晚看着校车从她家门口经过,将白人学生带至附近“山顶上漂亮的小学校”上学,而她只能开车两英里,送她收养的黑人女儿到一所只有一间教室的乡村学校读书。布拉没指望黑人学校和白人学校在校舍、教学质量等方面能够平等,只是请求州教育委员会为黑人学生开设校车,但这个要求遭到拒绝。在雷丁的劝说下,布拉女士向法院提起诉讼,希望其女儿能进入白人学校读书。雷丁本想效法布朗诉教育委员会案向联邦地区法院进行诉讼,由三名法官一起审理;这样如果他败诉的话,就可以直接上诉到联邦最高法院。但特拉华州设法使这个案件先在州法院系统进行审理。1951年,特拉华州的衡平法院(Court of Chancery)②受理了这两个案件,定名为“贝尔顿诉哥伯哈特案和布拉诉哥伯哈特案”。③

(五)博林诉夏普案

布朗案中最后一个组成案件是博林诉夏普案,这个案件来自哥伦比亚特区。从某些方面来说,哥伦比亚特区是全美国种族关系最好的地方之一:成千上万的黑人在政府部门任职,黑人中产阶级快速成长,包括律师、医生、教师以及其他受过良好教育的专业技术人员。但这并没有改变

---

① Telgen, Diane. *Defining Moments: Brown v. Board of Education* [M]. Detroit, MI: Omnigraphics, Inc. 2005:42.

② 在特拉华的州法院系统中,与平等有关的诉讼案件由衡平法院(也称大法官法院)审理,没有陪审团(Jury)参与,审理案件的法官称为Chancellor.

③ [EB/OL] http://www.civilrights.org/education/brown/belton.html

黑人作为二等公民的社会地位:黑人的学校、住宅区、公园、餐厅、剧院都是与白人隔离开的,而且设施普遍较差。从20世纪30年代起,大量黑人涌入哥伦比亚特区寻求工作机会,但教育委员会并没有增设黑人学校以适应人口的增加,这种情况在40年代不断加剧。博林案发生于1949年,当时来自安那考斯蒂亚(Anacostia)社区的以理发师加德纳·毕晓普(Gardner Bishop)为首的黑人家长想让自己的孩子到新开设的约翰·菲利普·苏泽初中(John Phillip Sousa Junior High School)读书,但遭到拒绝。并且,哥伦比亚特区教育委员会在这所学校还有空余入学名额的情况下,将这所学校设为白人学校。这些黑人家长在律师休斯顿的帮助下,希望能够使黑人学校和白人学校获得平等的设施。休斯顿由于健康原因将此案件移交给霍华德大学的法学教授詹姆斯·那布里特(James Nabrit)进行诉讼,在那布里特的劝说下,黑人家长们直接向种族隔离制度进行挑战。那布里特将哥伦比亚特区教育委员会告上美国地区法院(U.S. District Court)①,由于一个姓博林的黑人儿童按照字母排序处于首位,哥伦比亚特区教育委员会的主席是梅尔文·夏普(C. Melvine Sharpe),此案定名为"博林诉夏普案"。那布里特不仅希望黑人学生能够进入这所新开的中学,而且提出"隔离但平等"本身就是不合宪法的。②

二、布朗案在联邦地区法院的审理

由于这几个案子都对联邦法律提出了挑战,因此在上诉时大多走的是联邦法院的途径:案件先由设在各州的联邦地区法院审理,(这些法院共有94个,设在所有的州和哥伦比亚特区),通常由一名法官进行审理;如果原告或者被告对判决不服,可以就联邦地区法院的判决与独立管制机构、行政机关的裁决提出上诉,提交到联邦上诉法院(United States Court of Appeals for the Federal Circuit)③审理,在这一层次的审理通常同时由3名法官参加,其中一名法官来自本巡回区的联邦上诉法院,另外两

① 由于哥伦比亚特区直接归联邦政府管辖,因此这个案件在联邦层面进行诉讼。

② Fireside, Harvey, Fuller, Sarah Betsy. *Brown v. Board of Education: Equal Schooling for All* [M]. Hillside, NJ: Enslow Publishers, 1994:14—17.

③ 美国的联邦上诉法院共有13个,包括11个地区的联邦上诉法院、哥伦比亚特区联邦上诉法院以及巡回区联邦上诉法院。

名来自联邦最高法院；如果再次对判决不服，可以就判决上诉至联邦最高法院。① 但根据美国国会的规定，如果案件对美国宪法的基本原则进行诉讼，在审理的过程中就要遵循特殊的程序：案件首先在联邦地区法院由三名法官同时审理，其中一名法官来自本巡回区的联邦上诉法院，另外两名来自联邦地区法院；如果败诉的一方对判决不服，可以直接上诉至联邦最高法院。② 这些涉及学校中种族隔离的案件就属于这样一类特殊的诉讼。

（一）布里格斯诉埃利奥特案

在诉讼布里格斯诉埃利奥特案的时候，马歇尔等人是这样计划的：最开始并不直接向美国宪法挑战，而是只控诉黑人学校和白人学校之间设施的不平等，这样此案就可以避免三名法官审理带来的不确定因素，而是在联邦地区法院由一名法官审理。本审判区的主审法官瓦蒂 · 瓦林（J. Waties Waring）同情黑人，肯定会支持黑人这一方。黑人律师可以在审理的过程中想方设法提出种族隔离制度违宪，这样他们打赢官司的概率就更大一些。但瓦林法官建议马歇尔直接对南卡罗莱纳州种族隔离法律的合宪法性提出挑战，由三位法官同时审理。马歇尔接受了瓦林的建议，并在 1950 年 12 月 22 日向联邦地区法院提交了新的诉讼。这次审理此案的是瓦林法官、来自上诉法院的帕克（John J. Parker）法官和来自联邦地区法院的蒂默曼（George Timmerman）法官。其中，蒂默曼法官是一个“顽固的种族隔离主义者”；帕克法官是美国联邦第四巡回区上诉法院的首席法官，胡佛总统曾于 20 世纪 30 年代提名他进入联邦最高法院，但遭到参议院否决，因为帕克是一名极端的白人至上主义者，反对黑人投票权和工人利益。对于布里格斯案，帕克斩钉截铁地说：“不能推翻普莱西案的判决。”③

审理计划于 1951 年 5 月进行，但这时的南卡罗莱纳州州长换成了詹

---

① ［美］戴维 · M. 奥布赖恩. 风暴眼：美国政治中的最高法院［M］. 胡晓进，译. 上海：上海人民出版社，2010：53.

② Berman, Daniel M. *It is So Ordered: the Supreme Court Rules on School Segregation*［M］. New York: W. W. Norton & Company, 1966：13—14.

③ Yarbrough, Tinsley E. *A Passion for Justice: J. Waties Waring and Civil Rights*［M］. Cary, NC: Oxford University Press, 1987：174—175, 189.

姆斯·伯恩斯(James Byrnes),他曾任最高法院大法官以及内阁成员。伯恩斯致力于在南卡罗莱纳州维持吉姆·克罗法,他说南卡罗莱纳宁愿“放弃公共学校制度”,也不能废除种族隔离。他知道,如果关于学校中种族隔离的案件上诉到最高法院的话,即使最高法院允许种族隔离制度存在,也很有可能采取严厉的措施使种族隔离的学校逐步平等。在伯恩斯的提议下,南卡罗莱纳州从消费税里支出了超过 8000 万美元用以为黑人学校修缮建筑和购买校车。伯恩斯和他的支持者希望通过这样的方式来改善黑人的教育条件,最终目的是避免法庭做出废除种族隔离的判决。①

在此案的审理中,马歇尔摆出了黑白学生之间不平等的事实:克拉伦顿县有三分之一的黑人不识字;白人学生可以免费使用课本,而黑人学生必须付费;学校委员会为白人学生提供了多于 30 条的校车线路,而不给黑人提供校车。就平均的班级规模而言,白人是 28 人,而黑人是 47 人,白人教师的收入比黑人多三分之二。白人学校都是现代化的设施和建筑,而黑人学校则位于荒废、简陋的小屋里。马歇尔认为,克拉伦顿县教育条件的巨大差异对黑人学生产生了毁灭性的心理作用,使得黑人学生给自己贴上了“劣等”的标签。

同时,马歇尔还请来了纽约城市学院的心理学教授肯尼思·克拉克(Kenneth Clark),用他所做的“黑白娃娃实验”来证明马歇尔的结论。这个实验的道具是四个玩具娃娃——分别塑造了黑人男女儿童和白人男女儿童的形象,同一性别的娃娃除了肤色不同之外,其他方面都一模一样,参与实验的黑人儿童和白人儿童共计 400 名,实验的目的是研究种族如何影响了黑人儿童的自我认知。实验者要求被试儿童选出哪个是最好看的娃娃,哪个是最丑的娃娃,哪个娃娃最像自己。实验结果表明,参与实验的黑白儿童已经完全意识到了黑人和白人之间的区别,知道哪个娃娃更像自己;但他们大多认为白娃娃好看,黑娃娃丑陋。克拉克又用这个实验测试了克拉伦顿县 16 名黑人学生,也得到了同样的结果。克拉克认为,种族隔离使得黑人儿童从年幼时期就产生了自卑情绪,并且他还引用

① Yarbrough, Tinsley E. *A Passion for Justice*: *J. Waties Waring and Civil Rights*[M]. Cary, NC: Oxford University Press, 1987:177—178,190—191. Briggs v. Elliott, 98 F. Supp. 529, 547(E.D. S.C. 1951).

当时一项调查的结果，指出全国大多数的心理学家都认为种族隔离同时不利于黑人和白人儿童的发展。马歇尔从这个实验中得出的结论是，种族隔离的教育使得黑人儿童从内心对自己的黑皮肤产生了自卑和自憎，会导致他们随波逐流、不求上进。[①]

地区法院最终以2:1的意见判决南卡罗莱纳州学校委员会胜诉。帕克法官在最后的意见中指出，任何人都不能对“隔离但平等”原则置疑，因为这是州议会必须遵守的政策；同时，法院限克拉伦顿县在6个月内缩小黑白学校之间的差距。[②] 反对意见来自瓦林法官，他认为：“教育中的种族隔离永远不会带来平等……它是一种必须被彻底消除的恶习……南卡罗莱纳州在教育领域采用和实施的种族隔离制度必须废除，并且是立刻废除。种族隔离本身(per se)就是不平等的。”[③]瓦林法官的态度引起了南卡罗莱纳州白人对他的鄙视、憎恨和公开谴责，他们对瓦林一家进行各种骚扰。布朗案在南卡罗莱纳审判之后不久，瓦林法官就退休并举家搬出了南卡罗莱纳。[④] 马歇尔等人并没有气馁，而是决定将此案上诉至联邦最高法院。

（二）其他四个案件在地区法院的审理

首先是布朗诉托皮卡教育委员会案。面对全国有色人种协进会关于“隔离制度严重危害黑人学生身心健康”的陈述，以及托皮卡教育委员会关于“隔离制度是为黑人学生成年后所面临的、社会上的隔离制度做准备”的反驳，联邦地区法院在审理过程中采取了折中的立场。审理布朗诉教育委员会案的三个法官一方面承认黑白分校、种族隔离使得黑人学生产生一种自卑感，影响了孩子们的学习热情；另一方面，他们拒绝推翻普莱西案规定的“隔离但平等”，不愿意承认教育中的种族隔离违反了宪法

---

① Tushnet, Mark V. *Making Civil Rights Law*: *Thurgood Marshall and the Supreme Court, 1936—1961*[M]. Cary, NC: Oxford University Press, 1994:157; Yarbrough, Tinsley E. *A Passion for Justice*: *J. Waties Waring and Civil Rights*[M]. Cary, NC: Oxford University Press, 1987:182.

② Berman, Daniel M. *It is So Ordered*: *the Supreme Court Rules on School Segregation*[M]. New York: W. W. Norton & Company, 1966:19.

③ Briggs v. Elliot, 98 F. Supp. 546—548(E. D. S. C., 1951).

④ Peltason, J. W. *Fifty-eight Lonely Men*: *Southern Federal Judges and School Desegregation*[M]. New York: Harcourt, Brace & World, 1961:10.

第十四条修正案的平等保护原则。他们声称在托皮卡镇上，黑白学校在校舍、交通、课程以及老师的教学质量方面相差无几。最后，地区法院站在了教育委员会的一边。[①] 在全国有色人种协进会的协助下，布朗将案子上诉至联邦最高法院。

其次是戴维斯诉爱德华王子县学校委员会案。弗吉尼亚州政府意识到，这个案件威胁到了本州种族隔离的社会制度，因此尽全力抵制这场诉讼。他们派出了弗吉尼亚州的总检察长林赛·埃尔蒙德(J. Lindsay Almond, Jr.)和学校委员会的律师T.贾斯廷·摩尔(T. Justin Moore)为种族隔离制度辩护，而且还打探了布里格斯诉埃利奥特案的审理情况，找了社会学家为弗吉尼亚州辩护，以反驳全国有色人种协进会可能的举证。该案件同样是在联邦地区法院由三名法官同时审理，但黑人没有得到任何一个法官的支持。由于弗吉尼亚州的律师为种族隔离寻找了许多积极的影响，法官们认为黑人列举的证据可以忽略不计。法官们认为，"种族隔离对白人和黑人来说都没有任何伤害和危害，仅仅是弗吉尼亚州的一种生活方式"。法官们说黑人学校很快就建好了，人们所需要做的仅是"希望尽快实现设施的完全平等"。[②]

接下来是贝尔顿诉哥伯哈特案和布拉诉哥伯哈特案。这两个案件的审理程序和其他几个案件不同，在特拉华州的法院系统进行了审理。衡平法院构成了特拉华州法院系统的一个独特分支，由于衡平法院的法官必须宣誓遵守美国宪法，因此他们和联邦法院的法官一样，有权力颁布命令禁止州法律中违反宪法的条款。[③] 法官发现特拉华州黑人学校的各项指标均远远落后于白人，例如教师培训、师生比、课外活动、学校设施、上学所花费的时间等等。在这种情况下，必须立刻允许黑人学生进入白人学校，学校管理方不得阻止黑人入学。然而，特拉华州教育委员会对这样判决表示不满，提起上诉。由于特拉华州的案子在州法院层面进行审理，因此还不能直接上诉到联邦最高法院，而是要在特拉华州最高法院进行

---

① Berman, Daniel M. *It is So Ordered: the Supreme Court Rules on School Segregation*[M]. New York: W. W. Norton & Company, 1966:14—18.

② Davis. V. *County School Board of Prince Edward County*, 103 F. Supp. 337(1952).

③ Berman, Daniel M. *It is So Ordered: the Supreme Court Rules on School Segregation*[M]. New York: W. W. Norton & Company, 1966:20.

再次审理。在这次审理中，法官们一致同意特拉华州衡平法院的判决，应该尽快允许黑人进入白人学校读书。但是做出这样的判决仅仅是因为黑人学校条件落后，不仅没有对种族隔离制度本身的合宪法性提出质疑，而且还特别说明，如果教育委员会将来能够证明黑人学校的条件不再落后于白人学校，还可以请求法院改判。① 州最高法院进行判决之后，特拉华州教育委员会准备将此案上诉至联邦最高法院。

最后是来自哥伦比亚特区的博林诉夏普案。尽管该案的案情和另外四个案件大同小异，但它所依据的宪法基础和其他案件完全不同。由于哥伦比亚特区是首都，其法律地位特殊，那些只对各州产生约束力的宪法条款不能约束哥伦比亚特区，其中就包括第十四条修正案。因此，黑人原告并不是起诉种族隔离的学校否认了他们“法律的平等保护”，而是认为在“没有合理法律程序”的基础上剥夺了他们的进入种族混合学校的自由，种族隔离与政府的目标并没有任何合理的关系。然而，法院还不准备接受如此激进的立场，不仅驳回了黑人原告的申诉，甚至拒绝选派三名法官依据事实来审理此案。黑人原告继而向上诉法院提交诉讼，但正在这时，事件发生了转机。最高法院邀请原告在上诉法院判决之前提交上诉状，供最高法院参阅。因此，博林案并没有在上诉法院进行复审，就直接诉讼至联邦最高法院。

① Gebhart v. Belton, 91 A. 2d(1952). 在特拉华州衡平法院诉讼时，贝尔顿等人是原告，取得诉讼胜利；向州最高法院进行上诉的一方是州教育委员会，因此这次审判时将此次诉讼命名为 Gebhart v. Belton.

第二章

布朗案在联邦最高法院的审理

1951 年夏，马歇尔分别将来自南卡罗莱纳州和堪萨斯州的案件上诉至联邦最高法院。由于这五个案件的核心矛盾都集中在美国南方公共教育中的种族隔离问题，都对普莱西诉弗格森案中确立的“隔离但平等”提出了质疑与挑战，因此联邦最高法院最终将它们合并审理。按照惯例，合并审理的案子要按照首字母进行排序，并以排在第一位的案子命名。但是，联邦最高法院为了尽可能地降低布里格斯案可能在南方引起的负面政治效应，就一反惯例，将这个合并审理的案件改称为布朗案。

虽然布朗案只涉及南方各州公共学校中的种族隔离问题，但实际上牵扯到整个美国由来已久的种族关系和社会结构。1952 年总统选举在即，布朗案在这个关键时候触动种族问题这样一根敏感的神经，无疑会使得案件的审理变得更为复杂。此外，当时的联邦最高法院内部不和、四分五裂，使得本就复杂的布朗案变得更加棘手。当时任联邦最高法院首席大法官的是弗雷德 · M. 文森（Fred Moore Vinson, 1946—1953 年任职），按照以首席大法官姓氏命名最高法院的惯例，他任期内的最高法院被称为文森法院。

第一节 文森法院时期的布朗案审理

文森来自肯塔基州，他在就任首席大法官之前曾做过国会众议员、哥伦比亚特区联邦上诉法院法官，后来在杜鲁门（Harry S. Truman, 1884—1972）总统的任命下成为美国财政部长，1946 年成为联邦最高法院第 13

位首席大法官。文森受到这样的重用主要是因为他和杜鲁门总统有深厚的友谊,杜鲁门希望文森能够发挥与人相处的技巧,使得在前任首席大法官斯通(Harlan Fiske Stone, 1941—1946 年任职)治下四分五裂的最高法院恢复和平。①

一、文森法院

文森接任之后并没能实现杜鲁门的希望,在他治下的联邦最高法院愈加四分五裂、两相对峙。文森法院时期的其他几位法官分别是:雨果·布莱克(Hugo Black, 1937—1971 任职)、斯坦利·里德(Stanley Reed, 1938—1957 年任职)、菲利克斯·法兰克福特(Felix Frankfurter, 1939—1962 年任职)、威廉·道格拉斯(William Douglas, 1939—1975 年任职)、弗兰克·墨菲(Frank Murphy, 1940—1949 年任职)、罗伯特·杰克逊(1941—1954 年任职)、威利·拉特利奇(Wiley Rutledge,1943—1949 年任职)以及哈罗德·伯顿(Harold Burton,1945—1958 年任职)。② 由于法学观点和个人好恶之间的分歧,这些大法官们大致分为两派。1949 年之前,这两派中的一方是以法兰克福特为首,包括文森、杰克逊、里德、伯顿在内的保守主义集团,他们提倡"司法克制是宪法裁判的唯一标准";另一方是布莱克为首的、包括道格拉斯、拉特利奇、墨菲在内的自由主义集团,他们认为司法克制并非司法的要义,审理案件时应首先考虑公民的自由。③ 除了政治倾向和法学观点方面的分歧之外,为了争夺首席大法官的位置,布莱克和杰克逊又相互攻击,结下了深深的个人仇恨。这种个人之间的敌对情绪已经公开化,杜鲁门总统对他们之间的争斗十分生气,哀叹"联邦最高法院完全是自己把自己搞砸了"。④

---

① [美]伯纳德·施瓦茨. 美国最高法院史[M]. 毕洪海,柯翀,石明磊,译. 北京:中国政法大学出版社,2005:277.

② 此为文森法院初期的组成情况。1949 年,墨菲和拉特利奇去世,汤姆·克拉克(Tom Clark,1949—1967 年任职)和谢尔曼·明顿(Sherman Minton,1949—1956 年任职)继任,这两人都支持保守主义。

③ [美]伯纳德·施瓦茨. 美国最高法院史[M]. 毕洪海,柯翀,石明磊,译. 北京:中国政法大学出版社,2005:279.

④ Ferrell, R. ed. *Off the Record: the Private Papers of Harry S. Truman*[M]. New York: Harper & Row, 1980:90.

此外,文森在智识和领导能力方面还受到其他几位大法官的公然蔑视,这就加剧了九位法官内部的不团结。在其八位同事的眼中,文森是个只具有二流头脑的人①,这个"既高且宽并且有一点儿啤酒肚"的大块头"似乎具有一种浅薄的自信,他总是看不到问题的复杂性,而是欢快地找到显而易见的论点",他审理案件"就好像在相关案件所提出的问题表面飘过一样,非常简单地处理每一起案件"。里德法官曾说,"他(文森)和我没什么两样",只是他所受的良好教育更少;②就连曾在法兰克福特法官手下担任职员的菲利普·埃尔曼(Philip Elman)③都认为,文森"在道德和精神上都是一个侏儒,而且非常笨拙"④。这几位大法官会在文森在场的时候讨论"首席大法官的工作应该每年轮换,并且毫无顾忌地把他(文森)作为他们智识方面的下级"。⑤ 很难想象这样一位在能力和智识方面都受到嘲讽的首席大法官如何领导一帮桀骜不驯的法律天才。由于法官们之间的不和与分裂,文森法院的判决意见很难统一,其最后一个开庭期里只有19%的案件是全体一致判定的。⑥ 也许正是在这样一个四分五裂、意见不一的法院内,审理棘手的布朗案才变得倍加困难。

当来自南卡罗莱纳和堪萨斯的案子上诉至联邦最高法院时,最高法院内的力量对比发生了变化。随着墨菲和拉特利奇去世,两位保守的法官克拉克和明顿获得任命,最高法院呈现了明显的保守主义风格。因为联邦最高法院不久前才审理过涉及研究生教育中种族隔离的"斯威特案"和"麦克劳林案",因此当面对来自堪萨斯和南卡罗莱纳的案子时,一些法官并不愿意这么快就直接向种族隔离制度挑战。根据菲利普·埃尔

---

① Kluger, Richard. *Simple Justice: the History of Brown v. Board of Education and Black America's Struggle for Equality*[M]. New York: Oxford University Press, 1978:585.

② Lash, Joseph P. *From the Diaries of Felix Frankfurter*, New York: W. W. Norton & Company, Inc. ,1975:270, 274, 283.

③ 菲利普·埃尔曼曾在联邦最高法院任法兰克福特法官的职员,后来到联邦司法部任职于司法部副部长办公室,是最高法院最有见地的观察者之一,与法兰克福特曾有多年的书信交流。

④ *Philip Elman to Felix Frankfurter*. Sept. 3, 1947. *Frankfurter Papers*, Library of Congress.

⑤ Kluger, Richard. *Simple Justice: the History of Brown v. Board of Education and Black America's Struggle for Equality*[M]. New York: Oxford University Press, 1978:585.

⑥ [美]伯纳德·施瓦茨.美国最高法院史[M]. 毕洪海,柯翀,石明磊,译.北京:中国政法大学出版社,2005:278.

曼的说法，“法官们（除了布莱克法官和道格拉斯法官之外）在故意使用拖延策略”。很明显，当联邦最高法院的法官们面临这样一个可能废除种族隔离制度的案件时，他们希望能将此案的判决拖延到1952年总统选举之后，这样就不会对竞选活动造成影响。①

联邦最高法院命令帕克法官调查南卡罗莱纳州改善黑人学校设施的情况。根据帕克法官的报告，黑人教师和白人教师之间工资收入的差距正在逐渐减少，为黑人学生提供的校车服务逐步启动。学校委员会花费了22000美元为黑人中小学改善教学设施，委员会还计划兴建新学校，并为两所黑人学校的建筑工程进行竞标。帕克报告说，到1952—1953学年开学之际，南卡罗莱纳州将建成一所新的黑人学校，另外一所黑人学校将完成改造工作，这些项目的总花费超过了500000美元。②

看到这份报告后，联邦最高法院并没有对马歇尔的上诉做出反应；为了拖延审理时间，最高法院命令将此案退回南卡罗莱纳的联邦地区法院重新审理，理由是需要对这份报告进行司法评估。然而布莱克法官和道格拉斯法官持有异议，认为这个报告中所呈现的事实与“上诉人提出的问题本质上毫不相关”。③ 在联邦地区法院的这次审理中，由于瓦林法官已经退休，三位法官一致判决学校委员会胜诉，认为在县学校委员会已经采取的措施之下，黑人学校系统和白人学校系统之间的平等已经实现或者正在逐步实现，教育委员会的官员们正在“人力所及的范围内尽快地”使黑人学校和白人学校实现设施平等，因此，废除种族隔离制度“对任何人都没有益处”。④

在南卡罗莱纳的案子中，将案件送回联邦地区法院审理只是延误了一些时间，而来自堪萨斯州的案件则经历了更为复杂的过程。当这个案子送至联邦最高法院时，法官们希望在解决了来自田纳西大学的种族隔

---

① Elman, Philip & Silber, Norman. *The Solicitor General's Office, Justice Frankfurter, and Civil Rights Litigation: an Oral History* [J]. *Harvard Law Review*, Vol. 100, No. 4 (Feb., 1987): 822; Mikva, Abner. *The Role Of Theorists in Constitutional Cases. University of Colorado Law Review*, 63(1992).

② Briggs v. Elliott, 103 F. Supp. 920(E. D. S. C. 1952)，一部分事实数据能够从1952年3月3日给地区法院的一份补充材料中看到。

③ Briggs v. Elliott, 342 U. S. 350(1952).

④ 同③。

离案件之后再做决定。联邦最高法院在 1952 年 1 月审理了田纳西大学的案件,原告学生入学之后,联邦最高法院于 3 月份将这个变得毫无实际意义的案件搁置。对于来自堪萨斯州的案件,联邦最高法院一反惯例,既不明确表态,也不组织法庭辩论;法官们只是拖延判决,等待来自南卡罗莱纳州、弗吉尼亚州和哥伦比亚特区的案件在联邦地区法院的审判结果。① 1952 年 6 月 9 日,当来自堪萨斯州和南卡罗莱纳州的案子最终摆在面前的时候,联邦最高法院的法官们以 7 比 1 的票数决定开庭审理,法庭辩论被安排在了 10 月初。② 正如法兰克福特法官所说,拖延政策至少达到了一个目标:这些案件的判决结果至少不会成为 1952 年总统竞选时节的绊脚石。③

7 月 12 日,全国有色人种协进会将来自弗吉尼亚州的案件提交至联邦最高法院;当 1952 年的开庭期④于 10 月份开始时,法官们投票同意听取该会对弗吉尼亚州案子的上诉。法官们认为,因为来自弗吉尼亚州的案子和前两个案子具有相似性,因此可以合并审理。同时,来自哥伦比亚特区的案子还在联邦地区法院悬而未决,这个案子和上述三个案件所涉及的内容属于一类,可合并为一个案件审理。因此,联邦最高法院邀请原告在上诉法院判决之前提交上诉状,供最高法院参阅。诉讼当事人在重要的案件中才会试图使用这种程序,但联邦最高法院常常不同意这样做。这份邀请意味着最高法院掌握了诉讼的主动权,而这又给联邦最高法院找了一个拖延的理由。尽管道格拉斯法官提出异议,联邦最高法院还是将法庭辩论再次拖延。等到来自特拉华州的案子最终上诉到最高法院的时候,文森法院才最终将这 5 个案子合并审理,准备于 1952 年 12 月开庭。⑤ 各新闻媒体都报道了最高法院开庭审理布朗案的消息,无论黑人

---

① Hutchinson, Dennis J. *Unanimity and Desegregation: Decision-making in the Supreme Court: 1948—1958*[J]. *Georgetown Law Journal*, 68(1979).

② 杰克逊法官投了反对票,文森法官的投票情况没有记载。参见 Dunne, Gerald T. *Hugo Black and the Judicial Revolution*[M]. New York: Simon & Schuster, 1977:314.

③ Tushnet, Mark V. *Making Civil Rights Law: Thurgood Marshall and the Supreme Court, 1936—1961*[M]. Cary, NC: Oxford University Press, 1994:166.

④ 美国联邦最高法院的开庭期从每年 10 月份的第一个星期一开始,持续到第二年的 6 月中旬。

⑤ Brown v. Board of Education, 344 U.S. 1(1952).

还是白人都很关注此案的审理，因为这个案件涉及现有的种族关系，对他们当下的生活方式和种族观念将是本质的挑战。

二、第一次法庭辩论

1952 年 12 月 9 日，文森法院进行了布朗案的第一次公开法庭辩论，能容纳三百多人的审判室里坐满了来自新闻媒体、法律团体、学校机构的相关人士，还有大约五百人在审判室外宽敞的大理石走廊里排队等候聆听这次辩论。在这些来到布朗案辩论现场的人们中，差不多有一半是黑人。① 出席本次辩论的有联邦最高法院九位大法官、布朗案诉讼双方的当事人及其辩护律师。为这几个案件中的黑人学生以及家长进行辩护的律师们都是全国有色人种协进会的成员；为南方各州教育委员会进行辩护的大多是本州的副总检察长，南卡罗莱纳州的学校委员会甚至请来了大名鼎鼎的约翰·戴维斯（John W. Davis）为他们辩护。戴维斯曾任众议院议员、联邦司法部副部长、美国驻英大使、民主党总统候选人（1924 年败给共和党的卡尔文·柯立芝）。他曾多次在联邦最高法院上进行辩护，在此次出庭的 6 个月之前还在联邦最高法院为“杨斯顿钢铁公司总统权限案”辩护并取得胜诉，被称为“律师中的律师”。② 当首席大法官文森宣布开庭之后，联邦最高法院依次审理了布朗案的五个组成案件，让案件的诉讼双方发表他们的观点。

全国有色人种协进会的律师们指出，公共教育中的种族隔离制度不仅造成了黑人学生不能享有和白人学生同等条件的学校设施与教学质量，而且造成了种族歧视。法官们不应基于黑人学校设施的落后性判决废除种族隔离，因为一旦证明黑人学校和白人学校之间的设施平等了，黑人学生可能要重新进入隔离学校读书。许多案例都建立了将人们进行划分的各种原则，只要这些原则是基于理性的划分标准，并且是为一个合法的立法标准服务，那么这些原则都不违背宪法第十四条修正案。但基于

① Berman, Daniel M. *It is So Ordered: the Supreme Court Rules on School Segregation*[M]. New York: W. W. Norton & Company, 1966:65—66.

② Harbaugh, William. *Lawyer's Lawyer: The Life of John W. Davis*[M]. New York: Oxford University Press, 1978:89—120, 163.

种族对学生进行划分并非基于任何理智的考虑，属于种族歧视。①

而南方各州教育委员会的辩护律师们则从三个方面反驳全国有色人种协进会的观点。首先，他们抓住联邦最高法院对普莱西案的判决意见大做文章。他们认为，如果不颠覆普莱西案的合宪法性，那么就不能说种族隔离的学校违宪。正是抓住了联邦最高法院不愿推翻自己以前的判例这一特点，南方各州教育委员会的辩护律师们试图尽可能让法官们难以做出与南方各州相悖的决定。他们强调，在普莱西案的审判意见中特别提到了种族隔离的学校是合法种族隔离的一个例子，如果联邦最高法院坚持打破普莱西案的先例的话，就相当于打了 21 个州重重一记耳光。②其次，他们对"种族隔离是否造成心理层面的伤害"进行质疑，认为马歇尔举证时所提出的"娃娃实验"不能说明什么，黑人学生无论上种族隔离的学校还是种族混合的学校，实验得出的结果都是一样的。他们认为宪法第十四条修正案并没有禁止建立种族隔离的学校，如果是这样的话，那么在哥伦比亚特区也就不会存在种族隔离的学校了。按照种族对学生进行划分，与按照性别、年龄、智力进行划分一样合理；无论是自宪法第十四条修正案颁布以来还是从普莱西案判决以来，即便美国社会发生了变化，对种族隔离也是没有任何影响的，转变的情境不能拓宽宪法专用名词的适用范围。戴维斯还认为公共教育的问题应该由州政府处理，联邦的司法制度完全不适合干涉这一领域。此外，南方一些县正在努力使本县黑人学校的设施逐步实现与白人学校平等，当地自治的原则不应受到联邦最高法院的干涉与破坏。③ 第三，代表弗吉尼亚州发言的林赛·埃尔蒙德(Lindsay Almond)以废除本州的公共教育威胁联邦最高法院。埃尔蒙

---

① Friedman, Leon. ed. *Argument: The Oral Argument before the Supreme Court in Brown v. Board of Education of Topeka, 1952—1955* [M]. New York: Chelsea House Publishers, 1969,36—142.

② Friedman, Leon. ed. *Argument: The Oral Argument before the Supreme Court in Brown v. Board of Education of Topeka, 1952—1955* [M]. New York: Chelsea House Publishers, 1969:26—33. 注："21 个州"包括 17 个法律要求实施种族隔离的州和 4 个法律允许种族隔离存在的州。

③ Friedman, Leon. ed. *Argument: The Oral Argument before the Supreme Court in Brown v. Board of Education of Topeka, 1952—1955* [M]. New York: Chelsea House Publishers, 1969:45—76.

德说，如果联邦最高法院宣布废除种族隔离，将会危及弗吉尼亚州整个学校系统的存在，因为这样的判决势必会引起白人和黑人用拒交税收、拒购债券等方式反对资助混合学校。①

关于这5个案件的法庭辩论一直持续到12月11日下午3点50分。这场历时三天的辩论共用去9个半小时，而分配给布朗案的辩论时间总共只有10个小时。这场辩论之后，法官们直接开始处理日程表上的下一个案件，布朗案的走向如何、法院将在何时做出怎样的决定，他们都没有给出一点点暗示。但法庭辩论所形成的印象，无疑会对联邦最高法院的决定产生影响。

三、大法官们的权衡

1952年12月13日，大法官们就布朗案的审理意见召开了一个讨论会。这个会议在最高法院一层审判室后面的会议室举行，在场的只有9名大法官，现场没有任何助手、秘书或者信使，也没有备忘录或者其他正式的记录载明大法官们在会议上到底都说了些什么，但是其中两位参与者——伯顿法官和杰克逊法官的笔记，以及大法官们的书信往来和传记中都或多或少有所提及。

这9位法官按照职位高低和任职时间长短依次进行了发言，其顺序是：首席大法官文森、布莱克法官、里德法官、法兰克福特法官、道格拉斯法官、杰克逊法官、伯顿法官、克拉克法官和明顿法官。9位法官的态度意见各异且不甚明朗，但大致可以分为这样几派：布莱克、道格拉斯、伯顿、明顿赞成废除种族隔离；里德支持现存的种族隔离制度；杰克逊认为公共学校中的种族隔离很可能是合乎宪法的；法兰克福特法官则暗示他准备推翻哥伦比亚特区学校中的吉姆·克罗法；文森和克拉克担心联邦最高法院内部的争吵会导致投票否决种族隔离，并且会导致国内的冲突，因此持观望态度。

首席大法官文森是一个精明的政治家、法律实用主义者，无论推翻普

---

① Friedman, Leon. ed. *Argument: The Oral Argument before the Supreme Court in Brown v. Board of Education of Topeka, 1952—1955*[M]. New York: Chelsea House Publishers, 1969:43—142.

莱西案的合法理由多么充足,他对废除南方长期以来存在的种族隔离制度都非常小心谨慎。他认为这个案件本质上是政治和社会问题,而非法律问题,联邦最高法院并不密切关注可能产生的严重社会后果,因此布朗案所涉及的问题不应该由联邦最高法院来处理。由于国会一直没有动静,因此他不确定联邦最高法院表明态度的时机是否成熟了,他更希望在布朗案的审理过程中实行拖延政策。此外,他在观察南方各州的州长怎样在普莱西案的框架下实现黑人学校和白人学校之间的平等。文森对法庭辩论保持冷静,坚持认为废除或者维持种族隔离的基本责任属于国会,联邦最高法院可以摆脱这个困境。他在讨论会上说,“不要总是想这个问题,应该由国会来思考”,“这不是我们的事”。“如果国会不管,把此案留给我们——他们最好还是不要这样做”。文森认为,在普莱西案未被推翻的情况下,“隔离但平等”仍然有效,因此国会很难偏离“第十四条修正案不禁止种族隔离”这一现有观点。① 万一国会没有采取行动,法院就不得不采取措施;而艾森豪威尔(Dwight Eisenhower, 1890—1969)总统治下的第一届国会很可能这样做。文森也想好了对策:如果国会推卸责任,他就很可能延续审理研究生教育领域种族隔离案件时的取向,在否认普莱西案精神实质的情况下强调普莱西案判决的合宪法性。② 克拉克法官被人戏称为文森的“卫星”,他任期内 90% 的投票都是附和首席大法官的意见,这次也是唯文森马首是瞻,在拖延中倾向于维持种族隔离制度。

布莱克法官、道格拉斯法官、伯顿法官和明顿法官赞成废除种族隔离。布莱克法官虽然来自南方腹地——阿拉巴马州,但他同情并支持弱者,在司法上坚决站在自由主义的阵营中。在会议上,布莱克充分而清晰地阐明了他的观点,同时还呼吁和他持相同立场的法官们推翻种族隔离制度。他非常熟悉南方的论调,也知道取消种族隔离会直接导致并最终导致种族混合。他不得不承认,种族隔离建立在“黑人是劣等种族”的理论之上,其真实目的和意图是歧视黑人。而宪法第十四条修正案正是保护所有的美国人免受这种歧视。推翻种族隔离制度的原因是它“从本质

① Kluger, Richard. *Simple Justice: the History of Brown v. Board of Education and Black America's Struggle for Equality*[M]. New York: Oxford University Press, 1978:588—591.

② Dunne, Gerald T. *Hugo Black and the Judicial Revolution*[M]. New York: Simon & Schuster, 1977:314.

上违反了第十四条修正案”，除非法院觉得它先前的判决显然阻碍了这个结论。布莱克的观点并不是脱离现实，他并没有低估在南方废除种族隔离所面临的困难。如果联邦最高法院做出了不利于种族隔离的判决，后果将是“严重的”，甚至是“剧烈的”。他在这一点上和文森达成共识：正如伯恩斯州长所威胁的那样，南卡罗莱纳州很可能以废除公共学校来进行抵制。联邦最高法院只能进行案件判决，无权采取任何实质性的实施办法，反对种族隔离的判决很可能将联邦最高法院置于南方白人种族主义者的强烈谴责之中。但是在布朗案中，不能因为这些原因而否定必须得出的基本结论。布莱克的意见是推翻下级法院的判决（特拉华的案子除外），并宣布种族隔离违宪。①

道格拉斯法官坚持认为，不能以种族为基础对教育进行划分。他坚持废除种族隔离的教育制度，但并不热衷法兰克福特法官提出的重新进行法庭辩论的建议。② 伯顿法官更倾向于废除种族隔离，他认为“在种族隔离的条件下，即使黑人和白人享有同等的教育设施，也很难保证两个种族之间的教育公平”。③ 明顿法官采取了一个令人吃惊的坚定立场，他坚决反对种族隔离，认为以种族为基础将美国公民进行区分是不合理的。④

法兰克福特法官陷入了进退两难的困境，但他暗示，自己准备否定哥伦比亚特区学校中的吉姆·克罗法。对于法兰克福特法官而言，如果由着他的人道主义念头，那么就会有违他深信不疑的法学原则；如果支持联邦最高法院宣布种族隔离不合法，那么将迅速摧毁21个州长期以来确立的特权。如果这样的话，法院就不得不进行大规模干涉，通过多种方法使得各州遵从最高法院的法令，法院将会变成“全国教育委员会”——在第

---

① Kluger, Richard. *Simple Justice: the History of Brown v. Board of Education and Black America's Struggle for Equality*[M]. New York: Oxford University Press, 1978:591—595.

② Jackson, Robert. *The Struggle for Judicial Supremacy*[M]. New York: Alfred A. Knopf, 1941:115.

③ *Harold Burton to Felix Frankfurter*. September 25, 1952. *Burton Papers*, Library of Congress.

④ Atkinson, David N. *Mr. Justice Minton and the Supreme Court:1949—1956*[M]. Iowa City: University of Iowa., 1969:358.

一个国旗致敬案①中,法兰克福特就强烈劝阻联邦最高法院不要担当这样的角色。还存在其他的问题。和布莱克一样,法兰克福特研究了宪法第十四条修正案的历史,但他得出了一个完全不同的结论:从各种可能性上来讲,这条修正案的创立者们并没有将种族隔离视为违法。此外在法庭辩论中,法兰克福特发现,联邦最高法院和州议会都没有将这条修正案解释为正式宣布禁止种族隔离。他自己是非常反对种族隔离的,但他首先想到的是联邦最高法院的利益,他害怕这个事态发展得过快。他曾经很仰慕伯恩斯州长的精明强干,所以当伯恩斯坚持说南方确实在改善黑人学校、废除种族隔离将会破坏南方公共学校系统的时候,法兰克福特及其最亲密的同事杰克逊因此倾向于拖延此案的审理,看看伯恩斯以及南方其他各州的领导人是怎样改善黑人学校的。如果连种族隔离情况下的平等都做不到,就算法庭最终做出了废除种族隔离的命令,也不可能实现。因此,法兰克福特一方面减缓了联邦最高法院做出判决的速度,另一方面在看似水火不容的法院内讧中缔造同盟。法兰克福特在会上的发言极为小心,他说,他在研究平等保护条款、考察一个州是否平等对待其公民的时候,并没有发现将法院限制在考察设施平等的范围内。如果说平等的权利只意味着设施平等的话,这就太独断了。②

里德法官支持现存的种族隔离制度,他认为黑人并没有完全被白人同化,种族隔离对黑人和白人都是有利的。取消种族隔离需要时间,在弗吉尼亚州也许需要 10 年左右;而且这个时间越长的话,效果就越明显。③杰克逊法官的态度有些模棱两可,他既不愿意看到推翻种族隔离制度的任何实质性司法基础,也不愿意将判决此案的权利留给国会。法兰克福

---

① 第一个国旗致敬案指的是迈纳斯维尔学区诉戈比蒂斯案(Minersville School District v. Gobitis, 310 U.S. 586,1940),莉莲·戈比蒂斯和威廉·戈比蒂斯分别10岁和12岁,来自一个信仰耶和华见证人的家庭。该宗教团体认为对任何世俗形象表示崇拜、宣誓效忠都会干扰他们对上帝的崇拜,是亵渎神明。1935年,莉莲和威廉因为拒绝向国旗致敬并背诵效忠誓言而被宾夕法尼亚州迈纳斯维尔学区的公共学校开除。其父上诉至联邦最高法院,但法院最终判决学区有权强制实行国旗致敬和宣誓,因为这样有利于国家的团结,而国家的团结是国家安全的基础。

② Kluger, Richard. *Simple Justice: the History of Brown v. Board of Education and Black America's Struggle for Equality*[M]. New York: Oxford University Press, 1978:591—595.

③ Berry, Mary F. *Stability, Security, and Continuity: Mr. Justice Burton and Decision-making in the Supreme Court, 1945—1958*[M]. New York: Greenwood Press, 1978:206.

特认为在1952年开庭期，杰克逊是“很可能支持种族隔离的一票”。①

在这次会议上，法官们只是陈述了自己对布朗案的倾向，并没有进行任何尝试性的投票②，他们都不愿进行明确表态。③ 他们对联邦最高法院当时的力量对比有着各自不同的揣测：道格拉斯认为当时有5:4的意见支持普莱西案，他将法兰克福特和杰克逊归为支持普莱西案的一方；法兰克福特认为法官们会以5:4的意见同意推翻普莱西案，他将自己归入布莱克等人的阵营；而伯顿和杰克逊认为，如果推翻普莱西案判决的话，会有2到4位法官反对。④ 但几乎可以肯定的是，如果在这个时候进行投票表决，肯定无法获得一致的意见，联邦最高法院还没有做好废除种族隔离的准备。

虽然1952年开庭期的最终判决要到1953年6月才公布，但在这几个月中，大法官们并没有停止对布朗案的思考。随着1953年春天的到来，离这一开庭期的结束之日越来越近，首席大法官文森变得越来越急躁、脾气越来越坏，据他当时一位亲密同事的说法，“他对最高法院在这样一个重要的案件中无法形成一个强有力的一致态度而感到悲哀”。⑤ 首席大法官文森自己拿不定主意，也不擅长化解另外8位大法官之间的分歧，努力与其他法官们达成一致意见的重任就落在了法兰克福特法官的肩上。为了阻止联邦最高法院对布朗案做出草率的判决，法兰克福特主动与布莱克修好，此外还集中力量争取在思想上将里德、伯顿和明顿拉拢到自己这边。他经常去参加每天下午在明顿的议事厅里举行的茶会；也经常给职员们说伯顿的好话，然后去争取伯顿的投票。在种族隔离的问题上，布莱克法官不愿意游说其他法官，部分原因是因为他恐怕自己这方

---

① Felix Frankfurter to Stanley Reed, May 20, 1954. *Frankfurter Papers*, Library of Congress.

② Hutchinson, Dennis J. *Unanimity and Desegregation: Decision-making in the Supreme Court: 1948—1958*[J]. *Georgetown Law Journal*, 68(1979).

③ Elman, Philip & Silber, Norman. *The Solicitor General's Office, Justice Frankfurter, and Civil Rights Litigation: an Oral History*[J]. *Harvard Law Review*, Vol. 100, No. 4(Feb., 1987).

④ Tushnet, Mark V. *Making Civil Rights Law: Thurgood Marshall and the Supreme Court, 1936—1961*[M]. Cary, NC: Oxford University Press, 1994:187.

⑤ Kluger, Richard. *Simple Justice: the History of Brown v. Board of Education and Black America's Struggle for Equality*[M]. New York: Oxford University Press, 1978:614.

极端的党派性会将意识形态上的对手法兰克福特、私人关系上的敌人杰克逊推入敌对阵营。生长于南方腹地的背景也使得布莱克法官渐渐同意放缓此案的审理过程,最后只剩下道格拉斯法官一人坚持要求立刻做出废除种族隔离的判决。①

经过复杂的讨论与协商,法官们认为在1952—1953年的开庭期结束之前很难得出任何结论,他们需要更多的协商与探讨,也需要更多的事实来达成一致的意见。在其助手的帮助下,法兰克福特法官拟了5个问题,5月29日经由九位法官共同讨论、略作修改之后,6月8日进行公布:法院认为还需要关于布朗案的更多信息,这五个案件需要在1953年秋天就特定的问题进一步说明②:

(1) 有什么证据可以证明,由国会提交的、由各州议会和代表大会通过的宪法第十四条修正案是否完全理解它将废除公共学校中的种族隔离制度?

(2) 如果国会在提交、各州议会以及代表大会在通过第十四条修正案时都不明白,遵守这条修正案就意味着必须立即废除公共学校中的种族隔离,那么这条修正案的制定者们还会认为:①国会以后会在此修正案第5部分之下行使他们的权力,废除种族隔离;或者②联邦最高法院可以在将来通过行使其司法权力,将此修正案解释为本身就要求废除种族隔离?

(3) 假设对(2)①和(2)②的回答都不能决定这个问题,联邦最高法院是否有司法权力把这条修正案解释为废除公共学校中的种族隔离?

(4) 假设我们已经决定,学校中的种族隔离违反了第十四条修正案,①是否因此该颁发法令,规定在普通的学区范围内,应该立刻允许黑人学生进入他们选择的学校;②联邦最高法院是否可以行使其衡平法权力,允许进行一个有效的渐进式调整,从现有的种族隔离的系统过渡到不以种族为区分标准的系统?

---

① Kluger, Richard. *Simple Justice: the History of Brown v. Board of Education and Black America's Struggle for Equality*[M]. New York: Oxford University Press, 1978:594, 600, 603.

② Berman, Daniel, M. *It is So Ordered: the Supreme Court Rules on School Segregation*[M]. New York: W. W. Norton & Company, 1966:74—75.

（5）基于(4)①与(4)②中的假设前提，并且进一步假定最高法院将行使其衡平法权利，①最高法院是否应在本案中给出法令的详细细节；②如果应该，需要细致到何种程度；③联邦最高法院是否应该任命一个特别主管，来听取证据并且就法令的细节给出意见；④最高法院是否应该将本案发回初审法院，要求其撰写法令。如果是这样，联邦最高法院应该给出什么样的指导？初审法院应该遵循什么样的步骤，以做出更详细的裁决？①

法院准备在1953年10月12日再次进行法庭辩论，届时将邀请美国司法部以"法庭之友"（Amicus Curiae）②的身份参与法庭辩论，并且有权额外提交一份概要。此外，就在1952年开庭期即将结束的时候，文森让他的助手写一份有关可能遇到的强制执行问题的备忘录，以防法庭宣判废除种族隔离。通过强调废除种族隔离将会带来多大的困难，文森试图将所有的辩论整理妥当，以反对将来可能出现的废除种族隔离命令。③

四、休庭期内的准备

最高法院推迟对布朗案做出最终决定的做法使得双方的诉讼当事人和律师们都感到很泄气。但在为期3个月的休庭期内，他们都在为下一次辩论而积极准备。

（一）全国有色人种协进会的努力

在全国有色人种协进会内部，更为积极的情绪逐渐占了上风。虽然众说纷纭，但律师们总体上认为联邦最高法院提出的五个问题对黑人有利，他们打赢这场官司的可能性很大。从联邦最高法院提出的问题可以看出，法院已经准备好忽视"隔离但平等"的大量司法先例的法律约束力。几乎可以肯定的是，由于案件最终的胜负将基于第十四条修正案制

① Brown v. Board of Education, 345 U.S.972(1953).

② "法庭之友"指的是向法院呈送和说明与案件相关的申辩材料、表达对法院所受理案件看法的第三方。提出邀请司法部参加法庭辩论这一想法的是法兰克福特法官，相关史实参见Elman, Philip & Silber, Norman. *The Solicitor General's Office, Justice Frankfurter, and Civil Rights Litigation: An Oral History*[J]. *Harvard Law Review*, Vol. 100, No. 4 (Feb., 1987).

③ Kluger, Richard. *Simple Justice: the History of Brown v. Board of Education and Black America's Struggle for Equality*[M]. New York: Oxford University Press, 1978:590—591.

定者们的原始意图,这次辩论的主题将不再是上个开庭期所摆出的事实,而是在宪法语境下对第十四条修正案的制定进行历史的讨论。在马歇尔及其同事看来,只要能够证明第十四条修正案的制定者们有意禁止公共学校中的种族隔离,在这个至关重要的宪法案例中胜诉还是充满希望的。当然还有一种潜在的可能,就是对第十四条修正案的历史研究并不能明确指出其制定者禁止公共学校中的种族隔离。① 一位给全国有色人种协进会做这些研究工作的历史学者引用了马歇尔的话:"一座黄金之门也可能被证明是设有炸弹的陷阱。"②

为了能够在历史研究上有所突破,马歇尔向许多学识渊博的宪法和宪法史研究者寻求帮助。资助他们进行研究的资金不仅来自全国有色人种协进会,还来自工会和个人的捐助。在六个月的休庭期,数百位历史学家费尽心力整理出了一份对于宪法第十四条修正案的解释:公共学校中的种族隔离制度与第十四条修正案水火不容。

（二）"司法之友"——联邦政府的准备

准确地说,艾森豪威尔治下的美国政府以及联邦司法部并不清楚应该怎样处理布朗案。他们认为自己与整个案件无关,也不想卷入是非之中,在相关案件中不持有任何立场,只是袖手旁观而已。在最高法院做出了邀请司法部长拟一份概要并出席法庭辩论的意见之后,司法部长布劳内尔(Herbert Brownell, Jr.)向艾森豪威尔报告了此事,艾森豪威尔却借口"司法部长提出这类问题的意见是对最高法院职能和权力的侵犯",试图加以阻止。③ 布劳内尔在他的办公室中召集了其主要的助手,商讨有关出席布朗案法庭辩论的事宜。这次会议的主流意见是,司法部并不愿意卷入到布朗案的纷争之中;还有人认为,联邦最高法院仅仅是邀请司法部而已,这样的邀请是可以接受也可以拒绝的。这个案件牵涉的问题过于复杂而且与司法部没多大关联,因此司法部没有理由接受这个建议。

---

① Berman, Daniel M. *It is So Ordered: the Supreme Court Rules on School Segregation*[M]. New York: W. W. Norton & Company, 1966:80—81.

② Kelly, Alfred H. *The School Desegregation Cases*. in John A. Garraty, ed., *Quarrels That Have Shaped the Constitution*[M]. New York: Harper and Row, 1964:260.

③ Ferrell, Robert H., ed. *The Eisenhower Diaries*[M]. New York: W. W. Norton, 1981: 254.

但是埃尔曼等人告诉布劳内尔，联邦最高法院的邀请相当于一个正式的命令，是不能拒绝的。如果不出庭的话就无法给社会各界、新闻媒体进行交代。① 会议结束之后，布劳内尔说他会好好考虑一下，但这一思考就如同泥牛入海，一个月之后，布劳内尔还是没有拿出任何意见。1953 年 7 月中旬，埃尔曼在给法兰克福特的信中说，"事实上，联邦政府对联邦最高法院的邀请几乎什么也没做"。② 到 7 月末的时候，司法部最终决定采取行动。布劳内尔首先向法院请求容缓期限，鉴于法官们意见不一致，文森并不介意将进行第二次法庭辩论的时间再推迟两个月。埃尔曼起草了联邦政府方面的概要，但其中重要的观点"应该推翻普莱西案的判决"被布劳内尔删除了，只剩下对法院提出的 5 个问题的回答。③

（三）最高法院的内部变动

相应地，1953 年的夏季休庭期为联邦最高法院的大法官们提供了一个很好的缓冲时机。从已经交给诉讼当事人进行准备的 5 个问题中无法清晰判断联邦最高法院的目的和意图，只是为其找了一个拖延的借口，并且在做出最终决定的时候赋予了他们最大的灵活性。在休庭期的几个月，虽然大部分法官都开始了探亲、度假等活动，但其助手们多数没有休息，而是为布朗案的再次审理准备相应的材料。法兰克福特法官的助手亚历山大·比克尔（Alexander Bickel）正在对第十四条修正案的历史材料《国会经纬》（*Congress Globe*）进行广泛深入的研究，而里德法官的助手约翰·法塞特（John Fassett）也按照里德的指示查找资料，试图证明"隔离但平等"并没有否认对种族隔离学校中的黑人儿童进行平等保护。里德认为，当布朗案进行最终判决的时候，除了文森之外，还会有一名法官和他意见相同。

---

① Elman, Philip, Silber, Norman. *The Solicitor General's Office, Justice Frankfurter, and Civil Rights Litigation: an Oral History*[J]. *Harvard Law Review*, Vol. 100, No. 4(Feb., 1987).

② *Philip Elman to Felix Frankfurter*. July 15, 1953. *Frankfurter Papers*, Library of Congress.

③ 尽管布劳内尔否认曾经对埃尔曼起草的概要进行过删节，埃尔曼本人也记不清楚，但根据当时多位相关人物的说法可以推断，埃尔曼应该是在这份概要中认为"应该推翻普莱西案判决"。参见 Elman, Philip & Silber, Norman. *The Solicitor General's Office, Justice Frankfurter, and Civil Rights Litigation: an Oral History*[J]. *Harvard Law Review*, Vol. 100, No. 4(Feb., 1987).

然而,首席大法官文森因心脏病突发于 1953 年 9 月 8 日去世,支持“隔离但平等”的法官们顿时感到群龙无首。最高法院的所有法官都参加了文森的葬礼,但并不是每个人都感到悲伤——至少法兰克福特不是。法兰克福特一直对文森的为人和判案都看不上眼,并且坚持认为文森是阻碍布朗案得到人道主义的、同时也是能够进行司法辩护的判决的主要障碍。看到文森恰恰在布朗案重新进行法庭辩论之前逝世,法兰克福特对他的职员说,“这是我所知道的第一次有迹象表明上帝确实存在”。①

第二节 沃伦法院与布朗案的转机

文森去世之后,提名和任命首席大法官的机会落到了 1953 年年初新上任的总统艾森豪威尔手里。人们私下里议论纷纷,就连联邦最高法院内部的人也遏制不住好奇心:总统究竟会选择谁来领导联邦最高法院?这位新的首席大法官将肩负起重大的使命:一方面要改变法院内部分裂局面,另一方面还要对意义最为重大的案件之一——布朗案进行判决。艾森豪威尔提名和任命的首席大法官是来自加利福尼亚州的州长——厄尔·沃伦(Earl Warren, 1953—1969 年任首席大法官)。

一、从加州州长到首席大法官

厄尔·沃伦具有挪威移民血统,他的父亲幼年时来到美国,但一直没有发迹,只是加州一名生活在社会底层的修理工,家庭生活贫苦。在这种贫苦的生活环境下,厄尔·沃伦早早就体会到社会的不公。厄尔·沃伦通过上大学、上法学院成为一名律师,后来又开始从政,短短 5 年之后就获得了“美国最好的地方检察官”的美誉②。他后来通过自身的努力成为加州总检察长,1942 年成为加州州长。作为州长的沃伦深受选民爱戴,1946 年、1950 年两次连任加州州长,其中 1946 年是作为民主、共和两党

---

① Brown v. Board of Education, 347 U. S. 483(1954).

② Weaver, John Downing. *Warren: The Man, The Court, The Era*[M]. New York: Little, Brown, 1964:44.

的共同候选人而获得连任的。[①] “二战”期间，他亲身经历了加州的日裔居民被驱逐到集中营一事，种族主义的可憎面目在他心中留下了深刻的印象。沃伦是一名共和党人，坚信进步主义，注重司法的公正和独立，做事高效果断。在1952年的共和党大会上，作为加州代表团候选人的沃伦本来具有问鼎副总统位置的资格和实力，但在不同团体之间的一个政治交易中，沃伦放弃了自己的总统抱负，做出了有利于艾森豪威尔的选择。作为回报，艾森豪威尔在1952年总统大选刚结束的时候就表示，将把联邦最高法院的第一个空缺位置给沃伦。[②]

1953年夏天，艾森豪威尔又让司法部长布劳内尔劝说沃伦辞去加州州长的职位，担任司法部副部长以积累司法经验，为任职最高法院做好准备。[③] 鉴于艾森豪威尔的承诺，沃伦在考虑之后同意接受这个级别低于州长的职位，因为从司法部再进入联邦最高法院就顺理成章了。但就在沃伦就任司法部副部长前，文森突然去世，首席大法官的职位出现空缺。文森的去世给艾森豪威尔出了一个难题，因为包括沃伦和艾森豪威尔在内，谁也没想到联邦最高法院的第一个出缺位置竟然是首席大法官的职位。文森当时只有63岁，看起来身体不错，而且来自一个长寿的家族。艾森豪威尔也考虑过任命其他人为首席大法官，例如在布朗案中为南卡罗来纳州辩护的约翰·戴维斯，但各种条件显示，任命沃伦是不二选择。[④] 艾森豪威尔还试图食言，他派布劳内尔到加州和沃伦进行了长时间的会谈，试图向沃伦证明，总统所说的“联邦最高法院的第一个出缺位置”不是指首席大法官的职位。但沃伦用自己的政治手段迫使艾森豪威尔遵守了自己的诺言。[⑤]

艾森豪威尔不得不提名沃伦，但也要给出一个冠冕堂皇的理由。艾

---

① [美]莫顿·J. 霍维茨. 沃伦法院对正义的追求[M]. 信春鹰，张志铭，译. 北京：中国政法大学出版社，2003：8.

② Warren, Earl. *The Memoirs of Earl Warren*[M]. Garden City: Doubleday, 1977:260.

③ Schwartz, Bernard. *Super Chief: Earl Warren and His Supreme Court*[M]. New York: New York University Press, 1983:2.

④ [美]斯蒂芬·安布罗斯. 艾森豪威尔传(下)[M]. 徐问铨，等，译. 北京：中国社会科学出版社，1989:125.

⑤ Schwartz, Bernard. *Super Chief: Earl Warren and His Supreme Court*[M]. New York: New York University Press, 1983:3—6.

森豪威尔给出的理由是,他“坚信在过去的几年里,联邦最高法院的尊严已经受到严重伤害,要恢复其尊严,唯一的途径就是任命一个具有全国性声望、忠诚正直、既熟悉法律又具有正直才能的人进入最高法院”,沃伦恰恰符合这一条件。沃伦是1952年总统选举的热门候选人,“全国闻名”,艾森豪威尔认为他具有“无可怀疑的忠诚与正直”,“持论中庸平和”,“成果辉煌”。而实际上更为重要的是,在1952年共和党大会上,沃伦表现出的政治家风度给艾森豪威尔留下了极为深刻的印象,他觉得“任命沃伦为首席大法官,不会有人指责他是为了偿还政治债”。对于沃伦的政治哲学和社会观,艾森豪威尔认为沃伦“十分肯定一直是自由保守派”,代表着他认为最高法院所需要的那种“政治、经济和社会思想”。[①] 据沃伦的回忆录说,布劳内尔于9月27日乘飞机到加州告诉沃伦这一任命消息,并且说总统希望他能接受临时任命[②],在10月5日新的开庭期开始时到联邦最高法院就任,因为最高法院有很重要的案子悬而未决,需要九名大法官一起进行审理。[③]

对于沃伦出任首席大法官这一事实,人们各执一词,有不少人对沃伦的上任表示出各种不满。据说,法兰克福特法官对艾森豪威尔总统任命一个从政之人来统领联邦最高法院感到甚为愤怒;一帮来自学术圈的联邦最高法院的观察者们对沃伦的任命冷嘲热讽,认为任命沃伦是对“由于首席大法官文森去世所造成的空缺的极好任命,可能会使这个国家忘记杜鲁门总统对联邦最高法院做的一系列明显的坏事”。美国最畅销的报纸《纽约每日新闻》保守的专栏作者约翰·奥唐奈说,“对这个国家来说,这个选择(指沃伦就任首席大法官)并不合适。原因很简单,从大量一流的法学家之中才能选出更好的首席大法官。这位魅力四射、能力超群的州长虽然是一个诚实、正直的人,但他毕竟没有当法官的经历,甚至都没

① [美]斯蒂芬·安布罗斯. 艾森豪威尔传(下)[M]. 徐问铨,等,译. 北京:中国社会科学出版社,1989:126.

② 此时正是美国国会的休假期,因此艾森豪威尔无法将沃伦的名字提交参议院进行必要的确认,因此只能是临时任命。

③ Warren, Earl. *The Memoirs of Earl Warren*[M]. Garden City: Doubleday, 1977:270.

有在初级法庭上待过 5 分钟”。[1] 也有人将沃伦贬斥为“不值一提的人物”:“他(沃伦)几乎不具备知识分子的背景和深度,也没有相关的哲学,可能在他的一生中也不会为抽象的问题烦恼两次”[2]。

然而对大多数关注民权的美国人来说,他们支持任命沃伦。在 1952 年共和党大会召开前夕,《匹兹堡信使报》采访了共和党主要的总统候选人,其中包括艾森豪威尔和沃伦。记者主要问了对民权问题的一些看法,不同候选人的回答大相径庭。艾森豪威尔对记者的采访答非所问,含糊其辞地回避问题。他只是说他“坚信国家的利益”、“相信法律”,从不正面说明他对民权问题,尤其是黑人问题的看法。尤其是当记者问到他对“种族隔离的教育制度将带来巨大的额外开销”的看法时,艾森豪威尔说,“我从没想过这个问题,我还不知道二元的教育体制会带来额外的花销”。而对沃伦的采访却截然相反。沃伦清晰明了地说明了自己的观点:“我支持彻底的民权改革计划,以平等雇佣的法案作为开端……我坚持同一部法律对所有人适用。”沃伦还认为,政府不能回避福利措施,“在社会进步的需求面前,我们不能退缩”。沃伦将共和党 1948 年的民权施政纲领引为己用,呼吁将反对私刑和反对人头税纳入立法。[3]

1953 年 10 月 5 日,星期一,联邦最高法院的工作人员宣读了艾森豪威尔总统的委任状:“由于对来自加利福尼亚州的厄尔·沃伦的智慧、正直和学识的充分相信与信任,我任命他为联邦最高法院首席大法官。”沃伦起立到法官席上就坐,大声宣读了就职宣誓。他在最高法院的职业生涯从此开始。

然而,首席大法官的职位不同于沃伦以前担任的所有职务:在加州任总检察长的时候,他所做的工作大多是行政性的;而在任加州州长的十年间,沃伦几乎没有着手处理过法律事务。他很少和联邦法院打交道,只是比较熟悉州法院的构架和运作模式。所有这些都成为沃伦心中沉重的负担。而且,最高法院的生活和加州也完全不同。沃伦从来没有在华盛顿

---

① Kluger, Richard. *Simple Justice: the History of Brown v. Board of Education and Black America's Struggle for Equality*[M]. New York: Oxford University Press, 1978:664.

② Pollack, Jack Harrison. *Earl Warren, the Judge Who Changed America*[M]. Englewood Cliffs, New Jersey: Prentice-Hall, Inc., 1979:3.

③ *Pittsburgh Courier*[N], April 19 and June 14, 1952.

生活过,也不认识联邦最高法院的各位法官。沃伦在加州为官一方的时候,身边的职员成百上千,人际来往频繁,各种任命、会议、讲话没完没了;有专门的宅邸、轿车、巡警和飞机供他调度。而来到最高法院之后则是另外一番景象,只有一名秘书、两名上年纪的信差、三名法律职员直接听命于沃伦。联邦最高法院的所有人员总共也不到两百人,而且其中绝大部分是职员、警卫和锅炉工。除了法庭事务之外,这里没有任命,没有发言;这里既没有豪宅也没有豪车,只有至高无上的权力。沃伦后来回忆说,从州长到首席大法官的转变是“一个痛苦的过程”。① 沃伦对自己做出积极的调整,以适应这种生活:他将加州的生活搁置一边,避免卷入各种社会事务,因为这样会分散他的注意力。但他有一样能力从未丢弃:在加州这个充满变数的地方担任州长的经历使得他知人善任。在最高法院,他继续发扬这项才能,并将这一调整适应的过程称之为“自我教育”。②

沃伦在性格上是一个典型的美国中部人:他率直爽朗,喜欢交际,热爱体育运动;为人诚实和蔼,做事总是以身作则,接人待物无可指责,从未传出过有关他所在部门的流言蜚语。他是一个实干家、乐观主义者,坚信上帝、忠于国家、重视家庭,在言行上颇有首席大法官的风范③,但是缺乏学术兴趣和学术抱负。他对别人说,“我希望能够用学者的语言跟你说话,但是在我一生中没有缘分成为学者”。④ 虽然沃伦的法学知识无法与法兰克福特法官相比,但他的领导才能和技巧足以让他在联邦最高法院名垂青史。到沃伦法官退休的时候,他与约翰·马歇尔(John Marshall,1801—1835年任首席大法官)、罗杰·坦尼(Roger B. Taney,1835—1864年任首席大法官)、查尔斯·休斯(Charles Evans Hughes,1930—1941年任首席大法官)齐名,成为最高法院历史上影响力最大的四位首席大

① Warren, Earl. *The Memoirs of Earl Warren*[M]. Garden City: Doubleday, 1977:275—277.

② Kluger, Richard. *Simple Justice: the History of Brown v. Board of Education and Black America's Struggle for Equality*[M]. New York: Oxford University Press, 1978:665—666.

③ Kluger, Richard. *Simple Justice: the History of Brown v. Board of Education and Black America's Struggle for Equality*[M]. New York: Oxford University Press, 1978:664.

④ Pollack, Jack Harrison. *Earl Warren, the Judge Who Changed America*[M]. Englewood Cliffs, New Jersey: Prentice-Hall, Inc., 1979:193.

法官。①

沃伦尊敬其他法官，但并不对他们心存敬畏，而是用他的友善和朴实无华来消除其他法官的敌意与不满。短短几个星期之后，沃伦和其他法官、职员、警卫等人都已相互认识，并经常和他们简短交谈，开怀大笑。沃伦向布莱克法官咨询法律问题，并请他来主持联邦最高法院新开庭期内的第一次讨论会；他对法兰克福特表示尊敬，法兰克福特也燃起了在法学理念上影响这位新的首席大法官的希望；沃伦称赞杰克逊的学识和俚语；沃伦和道格拉斯在许多社会问题上看法相似，而且他们都在美国西海岸长大，找到了共同话题。他的热情和端庄为他迅速地建立了融洽的人际关系，联邦最高法院内部以往那种敌对的气氛逐渐消散。②

二、第二次法庭辩论

新的一轮公开法庭辩论即将在 12 月 7 日至 9 日进行。虽然布朗案的开审时间定于 12 月 7 日下午 1 点，但有不少黑人从 12 月 7 日的凌晨就冒着严寒开始排队，希望能有机会亲耳聆听布朗案的法庭辩论。76 岁的黑人亚瑟·史密斯（Arthur J. Smith）是一名退休职员，他在凌晨 1 点的时候就第一个来排队。凌晨 2 点的时候，一名霍华德大学法学院的大三学生也来排队。破晓时分，布里格斯案的组织者、来自南卡罗莱纳州湖城的牧师迪莱恩（J. A. DeLaine）到来，他告诉早早到达的《非裔美国人》（*Afro-American*）的记者说："我有时会为这个案子的审判而高兴得发疯。如果我得再次早早排队来听法庭辩论的话，我还会这样做的，这个案件值得我这样做。我有这样一种预感，联邦最高法院最终会废除种族隔离。"在这次法庭辩论上，法院将案件的审理顺序进行了随机调换，并且在"诉讼事件表"上把来自南卡罗莱纳州的布里格斯诉埃利奥特案和来自弗吉尼亚州的戴维斯诉爱德华王子县学校委员会案放在了一起审理，因为这

---

① White, G. Edward. *Earl Warren: A Public Life*[M]. New York: Oxford University Press, 1982:161.

② Kluger, Richard. *Simple Justice: the History of Brown v. Board of Education and Black America's Struggle for Equality*[M]. New York: Oxford University Press, 1978:667.

两个案件所涉及的州法律和环境具有很高的相似性。①

在回顾了联邦最高法院以前依据种族划分的法律进行判案的先例、对第十四条修正案的影响范围做出解释的有关案例以及所谓的普莱西判决方法之后,全国有色人种协进会的律师们陈述了黑人原告提起上诉的基本历史论据:第十四条修正案致力于为黑人获得"法律上的完全平等",禁止州强加的、与社会等级有关的所有法律,明令禁止公共学校中的种族隔离。为来自弗吉尼亚州的戴维斯案进行辩护的史伯茨伍德·罗宾森(Spottswood W. Robinson, III)反复提到第十四条修正案制定者们的"一般目的(Broad Purpose)",此外坚持不能忽视个别国会议员的观点。他指出,当众议院讨论第十四条修正案时,来自新泽西州的代表罗杰斯表示反对此修正案的通过,因为他明白这条修正案将禁止设立种族隔离的学校;来自俄亥俄州的代表约翰·宾厄姆在1866年的民权法案中拒绝接受"不歧视"原则,仅仅是由于他认为这样一个影响广泛的措施没有合宪法的权威。②

为南方各州教育委员会辩护的律师们认为,"由国会提交的、由各州议会和代表大会通过的宪法第十四条修正案并没有充分预见到它将废除公共学校中的种族隔离制度,因此从本质上而言,黑人的案件仅仅是社会学统计上的一个例子"。他们举出例子反驳全国有色人种协进会的论据:在《自由民局法案》(Freedmen's Bureau Bill)里,第39届国会支持实施种族隔离的学校;同一届国会通过了第十四条修正案,规定给哥伦比亚特区以前兴建的黑人学校分配资金。

为南卡罗来纳州辩护的戴维斯还提及司法部的政府概要,认为第39届国会的行为反应了设立种族隔离的学校是当时一种普遍的做法,在国会讨论中最后提及,而且几乎没有引起任何争论,只有当人们都接受这样

---

① Kluger, Richard. *Simple Justice: the History of Brown v. Board of Education and Black America's Struggle for Equality*[M]. New York: Oxford University Press, 1978:667.

② Friedman, Leon. ed. *Argument: The Oral Argument before the Supreme Court in Brown v. Board of Education of Topeka, 1952—1955*[M]. New York: Chelsea House Publishers, 1969: 180—193; Kluger, Richard. *Simple Justice: the History of Brown v. Board of Education and Black America's Struggle for Equality*[M]. New York: Oxford University Press, 1978:667—669; Berman, Daniel M. *It is So Ordered: the Supreme Court Rules on School Segregation*[M]. New York: W. W. Norton & Company, 1966:92—93.

的做法时才会出现这样的情况。即使全国有色人种协进会的律师提供给最高法院的辩词也不能证明黑人学生在种族混合的学校中取得了更好的成绩或者变得更快乐。戴维斯说,如果在黑人占绝大多数的克拉伦顿县废除种族隔离,比如一个班上 30 名学生,27 名是黑人,学生们会变得更快乐吗?会学得更快吗?他们的生活就会更平静吗?如果班上有 3 名白人同学,黑人学生就会免于可怕的心理灾难吗?戴维斯认为,最高法院现在面临的根本问题并不是第十四条修正案是否有意为黑人提供平等保护,而是在设施平等的条件下,种族隔离制度本身是否违反了这一修正案。普莱西案规定的"隔离但平等"已存在半个多世纪,经常被引用作为断案的依据,因此不应该再受到联邦最高法院的质疑。戴维斯希望联邦最高法院不要越俎代庖,插手南方各州教育委员会的职权范围,而是要尊重州权利的完整性,并且尊重南方白人设立种族隔离学校的良好初衷。①为弗吉尼亚州进行辩护的埃尔蒙德认为,全国有色人种协进会的律师实际上是要求联邦最高法院修改宪法,推翻普莱西案的规定,做出一项有违第十四条修正案精神、意图和目的的决定,这将影响南方各州教育的发展进程。而且埃尔蒙德威胁说,如果最高法院宣布种族隔离违宪,弗吉尼亚州的行政管理将变得无法控制,州政府甚至不得不考虑废除义务教育法。②

联邦司法部的副总检察长兰金(J. Lee Rankin)作为"法庭之友",代表美国政府出席了此次辩论并且发表了意见。但政府的意见模棱两可、含糊不清,更多的是提出问题而不是回答问题。道格拉斯法官甚至怀疑,司法部在这场辩论中是否有明确的立场。在道格拉斯的追问下,兰金回答道:"司法部的观点是,公共学校中的种族隔离无法在第十四条修正案下维持。"他坚持认为,司法部的概要表明第十四条修正案的立法历史确实提及学校问题,而且这段历史非常重要,它表明该修正案的制定者们并

---

① Kluger, Richard. *Simple Justice: the History of Brown v. Board of Education and Black America's Struggle for Equality*[M]. New York: Oxford University Press, 1978:671—672; Berman, Daniel M. *It is So Ordered: the Supreme Court Rules on School Segregation*[M]. New York: W. W. Norton & Company, 1966:94—96.

② Berman, Daniel M. *It is So Ordered: the Supreme Court Rules on School Segregation*[M]. New York: W. W. Norton & Company, 1966:96.

没有表明他们希望维持种族隔离制度。这很重要,因为它意味着,依据这个修正案影响广泛的条款,最高法院完全有自由废除学校中的种族隔离。兰金进一步正面抨击了“只能由国会来维护非歧视性的对待原则,而不能由联邦最高法院来维持”这一观点。在这一点上,他同意全国有色人种协进会的观点:“宪法的完整含义是,非宪法性的权力不应属于政府的讨论范围,因为其一直在变化。”但全国有色人种协进会对联邦政府的回答并不满意,因为他们最关心的是如何最完善地实现废除种族隔离的目标。兰金说,这要看当地解决方案的发展情况而定。应该允许各地的学校管理者向联邦地区法院的法官们解释遇到的任何问题,如果真的需要时间的话,法官们可以允许当地政府清算种族隔离的学校,需要多长时间就给多长时间。杰克逊法官对兰金进行提问:究竟都有哪些问题,可以要求更长的时间?兰金回答说,他能想到的是行政方面的困难,比如建筑和交通设施的不足。①

在本次法庭辩论的过程中,全国有色人种协进会的律师们处于劣势。法兰克福特法官并不认同罗宾森的论据,他觉得个别议员之所以说第十四条修正案“将禁止学校中的种族隔离”、民权法案的“不歧视”原则只不过是要了一个辩论者的老把戏,是因为将提案解释为最极端的情况,以引起别人的反对。② 沃伦法官由于初来乍到,在这三天的法庭辩论上几乎没说什么,也没有向任何律师进行提问,只是在法兰克福特和杰克逊向辩护律师不停提问的时候插了几次话。12 月 9 日下午 2 点 40 分,最高法院宣布:对布朗案的第二次法庭辩论到此为止。

虽然法官们并没有立即进行投票表决,但人们通过法庭辩论中的蛛丝马迹纷纷猜测各位法官的意见。作为南卡罗莱纳州正式出庭辩护人的罗伯特·菲格(Robert Figg)在法庭辩论结束后的第二天给朋友写了一封

---

① Berman, Daniel M. *It is So Ordered: the Supreme Court Rules on School Segregation*[M]. New York: W. W. Norton & Company, 1966:96—98.

② Friedman, Leon. ed. *Argument: The Oral Argument Before the Supreme Court in Brown v. Board of Education of Topeka, 1952—1955*[M]. New York: Chelsea House Publishers, 1969: 180—193; Kluger, Richard. *Simple Justice: the History of Brown v. Board of Education and Black America's Struggle for Equality*[M]. New York: Oxford University Press, 1978:667—669; Berman, Daniel M. *It is So Ordered: the Supreme Court Rules on School Segregation*[M]. New York: W. W. Norton & Company, 1966:92—93.

信,表达了南方阵营对最高法院判决倾向的普遍看法。菲格在信中说:“从这些法官的提问中,我感觉法兰克福特法官、杰克逊法官和里德法官倾向于我们的观点;其余法官面无表情、沉默寡言,似乎还有些怀疑。如果其他八位法官势均力敌的话,克拉克法官还是会支持我们的;但布莱克法官和道格拉斯法官估计注定要加入反对我们的阵营了。如果我们猜得没错的话,我们还能从首席大法官、伯顿法官和明顿法官之中获得一票。戴维斯先生认为我们将打赢这场官司,他认为只有布莱克法官和道格拉斯法官会投反对票。”①

第三节　布朗案的判决

一、沃伦法院对布朗案的讨论

在首席大法官沃伦的带领下,联邦最高法院对布朗案共进行了三次讨论。沃伦法官已经对布朗案的来龙去脉有了详细的掌握,也对文森法院时期各位法官的态度有所了解。他清晰地认识到了布朗案所牵涉问题的重要性和复杂性,并不希望联邦最高法院在判决此案时意见分歧。

(一)第一次布朗案讨论会

12 月 12 日,最高法院内部在沃伦的领导下召开了关于布朗案的第一次讨论会。这次讨论会不仅为布朗案的判决也为沃伦的整个任期奠定了基调。除了布莱克法官由于家庭成员病重未出席之外,其他法官都出席了这次讨论会。沃伦很清楚,一旦进行正式的投票,想要让持异议的法官改变其观点会更加困难,②因此沃伦提议对案件进行非正式的讨论而不进行任何形式的投票,其余法官都表示同意。

在布朗案第二轮开庭辩论之前,法兰克福特法官就给各位法官分发了一份题目为《种族隔离案件:第十四条修正案的立法历史》的讨论会备

① Kluger, Richard. *Simple Justice: the History of Brown v. Board of Education and Black America's Struggle for Equality*[M]. New York: Oxford University Press, 1978:678.

② Warren, Earl. *The Memoirs of Earl Warren*[M]. Garden City: Doubleday, 1977:285.

忘录——这是他的助手比克尔耗时一年对《国会经纬》进行大量历史研究的成果，目的是广泛、深入考察第十四条修正案制定者们的原始意图。根据这项研究，法兰克福特认为"该修正案的立法历史是不确定的"，制定者们并没有明确规定公共学校中的种族隔离是否合法。① 在文森法院的开庭辩论中，支持公共学校中种族隔离的一大重要论据就是"第十四条修正案支持种族隔离"；文森法官也认为，"很难消除当代对该修正案的那种解释"。但从这份会议备忘录来看，一开始并不存在对第十四条修正案的清晰解释，大法官们重新解释该修正案的意图不会受历史因素的阻碍。②

1. 首席法官沃伦的坚定立场

在此次讨论会之前，沃伦没有以任何方式向任何法官透露自己对布朗案的看法，但此次讨论会一开始，他就首先以观点明确、推理严密、极为讲究的语言作为开场白，为最高法院的意见提供了明确的线索。在这次讨论会上，沃伦第一次展现出他在引导讨论会方面的卓越才能：在"陈述案件之后，沃伦非常清楚明白地表明自己的立场"，他非常乐于倾听，但很少有举棋不定的时候；而且一旦他下定了决心，"就像太阳下山一样"不可逆转，顽强地坚持自己的决定。沃伦法院内部的人从未怀疑过沃伦的领导地位，沃伦成为联邦最高法院有史以来最强有力的领袖。③

沃伦认为这个案件已经进行了充分的辩论，联邦政府作为"法庭之友"在书面材料和口头陈述上也很坦白。他已经对整个案件进行了深入的思考。在仔细研究了概要和相关历史、听取了法庭辩论之后，他的心中有这样一种无法摆脱的感受：在现如今的情况下，联邦最高法院必须在布朗案上有一个立场鲜明的态度，确定公共学校中的种族隔离是否违宪。沃伦这一席话虽然不多，但已经表明文森法院时代那种不置可否的拖延政策是绝对行不通的。沃伦认为，虽然对于是否必须推翻普莱西案及其

---

① *Segregation Cases: Legislative History of the Fourteenth Amendment.* Memorandum for the Conference. *Frankfurter Papers*, Box 73, Folders 1—5. Harvard Law School.

② Kluger, Richard. *Simple Justice: the History of Brown v. Board of Education and Black America's Struggle for Equality*[M]. New York: Oxford University Press, 1978:653—654.

③ [美]伯纳德·施瓦茨. 美国最高法院史[M]. 毕洪海，柯翀，石明磊，译. 北京：中国政法大学出版社，2005:294.

推理的思路,以及推理的正当性方面还应该做进一步的考虑,但废除南方公共学校中的种族隔离势在必行。他越是对种族隔离问题进行深入思考,越是清晰地认识到种族隔离和“隔离但平等”的基础是“黑人是劣等种族”。除此之外,普莱西案以及以它为依据的法庭判例无法得到其他理论的支撑。如果联邦最高法院要维持种族隔离的话,就还得以普莱西案为依据,而法庭辩论已经证明普莱西案是不正当的。当今时代无法再证明种族隔离的正当性,当今的法律并不能明目张胆地说“黑人没有资格取得和其他种族完全等同的权利”,因为这样也就违反了三条内战修正案①的目的。

沃伦通过这样的论述,表达了他废除学校中种族隔离的坚定立场,并且直接将案件的审判与所涉及的终极人类价值相联系,将普莱西案的支持者们置于种族主义的尴尬地位。但他的道德论调并未指责南方各州,因为他不想激怒来自南方的克拉克法官和里德法官。沃伦继续说,如果布朗案的审判和执行过于鲁莽,将会带来许多不必要的麻烦。沃伦还希望进一步缓解南方各州敏感的神经,当提到“南方腹地”的时候,他认为最高法院应该尤为谨慎,在判决案件、构思观点和命令的时候应尽所有法官的全部聪明才智,以“产生最少的情绪波动和冲突”的方式来进行。具体的做法很重要,但不管怎样,都必须以一种宽容的方式来执行。通过这样的论述,沃伦并没有将可能的反对者直接推入敌对阵营,而是向他们伸出了结盟之手,希望能够争取他们的选票。②

如果在 1952 年的讨论会上就表示愿意废除种族隔离的四位法官——布莱克、道格拉斯、伯顿和明顿没有改变想法的话,沃伦的开场白就表明最高法院中的多数法官都准备好废除学校中的种族隔离。但 5 比 4 的险胜并不值得为之狂欢,无论哪方占据优势,法院的严重分裂都表明法官们意见不一,对最高法院和国家来说都不是一件好事,也表明沃伦的能力比文森强不到哪里去。就沃伦而言,他并不满足于这样的结果,而是希望最高法院在具有极其重要意义的布朗案审判中达成全体一致的

---

① 指的是联邦宪法第十三、十四、十五条修正案。

② Kluger, Richard. *Simple Justice: the History of Brown v. Board of Education and Black America's Struggle for Equality*[M]. New York: Oxford University Press, 1978:678—680.

意见。①

2. 其他法官的看法与态度

尽管首席大法官沃伦态度坚定、观点明确，但其他几位法官的态度仍然不一致：布莱克法官、道格拉斯法官、伯顿法官和明顿法官仍然支持废除种族隔离；里德法官依旧坚决反对黑人学生和白人学生同校上学；法兰克福特法官和杰克逊法官依然态度模糊，但通过相关文献的分析可知，法兰克福特法官此时已经赞成废除种族隔离，并且与沃伦法官一起，努力使所有法官的意见尽早集中到这一观点上来，而杰克逊法官也倾向于有条件地支持废除种族隔离，克拉克法官则有条件地赞成废除种族隔离。

包括首席大法官沃伦在内，共有 5 位法官坚定地支持废除种族隔离，但关于怎样具体地执行这项命令，他们似乎各有各的想法。布莱克法官虽然未能参加讨论会，但是他走之前就声明他没有改变对布朗案的意见，他想要缩小这个意见的影响范围，将其变成一个空洞的人权宣言。明顿认为应该将这项措施的执行留给联邦地区法院来解决，这样可以与各地的具体情况相适应。沃伦和伯顿则更希望在实施法院判决的问题上设置一个灵活的时间表。② 道格拉斯法官认为联邦最高法院在判决意见中不应做过多的预言，并且应该认识到以后在处理种族隔离问题的时候必须进行一些调整；最重要的事情就是在本开庭期内决定基本的原则，执行的问题可以灵活处理，以后再议。他似乎赞成仅在判决中讲明废除种族隔离的原则，试图不去面对可能从各地区产生的不同问题。③

尽管首席大法官刚刚坚定地发表过意见，里德还是坚持自己原有的看法——反对废除学校中的种族隔离。里德说，他明白首席大法官的态度，也承认宪法是一部动态的法律，普莱西时代合法的东西在现代未必合法，而且不可否认的是，“隔离但平等”的规定下并没有实现黑人的平等。但是，可以通过学校中设施平等的形式来实现不同种族的平等保护，当然也可以由法院强令执行，就像在南卡罗莱纳和弗吉尼亚的案子中一样。

① Warren, Earl. *The Memoirs of Earl Warren*[M]. Garden City: Doubleday, 1977:285.

② Kluger, Richard. *Simple Justice: the History of Brown v. Board of Education and Black America's Struggle for Equality*[M]. New York: Oxford University Press, 1978:681—682.

③ [美]伯纳德·施瓦茨.美国最高法院史[M]. 毕洪海，柯翀，石明磊，译.北京：中国政法大学出版社，2005:317—318.

就他自己而言，里德认为在黑人的诉讼理由中，唯一看似合理的法律基础是对法定诉讼程序的否定，但他并不认为强制进入种族隔离的学校是对自由的否定。还有，在法庭辩论过程中并没有人指出，种族隔离存在的原因是黑人属于劣等种族——这就直接对沃伦的看法提出了挑战。①

克拉克有条件地支持废除种族隔离。文森去世之后，克拉克似乎从文森的影响中解放了出来；沃伦就任首席大法官之后，克拉克逐渐成为最高法院一位独立思考、业务精良的法官，他在本次讨论会上说了很多。克拉克说，由于自己在南方长大，对种族问题的熟悉程度仅次于布莱克法官，知道这个案件所牵涉的问题有多么棘手。如果最高法院没有恰当地处理此案，很可能带来激烈的反应，公共学校中的种族隔离不可能通过一个简单的政策声明、一个平淡的命令就立刻消失。克拉克很坦诚地说，他对立法历史的研究结果感到很惊讶，因为他一直认为第十四条修正案决意废除种族隔离。历史证据对最高法院做出废除种族隔离的判决没有帮助。如果最高法院能够在最后的判决中谨慎行事，在执行的过程中允许因地制宜，那么他将支持这个决定。②

法兰克福特法官在本次讨论会上没有明确表态，但从其备忘录分析可知，法兰克福特法官此时已经赞成废除种族隔离，并且努力使所有法官的意见尽早集中到这一观点上来。法兰克福特法官在自己写的备忘录里表明了他内心理智和情感上的斗争：从理智上来讲，他奉行克制的司法哲学；但从情感上来讲，他同情黑人，具有强烈的人道主义精神。他在备忘录中写道：只有那些没有责任感的人才会轻易给这些案件下结论，因为这些案件所提出的法律问题与针锋相对的社会和政治问题紧紧联系在一起。该法律问题起源于已经存在的执行司法权威的问题，而普莱西案上诉时所依据的是内战修正案里面模糊不清的条款。在重建时代引入的宪法修正案同样模糊不清，并不适合据此作出司法判断，也不宜作为宣判的

---

① Kluger, Richard. *Simple Justice: the History of Brown v. Board of Education and Black America's Struggle for Equality*[M]. New York: Oxford University Press, 1978:680.

② Kluger, Richard. *Simple Justice: the History of Brown v. Board of Education and Black America's Struggle for Equality*[M]. New York: Oxford University Press, 1978:681—682; [美]伯纳德·施瓦茨.美国最高法院史[M].毕洪海，柯翀，石明磊，译.北京：中国政法大学出版社，2005:321.

法律依据。不可避免的结果是，这个问题被最高法院划归为法律问题，使得法院卷入容易引起争议的心理问题和政治观点。[1] 法院被种族隔离案中的责任弄得骑虎难下，首当其冲支持司法克制的法兰克福特法官被迫退守最后的心理防线。他发现，个人本性和作为法官的公共责任之间存在相抵触之处。法兰克福特认为，吉姆·克罗法的基础已经受到侵蚀，内战修正案反映了统一的美国社会的形成。有色人种和美国社会的其他成员一样，不能否认他们享受本民族特有文化的权利；但是也不能否认他们与其他美国人平等的公民权，这是国家生活的一部分。平等保护的概念是动态的，无论法兰克福特多么希望按照法庭已有判例进行判决，希望沿袭自由论者的司法克制主义，但是法兰克福特从来就不相信，基于法庭之外的社会观能够提出一种公平的法律解释。

法兰克福特法官的备忘录大概的内容就是这些，很明显的是，他已经将自己的思维从尊重法律的正统观念中解放出来，并且在整个美国历史的宽广背景下考虑布朗案。尽管没有说明，但他已经将心理学和社会学的前提作为和判例法一样不可阻止的审判标准。他的备忘录只是没有法律引注而已，唯一一处对法庭意见的参阅也仅是表面现象。如果他采用了备忘录中的想法，那也就是说，他已经准备好指出，依据"为了权利和公正，人们情感上的变化"，最高法院有权重新解释宪法。当最高法院给深信种族主义的白人下达命令时，这是唯一正当的理由。[2]

接下来发言的是杰克逊，虽然他的态度仍然很模糊，但表明沃伦的开场白对他产生了作用，通过其备忘录的分析可知，如果推翻种族隔离的判决表述合适、并且讲清楚怎样实施这一过程，杰克逊会投赞成票。他认为种族问题主要是一个"政治问题"，最高法院的难题在于为"合适的政治结论" 找一个司法依据，用一个政治决断做一个司法判决，但杰克逊却不知道应该怎样实现。作为一个政治结论，他可以顺从这个意见，但这个意见必须清晰明确，否则的话他是会抗议的。杰克逊还宣布，如果有人在宣布法庭意见的时候说为新的时代制定了一项新的法律，他就拟一份并行

---

① Kluger, Richard. *Simple Justice: the History of Brown v. Board of Education and Black America's Struggle for Equality*[M]. New York: Oxford University Press, 1978:683—684.

② Kluger, Richard. *Simple Justice: the History of Brown v. Board of Education and Black America's Struggle for Equality*[M]. New York: Oxford University Press, 1978:684—685.

判决意见。杰克逊的隐含意思是,如果推翻种族隔离的判决表述合适,并且讲清楚怎样实施这一过程,他会投赞成票。①

法官们没有在第一次讨论会上做出决定,而是就布朗案的各方面问题在其他时间继续讨论。这个案件太重要了,不能草率决定。② 沃伦法官想要达到的结果是全体一致的判决意见,绝不是混杂了各种反对意见和并存意见的判决,因此他将自己的主要精力放在消除反对意见和并存意见的活动中去。他很清楚,如果他能够写一份法律意见满足克拉克法官和杰克逊法官的要求,就很可能赢得他们俩的支持;现在主要的问题在于避免法兰克福特法官和杰克逊法官的观点发生两极分化,因为他们并没有直接表示同意沃伦的观点。沃伦同时也不放弃争取里德法官的选票:在这次讨论会之后的几个月里,沃伦频繁地和几位同事共进午餐,他和伯顿、明顿设法影响里德,告诉他出现分裂判决的有害影响,希望他能赞同多数人的意见。在支持废除种族隔离的法官中,伯顿、明顿与里德的个人关系最好,因此最有可能影响他的选票。沃伦还和他的同事们进行了多次私人会晤,伯顿法官的日记里记载了好几次他和首席大法官单独讨论布朗案。1 对 1 的方式也许是沃伦最有效的工作方式,这是他在加州所经常使用的。③

(二)第二次布朗案讨论会

由于第一次讨论会并没有得出所期望的结论,1954 年 1 月 16 日,首席大法官沃伦又组织了第二次布朗案讨论会。

在这次讨论的前一天,法兰克福特法官在各位法官之间传阅了一份备忘录,概述了他对于补救方法的观点。法兰克福特认为,尽管这个诉讼案件只涉及了部分黑人儿童不能和白人学生一起上学的问题,但实际上,其本质内容是对将近 20 个州的公共学校制度提出了挑战。仅仅声明公

---

① Kluger, Richard. *Simple Justice: the History of Brown v. Board of Education and Black America's Struggle for Equality*[M]. New York: Oxford University Press, 1978:680—681.

② Kluger, Richard. *Simple Justice: the History of Brown v. Board of Education and Black America's Struggle for Equality*[M]. New York: Oxford University Press, 1978:681—682.

③ [美]伯纳德·施瓦茨.美国最高法院史[M].毕洪海,柯翀,石明磊,译.北京:中国政法大学出版社,2005:322. Kluger, Richard. *Simple Justice: the History of Brown v. Board of Education and Black America's Struggle for Equality*[M]. New York: Oxford University Press, 1978:683.

共学校中的种族隔离是违宪的,并不能立刻在各州的学校中得到实现;即使各州愿意废除公共学校中的种族隔离,它们仍将面对复杂的管理问题。将两套学校系统简单混合起来的做法不会奏效;将调整期延长的做法将更有益于整体的环境,能更为有效地实现既定目标。仅宣布学校中的种族隔离违宪,不仅不会减少相关案件的数量,反而会激发更多类似诉讼案件的产生,任何命令都必须从普遍意义上处理公共学校中的种族隔离问题。法兰克福特法官的备忘录明显第一次为法院提供了构想,认为应该以“审慎的速度”废除种族隔离。①

首席大法官沃伦在这次讨论会上运用了一个小小的技巧:并没有继续讨论应该怎么判决布朗案,而是在“最高法院会推翻公共学校中的种族隔离”这一前提条件下,讨论废除种族隔离之后的补救措施。后来一些政治学家对沃伦的这种做法提出了批评,例如西德尼·厄尔默(S. Sidney Ulmer),他认为沃伦的判断能力低劣,因为做出司法判决的程序远比促成初步判决的程序要复杂。②

但沃伦这样做有自己的想法。沃伦认为,进一步的讨论只会让潜在的赞同者和异议者发生两极分化,并且强化他们写出单独法律意见的倾向;而转向关注“废除种族隔离之后的补救措施”,则迫使所有的法官都必须在“布朗案判决本身会推翻种族隔离”的前提下进行讨论,这样就将案件的发展引向了沃伦期望的方向。沃伦通过自己的发言打消了持反对意见的法官们的顾虑。沃伦首先指出,对这一案件的执行,最高法院将尽可能减少介入,通过地方法院来具体执行种族合校的措施,还要采取尽可能缓和的手段和态度来完成这一过程。这样就打消了法兰克福特法官和杰克逊法官的顾虑,指出最高法院不会直接插手各州废除种族隔离的进程,更不会因为此案的审判使得最高法院陷入政治泥潭。其次,沃伦尤为关注怎样在弗吉尼亚州和南卡罗莱纳州废除种族隔离,暗示允许不同的地方采取不同的处理措施。这样就迎合了来自南方的里德、克拉克和布莱克法官的想法:他们担心南方各州必须立刻执行废除种族隔离的命令,

---

① Tushnet, Mark V. *Making Civil Rights Law : Thurgood Marshall and the Supreme Court, 1936—1961*[M]. Cary, NC: Oxford University Press, 1994:220.

② Ulmer, S. Sidney. *Earl Warren and the Brown Decision*[J]. *The Journal of Politics*. Vol.33, No. 03(1971).

希望最高法院可以给南方充分的时间和自主性。布莱克法官明确指出，让这一过程"慢慢煮、从容进行"，"模糊性不会让人痛苦"，如果有必要的话，可以通过"700 个诉讼"来解决这一过程；在南方腹地，"任何支持废除种族隔离的人都会在政治上永远死亡；在阿拉巴马，大部分的自由主义者都恳求延迟"。这样的思路确实起到了很大的作用：不仅使得犹豫不决的法兰克福特法官表示支持沃伦的看法，就连最顽固的里德法官也做出了让步。里德认为，最高法院必须确保废除种族隔离的过程"不是一项仓促的工作，给他们时间和进行挑战的机会，这是对一项糟糕的事情你可能采取的最为和缓的措施"。此外，杰克逊法官认为最高法院需要更多的时间去考虑补救的问题，克拉克法官和布莱克法官表示赞同。这一看法最终被全体法官接受，准备就布朗案的事实问题进行重新辩论。①

（三）一致意见的达成

布朗案第二次讨论会的数星期之后，沃伦又组织了一次会议对布朗案进行再次讨论，但具体的内容无从考证。大约是在 1954 年的 2 月或者 3 月，最高法院的大法官们进行了一次秘密的内部投票，此时只有里德法官一人坚决维持普莱西案的判决，而且他一直坚持自己的立场，到 4 月底的时候依然如此。从 12 月到次年 2 月的这段时间里，里德让他的法律职员法塞特和乔治·米科姆（George Mickum）查找资料，为他的反对意见提供依据。在 2 月份的假期里，里德在一份文件中写下了自己反对意见的核心观点。他认为，如果人们将"平等保护"作为判断种族隔离合法性的标准，那么这场讨论就结束了，因为南方各州有很多地方都没有在教育领域做到"隔离但平等"。但"平等保护"并不是判断的标准，无论是从州还是联邦的层面上，宪法并没有要求平等保护条款保护所有公民享有平等的公共设施。如果真是这样的话，我们的很多理想将会实现，人们将进入"大同社会"。这个条款只是赋予了每位公民为自己获得本质上平等的设施的机会，法院已经通过一系列的判例保障了这一权利的实现。从本质上而言，联邦的公共政策是由国会颁布决定的，而不是法院，因此最高

① [美]伯纳德·施瓦茨. 美国最高法院史[M]. 毕洪海，柯翀，石明磊，译. 北京：中国政法大学出版社，2005：323—324.

法院没有权力改变宪法已有的规定。①

此时的沃伦已经获得了参议院的正式提名与批准，成为正式的首席大法官，因此在行使他的权利时就更加自如。沃伦抓住一切机会继续说服里德改变主意，包括各种午餐会以及私人交谈。在和里德打交道的过程中，沃伦一直都非常低调，而且一直在强调里德所关心的事情，对判决可能给南方带来的问题很敏感；但是他在一点上非常坚定：最高法院必须在这个敏感的问题上形成一致的意见。② 5 月 7 日至 12 日之间的某一天，沃伦和里德进行了一次谈话。当时里德的法律职员米科姆在场，他说沃伦当时直接向里德表明："斯坦，在这一点上你现在完全是孤立一人了。你要好好考虑这样的决定对整个国家来说是否真是最好的事情。"沃伦认为对于里德而言，问题的焦点一方面是良知，另一方面是他的异议将对南方各州产生怎样的影响。③

首席大法官离开之后，里德征求米克姆的意见，因为他从小生长于实行种族隔离的学区。尽管米科姆并不认为黑人和白人生而平等，但他觉得在良知的呼唤下，应该透过案件中可知的事实，问问自己究竟什么方案才是对整个美国最有利的。米科姆认为，里德确实为他的立场可能带来的后果感到担忧。因为里德来自南方，即使这九位法官中只有他给出了反对意见，也会给不少南方人挑起事端提供充足的理由。此外，当里德私下告诉法塞特说，首席大法官和法院的多数意见都是准备废除种族隔离、而他要写下单独的反对意见的时候，法塞特就委婉地规劝里德说，单独的反对意见既起不到实际的作用，也有损于最高法院对外的声誉。④ 为了国家的整体利益，里德最终同意了全体一致的判决。正如他在给法兰克福特法官的信中所说，"虽然他依旧希望维持异议，但这并不能成为对最

① Kluger, Richard. *Simple Justice: the History of Brown v. Board of Education and Black America's Struggle for Equality*[M]. New York: Oxford University Press, 1978:691—692.

② Kluger, Richard. *Simple Justice: the History of Brown v. Board of Education and Black America's Struggle for Equality*[M]. New York: Oxford University Press, 1978:694—698.

③ White, G. Edward. *Earl Warren: A Public Life*[M]. New York: Oxford University Press, 1982:167.

④ Kluger, Richard. *Simple Justice: the History of Brown v. Board of Education and Black America's Struggle for Equality*[M]. New York: Oxford University Press, 1978:692,698.

高法院意见的制衡,期待公平对待黑人的因素比历史的价值更为重要”。①

在最高法院内部,布朗案判决意见的撰写以一种超乎寻常的秘密方式进行。除了九位大法官之外,只有沃伦法官的法律职员秘密参与了布朗案判决意见的拟定,就连沃伦的妻子也不知道该案的审理情况。任何参与者都不能在闲谈中提及布朗案的判决结果。沃伦法官与其他法官之间的任何文件往来都要直接交到这些大法官手上,他们的法律职员并没有参与其中。5 月 13 日,九位法官内部传阅了布朗案判决意见的最终草稿;在 5 月 15 日的讨论会上最终批准了该案的法律判决意见以及在周一发布的指令。会后,法官们都将散发的打印本交还给首席大法官,以防泄露任何消息。②

二、第一次布朗案判决

人们对布朗案的判决翘首以待。全国有色人种协进会的律师罗伊·威尔金斯在 1954 年 5 月 11 日有些沉不住气了,他在该会内部发表了两篇新闻稿,其中一篇说,“很后悔还没有取消政府强加的种族隔离……会继续为种族合校、平等权利而战,直到胜利”。而卡特则更为乐观,他告诉该会的工作人员:“我们预期会出现有利的结果。”③

1954 年 5 月 17 日中午时分,在首席大法官沃伦的带领下,大法官们鱼贯而入,就连病重住院已经一个月的杰克逊法官也坚持到场,因为杰克逊认为此案极为重要,需要全体法官出席。审判室的空气里弥漫着紧张的气氛,各位大法官的夫人都列席旁听,只有在最高法院历史性的案件判决时才会出现这样的情况。最高法院的法律职员们也被要求去旁听今天的判决意见,而平时他们都会参与案件意见的起草,在宣读该意见时照常工作。所有的这一切都说明这一天的判决意见极为重要,不同于往常。就在布朗案判决数星期之前,人们的猜测就已经越来越多,政治作家尝试

① Reed to Frankfurter, May 21, 1954, *Frankfurter Papers*, Harvard Law School.

② [美]伯纳德·施瓦茨.美国最高法院史[M]. 毕洪海,柯翀,石明磊,译.北京:中国政法大学出版社,2005:326—328;332.

③ Tushnet, Mark V. *Making Civil Rights Law: Thurgood Marshall and the Supreme Court, 1936—1961*[M]. Cary, NC: Oxford University Press, 1994:216.

着做各种推断，猜想为什么判决会从 1953 年的 12 月一直拖延到现在。当走进审判室的时候，首席大法官沃伦觉察出了前所未有的紧张气氛，这种气氛在他之前和此后的法官生涯中都没有过。①

在宣布了三份不那么重要的法律意见之后，12 点 52 分，沃伦大法官开始宣读布朗案的判决结果："我现在开始宣布最高法院对 1 号案件——奥利弗·布朗等人诉托皮卡教育委员会案的判决意见。"沃伦的语气坚定、清晰、不带感情色彩。在最高法院的记者招待室内，美联社向全美国发送电报："首席大法官沃伦今日将宣读最高法院对公共学校种族隔离案件的判决意见，目前还无法判断法院的观点。"美国所有新闻编辑室的铃声保持安静，整个国家都屏息凝神，等待最高法院的判决。②

沃伦在判决书中指出，这几个案件虽然来自不同的地方，以不同的事实为前提，但都指向了相同的法律问题：在种族隔离的法律规定下，各地区拒绝黑人儿童进入白人儿童就读的公共学校；除了特拉华的案子之外，联邦地区法院对其余案件的审理都以普莱西案规定的"隔离但平等"为由，驳回原告的请求。而原告声称种族隔离的公共学校是"不平等"的，而且也不可能实现"平等"，这样的学校剥夺了他们根据宪法第十四条修正案所享有的平等保护权利。对该修正案通过时具体环境的讨论并没有为案件的审理提供决定性的材料；而且在南方，由综合税收支持的免费公共学校尚未取得支配地位，白人的教育仍以私立教育为主，黑人的教育几乎不存在。沃伦继而追述了公共教育中种族隔离合法性的发展过程：普莱西案虽然只涉及公共交通领域，但其规定的"隔离但平等"却蔓延至社会生活的各个方面，公共教育领域中的种族隔离也因此获得了合法性。此后在上诉至联邦最高法院的案件中不断有涉及公共教育领域的"隔离但平等"问题，近些年的案件不断涉及研究生教育层次的种族隔离，同等资格的黑人学生被剥夺了与白人享有相同利益的机会，然而没有人对"隔离但平等"本身进行质疑。在布朗案中，普莱西案本身的合法性被提了出来。要判定公共学校中的种族隔离是否剥夺了原告受法律平等保护的权

---

① Warren, Earl. *The Memoirs of Earl Warren*[M]. Garden City: Doubleday, 1977:2—3.

② Kluger, Richard. *Simple Justice: the History of Brown v. Board of Education and Black America's Struggle for Equality*[M]. New York: Oxford University Press, 1978:702.

利，我们必须考虑公共教育的整体发展情况及其在当下美国社会生活中的地位，而不是1868年修正案通过之时，也不是1896年普莱西案的判决之日。教育是州和地方政府最重要的职能之一，对塑造良好公民、促进民主社会发展具有重要的作用，因此，必须在平等条款的基础上将教育作为一项基本权利提供给所有儿童。沃伦认为，即使在物质设施等“有形”因素上做到了平等，种族隔离的学校本身就是剥夺了少数族裔儿童受教育机会均等的权利，会使他们对自己的社会地位产生一种自卑感，将对他们的心灵和思想造成难以消除的影响。

接下来，首席大法官宣布了最高法院意义深远的结论：“因此我们一致判定，在公共教育领域‘隔离但平等’没有立足之地，隔离的教育设施本身就是不平等的。”其中“一致”一词并不是打印的法律文本上原有的，而是沃伦即兴加上的。这个词一出，审判室里人们产生一阵情绪波动。尽管没有人说话、也没有人故意采取什么行动，但明显能够看出有不服的情绪。部分的不满情绪无疑是由案件的判决方式引起的，部分是由于黑人胜诉的判决结果。但沃伦法官很清楚，大部分的不服源于“一致”一词，前段时间的小道消息还流传着最高法院关于这个案件的否定意见，公众都还不知道这位原加州州长已经在最高法院内部达成了一致的判决。① 沃伦的这份判决书在《美国最高法院判例汇编》上只占了10页的篇幅，对于如此重要的里程碑式的案件来说，这样的篇幅已经是简单到了极点。

由于哥伦比亚特区的地位及其所适用的法律与其他各州不同，因此最高法院用另一份判决书公布了对博林诉夏普案的判决意见。但这份判决书比前一份更短，只有6段话。最高法院认为，尽管适用于哥伦比亚特区的宪法第五条修正案没有“平等保护”的条款，但公共学校中的种族隔离同样违反了第五条修正案的“正当程序条款”，哥伦比亚特区公共学校中的种族隔离同样是违宪的。首席大法官沃伦在这两份判决意见中并没有指出应在何时，以及怎样废除南方公共学校中的种族隔离；相反，他只是指出要在一段“冷静期”之后，在1954年的秋天就文森法院于1953年夏天提出的第4个和第5个问题，也就是关于如何实施这一判决听取17

① Warren, Earl. *The Memoirs of Earl Warren*[M]. Garden City: Doubleday, 1977:3.

个州总检察长的辩论。与此同时,沃伦将这5个案件送还各州的联邦地区法院,要求各地法院监督各地公共学校废除种族隔离的进程。①

沃伦撰写的这份判决意见简短、通俗易懂,没有华丽的辞藻,不对任何事情进行有针对性的指责。这样一来,各个报纸就可以全文刊登最高法院对布朗案的判决,而不用因为篇幅的问题断章取义。② 他不想充当挑起争端的先锋,一份感情强烈、令人激动的判决词可能使得沃伦被奉为受压迫群体的救星,但更有可能使联邦最高法院无法取得一致的意见。如果联邦最高法院内部出现了充满挑衅的反对意见,几乎可以肯定的是,南方各州必定因为愤怒和反抗而情绪激动。《纽约时报》的高级评论员亚瑟·克罗克(Arthur Krock)很赞赏沃伦的表达方式,他认为最高法院的一致意见"非常引人注目","以一种前所未有的、简明扼要的方式处理了一个如此重大的问题","掩盖了当下九位大法官在政治哲学和法律理解上的根本分歧"。如果沃伦没有指出要进行进一步辩论的话,肯定会出现异议。③

然而也有人对这份判决书进行指责。在5月18日的《纽约时报》上,美国最有见地的新闻记者之一、专栏作家詹姆斯·赖斯顿(James Reston)将自己的评论文章标题定为"一个社会学判决",认为联邦最高法院对布朗案的判决虽然将"大众的福祉放在第一位",但没有考虑"历史、哲学和习俗",更多地依赖于社会科学家的实验结果而不是法律先例,有悖于美国的法律传统。他认为这份判决词语言苍白无力,法律证据单薄,强调心智和感情的平等而不是学校设施的平等,因此读起来更像是一篇社会学的专业论文,而不像是联邦最高法院的审判意见。赖斯顿的这一分析开了以后很多年批评布朗案判决的先河。④

赖斯顿的批评不无道理,根据有关学者的研究,联邦最高法院对布朗

---

① Brown, V. *Board of Education*, 347 U.S. 483.

② Kluger, Richard. *Simple Justice: the History of Brown v. Board of Education and Black America's Struggle for Equality*[M]. New York: Oxford University Press, 1978:711.

③ Kluger, Richard. *Simple Justice: the History of Brown v. Board of Education and Black America's Struggle for Equality*[M]. New York: Oxford University Press, 1978:711,713—714.

④ Kluger, Richard. *Simple Justice: the History of Brown v. Board of Education and Black America's Struggle for Equality*[M]. New York: Oxford University Press, 1978:711.

案的判决意见至少存在三个方面的漏洞:

首先,布朗案判决在说明宪法第十四条修正案保护黑人平等权利方面没有引用最为核心的判例。最高法院不应追溯该修正案产生的历史,以证明它对种族隔离的学校并没有做出明确的规定,并指出公共教育的最初状态使得修正案的制定者们毫不关心种族隔离学校的合法性;而是应该在其判决词中指出,从总体上来讲,第十三、十四、十五条宪法修正案的目的是为黑人提供完整的公民权利,并且清除州强加给黑人的所有歧视。这个明确的目的是法院对平等保护条款的最初理解,虽然布朗案判决确实提到了这一点,却是以默会的方式表达出来的,完全依赖于经常引用的斯特劳德案①的条款,而没有引用屠宰场案②以及其他相关的法律先例。

最高法院完全可以说对布朗案的判决是依赖于对第十四条修正案的原初理解,然而并没有这样做,只是说普莱西案没有按照这些早期判例的意见执行。即使是引用斯特劳德案说明该修正案禁止州强加的种族歧视,最高法院完全没有叙述清楚这一推理过程。博林诉夏普案的判决词中确实提及了这一点,但所依据的法律先例太少,只是提及第二次世界大战期间对日裔移民的重新安置事件,而没有提及与斯特劳德案关系密切

① Strauder v. West Virginia(100 U.S. 303, 1880),是联邦最高法院判决的一个有关种族歧视的案例。西弗吉尼亚州是不允许黑人进入陪审团的,黑人斯特劳德被全是白人的陪审团宣判犯有谋杀罪。斯特劳德进行上诉,指控西弗吉尼亚州的排除条款违反了宪法第十四条修正案的平等保护原则。最高法院最终判决斯特劳德胜诉,并援引第十四条修正案,认为仅仅因为肤色不同就禁止有资格的美国公民出任陪审员,这是对他们的侮辱和歧视,是鼓励种族偏见。

② Slaughter House Cases(83 U.S. 36, 1873),路易斯安那州出台了相关法律要求对本州的屠宰业进行统一管理,新奥尔良的屠宰场主们向联邦最高法院提起上诉,认为该法律违反了宪法第十四条修正案的"正当程序条款",剥夺了他们受宪法保护的财产权。联邦最高法院以5比4的判决拒绝对第十四条修正案中的"正当程序条款"做出实质意义的解释,认为该修正案的立法目的在于保护新获得自由的黑人的公民权利,保护美国各州公民由于联邦公民身份而获得的特权或者豁免权,而不是与州公民身份相关的特权或者豁免权。该案是美国联邦最高法院对宪法第十四条修正案第一次做出解释,成为早期民权法案中一个关键性的判例。

的一系列选举权判例，比如 1915 年推翻“祖父条款”①的吉恩诉美国案②。

其次，布朗案没有抓住普莱西案中需要纠正的关键问题。“隔离但平等”在联邦最高法院的授权下合法地实施了 58 年，尽管它从表面上看起来是公平的，但在实施的过程中却公然剥夺黑人的各种平等权利，包括平等的教育权利，有大量的书面材料能够证明黑人的教育权利受到了严重损害。联邦最高法院在 1886 年“益和诉霍普金斯案”③的判决中规定，如果一项法律从表面上看起来并不带有种族倾向性，但在实施的过程中却带有种族偏见，那么这项法律就违反了美国宪法第十四条修正案的“平等保护”条款。沃伦法院的判决词完全可以引用这一条款。布朗案判决虽然将矛头直接指向了普莱西案，但并没有抓住这一案例的本质。普莱西案认为，“强制的种族隔离给黑人强加了种族的劣等性，这是黑人自己臆想出来的”。沃伦法官对此的回应仅是说：“在普莱西案的时代，无论心理学发展到何种地步，种族隔离即意味着劣等性，并且会降低学习动力，这样的结论得到了充分的证实，普莱西案中与这一事实相悖的论据都要否决。”④

---

① 祖父条款是指 1895—1910 年之间，美国南方 7 个州制定的限制黑人选举权的法律条款。这些条款规定，凡在 1867 年 1 月 1 日以前享有选举权者及其直属后裔，其选举权可不受经济和文化等要求的限制。由于黑人在此日期之前未获选举权，因而上述条款实际上将黑人排斥于选举之外，而许多穷困和没有文化的白人却仍享有选举权。1915 年最高法院宣布这些条款违宪。（来源：张柏然，等. 英汉百科知识词典[M]. 南京：南京大学出版社，1992. http://gongjushu.cnki.net/refbook/R201003019.html 2012—12—1）

② Guinn v. United States(238 U.S. 347,1915)，1915 年，联邦最高法院宣布俄克拉荷马州和马里兰州宪法中的“祖父条款”与联邦宪法第十五条修正案相悖，因此无效。这一判决同时也影响到了阿拉巴马州、佐治亚州、路易斯安那州、北卡罗莱纳州和弗吉尼亚州的类似条款。

③ Yick Wo v. Hopkins(118 U.S. 356,1886)，益和是居住在旧金山的一名中国移民，以经营洗衣店为业。当时的旧金山有一条规定：不经监察委员会同意，在木质结构建筑中的洗衣店不得营业。益和在这里经营洗衣店多年，但一直被拒发许可证。当他继续经营时，监察委员会将其逮捕并起诉。这个案件最终上诉到最高法院，法院判决撤销对益和的起诉，因为其执行方式并不公平。如果一项法律从表面上看起来并不带有种族倾向性，但在实施的过程中却带有种族偏见，那么这项法律就违反了美国宪法第十四条修正案的平等保护条款。

④ Kluger, Richard. *Simple Justice: the History of Brown v. Board of Education and Black America's Struggle for Equality*[M]. New York: Oxford University Press, 1978:705,712.

再次,布朗案的判决意见引用的社会学研究成果也备受争议。该判决意见的脚注 11 中引注了当代社会学家的研究结果,包括黑人社会学家肯尼思·克拉克、居住在纽约的犹太人伊西多·谦①和瑞典人冈纳·米达尔的论述,这些例子在全国有色人种协进会的概要中都曾经被提及。之所以引用这些,是因为普莱西案的判决意见中曾经提到,"劣等性是黑人自己臆想出来的"。沃伦认为脚注 11 完全没有什么危害,他后来说,"之所以加入脚注 11,是因为我认为它的观点完全站在了普莱西案的对立面,其中引用的材料完全能够作为推翻普莱西案论点的依据"。沃伦法官的法律职员厄尔·波拉克(Earl Pollack)也说,"这只是一条脚注而已,说明社会学上有据可依,并不是事情的本质。加入脚注 11 只是为了反驳普莱西案劣质的观点"。

然而,两位来自南方的法官——克拉克和布莱克都曾经提醒沃伦,在布朗案的判决意见中引用米达尔的论述并不合适。虽然米达尔的著作指出了美国种族主义制度的残忍性,但这本书出版于 1944 年,到 1954 年的时候已经十年有余,早已成为南方白人的眼中钉、肉中刺;而且米达尔本身是一个瑞典人,在政治取向上有些左倾,因此在南方各州易遭非议。即使是引证社会学家的实验结果,布朗案的判决词也可以多引用一些南方白人作品中对种族隔离危害性的描述,也许可以更有力地反击南方白人的证词,比如长期定居于卡罗莱纳州的卡什(W. J. Cash)、霍华德·奥德姆(Howard Odum)的《美国的南方》(*Southern Regions of the United States*)、约翰·多拉德(John Dollard)的《南方某城镇中的等级制度和阶级》(*Caste and Class in a Southern Town*)。正如克拉克法官所说,"最高法院没钱去组织一支军队,也不能在报纸上刊登广告,因此我们只能在司法权力的范围内行事,只能通过判决意见的逻辑说服这个国家"。法兰克福特法官的法律职员亚历山大·比克尔也说:"即使要引用社会学和心理学,也不能这样引用。不能引用肯尼思·克拉克的娃娃实验,因为这个实验本身就很容易受到攻击,约翰·戴维斯已经有效地驳倒了这一论据。

① 伊西多·谦(Isidor Chein)是一名心理学家,他主要的研究领域是少数族裔的身份识别问题。

法院确实将这一类的论据作为运用‘布兰代斯诉讼法’[①]的实例，但也不能这样开始论证。毫无疑问的是，无论这条脚注怎样写，反对这项判决的人都会抓住不放，并依此说这个判决是不公正、不合法的。判决意见应该直接说明，普莱西案依据的也是心理学，这套自创的逻辑和最高法院引用心理依据证明种族隔离的危害性没什么两样。然而很清楚的是，沃伦法官想尽量少留些把柄，不想看起来那么不伦不类。这是很明智的。”无论怎样，论证上的不足使得沃伦努力争取来的一致意见的影响力大大削弱。[②]

沃伦仅用了28分钟就读完了这两份极为重要的判决意见。沃伦宣读完毕之后，法庭上的所有人都将目光转向里德法官，希望能够听到他的反对意见。然而，里德法官在眼含热泪听完布朗案判决意见之后就跟随其他法官默默离开了。人们简直不相信这一事实，在布朗案判决之后的几个星期内，不断有人打电话到最高法院的职员办公室，要求最高法院公布布朗案的反对意见。当被告知九位法官并无异议时，人们通常会反问：“是什么权力阻止了反对意见？”、“是谁剥夺了反对意见？”[③]

---

① 布兰代斯诉讼法（Brandeis Brief），指律师为自己的服务对象进行辩护时，着重引用案件所涉及的社会事实和统计数据，而非法律先例的方法。这一方法是被誉为“民众辩护士”的布兰代斯（Louis Brandeis）在20世纪初首创的。（引自任东来. 吹响结束种族隔离制度的号角——布朗诉皮托卡教育管理委员会案[J]. 南京大学法律评论，2003年春季号.）

② Kluger, Richard. *Simple Justice: the History of Brown v. Board of Education and Black America's Struggle for Equality*[M]. New York: Oxford University Press, 1978:706—707, 712—713.

③ Warren, Earl. *The Memoirs of Earl Warren*[M]. Garden City: Doubleday, 1977:3.

第三章

第一次布朗案判决的社会影响与调整

5月17日下午1点20分，首席大法官沃伦的话音刚落，新闻媒体就将布朗案的判决结果在全美国范围内进行了播报。一个小时之内，《美国之声》就用34种语言向全世界宣告了这条消息：在美国，不同种族的学生将一起上学，“隔离但平等”将不再具有合法地位，不同种族的美国人将享有平等的受教育权利，美国境内的吉姆·克罗法正在走向灭亡。① 这个消息传遍整个美国，立即在黑人和白人中引起了巨大的反响，并促成了南方一些州废除公共学校中种族隔离的初步行动。

第一节 不同族裔对布朗案判决的态度

在美国，不同族裔的人们对布朗案的看法和态度不同。黑人赋予了它很高的历史地位，但同时也表现出对实施这一判决的忧虑；北方白人大多对布朗案持积极的肯定态度；南方白人的态度不一，除了少数自由主义者积极支持之外，大部分南方白人对布朗案抱有不同程度的抵触情绪。对于黑人来说，布朗案判决打开了他们实现公民权利的大门，他们试图将这扇门开得更大一些；而南方白人则认为布朗案判决是威胁到他们原有生活方式的异端邪说，他们坚决不允许黑人打开这扇门。②

---

① Kluger, Richard. *Simple Justice: the History of Brown v. Board of Education and Black America's Struggle for Equality*[M]. New York: Oxford University Press, 1978:708.

② Sarratt, Reed. *The Ordeal of Desegregation: The First Decade*[M]. New York: Harper & Row, 1966:vii.

一、黑人对布朗案的态度

布朗案的胜诉在黑人内部确实引起了很高的兴奋情绪。普通的黑人民众对布朗案的胜诉感到极为高兴,莫尔豪斯学院的院长本杰明·梅斯(Benjamin Mays)记得当时"黑人都喜气洋洋,简直要当街跳舞了"。① 后来成为法律辩护和教育基金会首席法律顾问的黑人朱利叶斯·钱伯斯(Julius Chambers)当时还是一名少年,他还记得听到布朗案判决情况的时候,他所在学校的师生聚会庆祝,"我们认为布朗案会自动生效。这项判决已经宣布了,人们必须遵从。在美国,包括美国的白人社会,事情不就是这样运行的么!"②还有一些黑人喜极而泣。莎拉·莱特福特(Sara Lightfoot)是一名十岁的黑人女孩,她生动地描述了当她们全家得知布朗案判决结果时的情景:她看到父母激动得热泪盈眶,忧愁之心烟消云散,如释重负。他的父亲极为恭敬地说,"这是意义重大的一天"③。

黑人知识分子一方面表达了他们对布朗案判决的由衷喜悦之情,另一方面表达了对该判决可行性的担忧。当听到沃伦法官的宣判时,在这场诉讼中起到重要作用的马歇尔喜不自胜,在全国有色人种协进会当晚的一个庆祝会上,马歇尔"极为高兴,都快麻木了"④。据 5 月 18 日的《纽约时报》报道,马歇尔预测全美国公共学校中的种族隔离将会在 5 年之内消失;到 1963 年,也就是《解放奴隶宣言》颁布 100 周年的时候,种族隔离将会从美国社会生活的各个方面消失。⑤全国有色人种协进会的其余成员也是欢欣鼓舞,执行秘书罗伊·威尔金斯(Roy Wilkins)认为,1954 年 5 月 17 日是他"一生中最为甜蜜的时刻之一",黑人赢得了第二次解放;纽

---

① Rosenberg, Gerald N. *The Hollow Hope: Can Courts Bring About Social Changes?* [M]. Chicago: University of Chicago Press, Second Edition, 2008:145—146.

② Chambers, Julius. *Brown v. Board of Education*[A]. In Herbert Hill and James Jones, Jr. ed., *Race in America: the Struggle for Equality*[C]. Madison: University of Wisconsin Press, 1993:184—196.

③ Edwards, Patricia. *Before and After School Segregation: African American Parents' Involvement in Schools*[A]. In Mwalimu Shujaa, eds. *Beyond Segregation: The Politics of Quality in Afro-American Schooling*[M]. Thousand Oaks, Calif.:Corwin Press, 1996:139.

④ *Time*[J], Sep. 19, 1955.

⑤ *New York Times*[N], May 18, 1954.

约分部的一名职员回忆说，当时他们的兴奋之情难以言表，没有像以往那样喝酒庆祝，而是“静静坐着面面相觑”，他们能感觉到的唯一情绪就是敬畏。① 全国有色人种协进会南方各州分支机构的领导人也受到了这一判决的鼓舞，在工作中加倍努力，干劲十足。②

弗吉尼亚州联盟大学的黑人历史学教授罗伯特·杰克逊（Robert Jackson）认为，首席大法官沃伦宣读布朗案判决的时候令人“非常激动”。从罗斯福总统离任后，他从没见过如此高的集体主义情绪。很多人在过去的九个月中都“屏气凝神等待布朗案的判决结果；但如今，黑人学生们好像摆脱了一个沉重的负担”。③ 黑人小说家拉尔夫·埃利森（Ralph Ellison）在写给朋友的信中认为，布朗案判决是黑人的又一次胜利，意味着联邦最高法院承认了黑人的公民权；布朗案判决之后，“黑人儿童面前将要展开一个充满机会的奇妙世界”。④ 获得诺贝尔奖的黑人拉尔夫·本奇（Ralph Bunche）认为，“布朗案的判决是美国民主历程中一个历史性事件”。黑人学者埃利森·戴维斯（Allison Davis）认为，这个判决不仅仅是黑人的胜利，更是整个国家的胜利，“当这个判决付诸实践的时候，将会使美国潜在的能力和技术出现巨大的增长，美国的存亡将取决于是否发掘了几百万有色人种的能力；长期以来，他们的能力被种族隔离制度严重削弱”。⑤ 另外一些黑人领袖希望，布朗案判决能够从美国生活的各个方面促进种族关系的变革。菲斯克大学校长查尔斯·约翰逊（Charles Johnson）在1954年的夏天说，“首先应该指出的不仅是种族隔离的学校是否符合宪法，而是种族隔离制度本身是否符合宪法。如果教育机构中的种族隔离是违宪的，那么我们国家生活其他方面中的种族隔离也不会

---

① Wilkins, Roy. Mathews, Tom. *Standing Fast: The Autobiography of Roy Wilkins*[M]. Topsfield, MA: Viking Press, 1984:214.

② Rosenberg, Gerald N. *The Hollow Hope: Can Courts Bring About Social Changes?* [M]. Second Edition, Chicago: University of Chicago Press, 2008:145—146.

③ Pratt, Robert. *The Color of Their Skin: Education and Race in Richmond, Virginia, 1954—1989*[M]. Charlottesville, VA: University of Virginia Press, 1992:3.

④ Callaham, John. American Culture is of a Whole[N]. *New Republic*, March1, 1999.

⑤ Kluger, Richard. *Simple Justice: the History of Brown v. Board of Education and Black America's Struggle for Equality*[M]. New York: Oxford University Press, 1978:714.

好到哪里去"①。

黑人知识分子并没有迷失在狂欢之中,而是迅速地冷静下来,对实现种族合校的难度表示担忧。由于马歇尔长期处理与种族问题相关的案件,虽然他也希望这一判决能促进快速而广泛的社会变革,但他深知白人绝不会善罢甘休,布朗案判决势必会引起激烈的争论。他告诫全国有色人种协进会职员说,"你们只管高兴吧,我们的工作还没有真正开始呢"。马歇尔公开声明,如果各州违反了布朗案判决,该会就会立刻提起法律诉讼。② 并且他明确指出,只要种族隔离制度还存在,黑人就还没有获得解放。③ 拉尔夫·本奇等人虽然对布朗案判决感到很高兴,但在评论的语言上仍然持审慎态度。《匹兹堡信使报》的专栏作家纳特·威廉斯(Nat D. Williams)认为,最高法院虽然废除了公共学校中种族隔离的合宪法性,但各种宣传将废除学校中的种族隔离描述为白人对黑人的友善帮助,并不表示种族合校的任务已经胜利完成,现在高兴似乎还有些为时过早。他在公开表达对布朗案判决喜悦之情的同时还附带着犹豫,唯恐白人觉得这是为黑人做了一件好事,黑人的狂欢是对他们的感谢。全国有色人种协进会并不满足于仅仅废除公共学校中的种族隔离,他们将取消住房和工作中的歧视作为下一步的工作目标。④

在这种普遍的乐观情绪的鼓舞下,当时几份影响力较大的黑人报纸将布朗案判决赋予了无与伦比的时代意义,它们认为布朗案的影响超出了教育领域,它支持美国与苏联进行冷战对抗,同时也给美国的外交政策增加完整性、现实性和力量。《非裔美国人》认为布朗案判决不亚于引爆了一颗原子弹⑤。佐治亚州出版的《亚特兰大世界日报》(*Atlanta Daily World*)称布朗案判决受到全世界瞩目,它将强化美国作为世界领袖的地

---

① Johnson, C. S. *Some Significant Social and Educational Implications of the U. S. Supreme Court's Decision*[J]. *Journal of Negro Education*, Vol. 23(Summer 1954).

② Rosenberg, Gerald N. *The Hollow Hope: Can Courts Bring About Social Changes?* [M]. Chicago: University of Chicago Press, Second Edition, 2008:43.

③ Tushnet, Mark V. *Making Civil Rights Law : Thurgood Marshall and the Supreme Court, 1936—1961*[M]. Cary, NC: Oxford University Press, 1994:232.

④ Kluger, Richard. *Simple Justice: the History of Brown v. Board of Education and Black America's Struggle for Equality*[M]. New York: Oxford University Press, 1978:710,714.

⑤ *A Supreme Court Bomb*! [N] *Afro-American*, May 22, 1954, Cartoon.

位。它不仅宣扬了美国的民主精神，同时强化了少数族裔对联邦最高法院发自内心的崇拜。①《匹兹堡信使报》称布朗案判决通过司法手段唤醒了美国的良心，同时也有效地使亚洲和非洲千百万有色人民深刻认识到这样的事实：理想主义和社会公德可以并且确实在美国盛行，而与种族、信仰和肤色无关。②《芝加哥卫报》（*Chicago Defender*）指出，原子弹或者氢弹的爆炸都比不上布朗案判决对美国民主制度的意义，它意味着双元制社会在美国生活中开始瓦解；最高法院的判决砍断了"种族隔离学校"这样一副束缚黑人的手铐。③ 纽约哈勒姆区的《阿姆斯特丹新闻》（*Amsterdam News*）认为，对于黑人而言，这是自《解放黑奴宣言》以来最伟大的胜利，这一判决虽然只废除了南方公共教育中的种族隔离，但将同样有助于解决其他领域中的黑人问题。④

二、白人对布朗案判决的回应

白人对布朗案判决持不同的立场。由于布朗案更多地涉及南方社会种族关系的本质性变革，所以北方白人对布朗案判决大多持赞扬或者中立态度。虽然布朗案判决与南方白人的利益直接相关，并且涉及敏感的种族关系问题，但南方白人内部并不是铁板一块，他们的反应与行动各有不同。他们对布朗案判决的态度分为三类：自由主义者拥护布朗案判决；一些温和的种族主义者虽然对种族合校并不满意，但迫于最高法院的权威或者出于回避问题的动机，并没有大放厥词、做出激进的行为，有些地方甚至缓慢地开始执行种族合校的决定，并且开始反思教育中种族隔离制度本身的正当性；极端的种族主义者拒不执行种族合校的法院判决，而是通过或明或暗的方式进行示威和抵制。这三类人遍布在南方各州，一个整体上支持种族合校的州也有个别种族主义言论，而多数白人抵制布朗案判决的州也有自由派人士存在。

---

① *The Decision of A Century*[N], *Atlanta Daily World*, May 18, 1954.

② *Will Stun Communists*[N], *Pittsburgh Courier*, May 18,1954.

③ *End of Dual Society*[N], *Chicago Defender*, May 18, 1954;June 12, 1954, Cartoon.

④ Patterson, James T. *Brown v. Board of Education, a Civil Rights Milestone and its Troubled Legacy*[M]. New York: Oxford University Press, 2001:xiv.

（一）北方白人的反应

北方白人对布朗案判决大多数持赞扬或中立态度，这些态度从几份重要报纸的评论文章上可见一斑。重要报纸的评论不仅反映了作者和编辑的观点，而且在一定程度上反映了报纸出版地区人们的普遍情绪。

《波士顿先驱报》(*Boston Herald*)认为，普莱西案规定的种族隔离制度只是权宜之计，是对民主过程和民主原则的滥用，布朗案判决意味着美国宪法仍然是一部鲜活的、不断发展的文献①；《洛杉矶时报》(*Los Angeles Times*)认为，布朗案判决虽然不会带来一场内战，但很可能会带来一场社会和政治革命。对于联邦最高法院而言，如何实施这一判决是一个迫在眉睫的大问题；很明显的是，需要对南方白人进行政治施压。在某些地区，对改革的困惑将至少影响包括黑人和白人在内的一代学生，除非解决这个问题的时候达成了相互之间的约束和理解。②《纽约时报》(*New York Times*)一方面指出布朗案判决重申了美国的民主精神和对平等的信仰；另一方面也指出，联邦最高法院的判决讨论的是《独立宣言》中提及的人权体系——"人人生而平等"(All men are created equal)。这也就意味着，所有儿童在法律面前是平等的，如果他们失去了受教育的机会，也就失去了发展成为有用人才的机会，但这个判决并不是指最终可能导致种族通婚的那种"平等"和社会制度。不可否认的是，在南方各州进行种族合校的过程中将会产生问题。如果黑人白人师生同校的话，南方的社会习俗将不得不适应新的环境，这些问题急不得。③《时代》(*Time*)杂志称，在联邦最高法院做出的所有判决中，除了德雷德·斯科特案(Dred

---

① *Equality Redefined*[N]. *Boston Herald*, May 18, 1954.

② *The Segregation Decision*[N]. *Los Angeles Times*, May 19, 1954.

③ "*All God's Chillun*"[N]. *New York Times*, May 18, 1954.

Scott v. Sandford, 60 U. S. 393)①之外,没有其他任何案件的重要性超过布朗案,这些案件都没能如此直接、即刻地影响到如此之多的美国家庭。俄亥俄州辛辛那提市的《探秘者》(*Enquirer*)杂志认为,在美国获得世界霸权的过程中,人道主义流失殆尽,"法官们做出的决定代表美国良心发现",在一定程度上使人道主义回归美国。②

联邦政府对布朗案的判决采取了一种不置可否的态度。在布朗案审理过程的争论中,艾森豪威尔总统一直都遵循不干涉的原则;国会也没有表态,甚至也没有对联邦最高法院的判决表示肯定。有一次,国会的批评家们批评艾森豪威尔对南方抵制布朗案判决的行为反应冷漠,艾森豪威尔通过特殊渠道说,"政府的司法部门没有资格实施联邦最高法院的决定,总统不对此做出任何假设"。对于新闻记者以及其他人,艾森豪威尔经常提及"进步"——已经取得的进步以及应当取得的进步,但并没有清楚表明他对布朗案判决以及废除学校中种族隔离的态度。他批评了那些"极端主义者",似乎将服从命令的人和进行抵制的人归为一类。③

(二) 南方白人的反应

南方白人中只有极少数属于自由派。从整体上而言,在布朗案判决之后,这些自由派白人普遍持乐观主义态度,他们的情绪在美国社会中进一步蔓延,认为布朗案判决反映了进步主义力量在更大范围内的增强。经济增长、技术变革以及文教水平的增长,这些因素从 20 世纪 40 年代就

---

① 德雷德·斯科特原是密苏里州一名军医 J. 埃默森的黑奴。1834 年,斯科特随其主人迁居到属于自由州的伊利诺伊,后又迁居根据密苏里妥协案(1820)规定禁止蓄奴的威斯康星州,因此获得自由。但 1838 年,斯科特又回到蓄奴州密苏里后,重新沦为奴隶。他的主人死后,斯科特又被卖给纽约的 J. 桑福德为奴。1846 年,斯科特在密苏里州提出申诉,以曾两度成为自由土地的居民为根据,要求恢复自由。斯科特初审获胜,但后被密苏里法院驳回。斯科特又上诉至联邦最高法院。联邦最高法院最终得出的判决结果是:作为一名黑人奴隶,斯科特是奴隶主的财产而不是美国公民,无权向联邦法院上诉。由于公民的财产应受宪法保护,国会或地方议会都无权宣布在美国任何地域禁绝奴隶制度。这一判决实际上宣布《密苏里妥协案》违宪,引起北方各州人民的抗议,加剧了南方和北方围绕奴隶制度的斗争,成为促成美国内战的重要因素之一。

② Kluger, Richard. *Simple Justice: the History of Brown v. Board of Education and Black America's Struggle for Equality*[M]. New York: Oxford University Press, 1978:709—710, 713—714.

③ Muse, Benjamin. *Ten Years of Prelude: the Story of Integration since the Supreme Court's 1954 Decision*[M]. New York: the Viking Press, 1964:73—74.

开始刺激文化中乐观主义的发展,并且激励了一些自由派学者,他们期望美国的种族主义弊病将会有所减弱。这些乐观主义者充满希望,认为没有什么力量可以阻止这种潮流。杰克·格林伯格认为,废除种族隔离制度是“历史的潮流,联邦最高法院只是参与到了这个过程中”。① 菲利普·埃尔曼也有类似的观点,他认为维持普莱西案判决的观念正在消亡。他开玩笑说,全国有色人种协进会的律师们无论在法庭上进行怎样的辩论,布朗案判决都会得出同样的结果。即使瑟古德·马歇尔在辩护时引用“玛丽有只小羊羔”,结果也会完全一样。② 曾在南卡罗莱纳州联邦地区法院审理布里格斯案的瓦林法官此时客居纽约,当听到联邦最高法院的判决结果后,他高兴地对新闻媒体说:“布朗案判决将载入史册,它将抹去德雷德·斯科特案以及普莱西诉弗格森案所带来的耻辱。联邦最高法院肯定了我们对《独立宣言》和宪法的信仰,最终消灭了在所谓‘隔离但平等’的诡辩之下怀有恶意种族偏见之人的伪善。长期以来,国外的敌人一直嘲讽美国没有实现真正的民主,布朗案判决使我们最终摆脱了这种指责,民主和正直将成为社会的主流。”③

包括大部分普通白人民众和部分州长在内的南方白人属于态度温和的保守主义者。北卡罗莱纳州的州长威廉·乌姆斯特德(William Umstead)对布朗案的判决结果非常沮丧,但是“联邦最高法院都发了话”,所以他“不得不恭敬地”服从判决。布朗案判决的第二天,北卡罗莱纳州格林斯保罗的学校委员会进行了投票表决,以 6 比 1 的票数同意遵守法院判决;而且在投赞成票的 6 个人中,有 1 个是黑人——黑人在格林斯保罗是具有投票权的。这条消息看起来确实令人振奋,北卡罗莱纳州似乎已经准备接受布朗案判决了。④ 南方其他一些州的州长和总检察长虽然并不支持废除种族隔离,但在语言行为上也颇为谨慎,看起来也顺从

---

① Rosenberg, Gerald N. *The Hollow Hope: Can Courts Bring About Social Changes?* [M]. Chicago: University of Chicago Press, Secod Edition, 2008:169.

② Tushnet, Mark V. *Making Civil Rights Law: Thurgood Marshall and the Supreme Court, 1936—1961*[M]. Cary, NC: Oxford University Press, 1994:216.

③ Yarbrough, Tinsley E. *A Passion for Justice: J. Waties Waring and Civil Rights*[M]. Cary, NC: Oxford University Press, 1987:225.

④ Chafe, William. *Civilities and Civil Rights: Greensboro, North Carolina, and the Black Struggle for Freedom*[M]. New York: Oxford University Press, 1980:6—7, 60—66.

于眼前的变化。弗吉尼亚州的州长托马斯·斯坦利(Thomas Stanley)认为,布朗案判决要求人们保持"冷静的头脑、平静的研究、明智的判断",他承诺在对布朗案判决付诸行动的时候应该与弗吉尼亚州"黑白两族的领袖"协商,然而他在5个星期之后突然变卦,声称"将使用一切合法手段维持弗吉尼亚州公共学校中的种族隔离"①。田纳西州也没有轻举妄动,而是在细细揣摩,静观其变②。南卡罗莱纳州的州长詹姆斯·伯恩斯说,南卡罗莱纳将"静观其变",看看最高法院将给出什么样的命令;然后又说,南卡罗莱纳将采取怎样的行动并不取决于他,而是取决于州立法机构和民众的态度。③ 弗吉尼亚州的总检察长林赛·埃尔蒙德起初也表现得没有那么激进,他在辞职信中说,弗吉尼亚州将会以实际的方式着手解决种族合校的问题,并努力做出一些理智的调整。④ 阿肯色州的州长弗朗西斯·彻丽(Francis Cheery)声明,"阿肯色州总是遵从法律"。阿拉巴马州的州长詹姆斯·福尔瑟姆(James Folsom)说,"联邦最高法院的判决就是法律"。特拉华州、西弗吉尼亚州、肯塔基州的州长都声明支持布朗案判决。俄克拉荷马州、密苏里州以及哥伦比亚特区的官员也大体上表示支持最高法院的决定;和这些地区有关的联邦地区法院和上诉法院的法官们也开始行动,执行废除学校中种族隔离的命令。按照这种发展趋势,到1955年,临近这些州的主要白人城镇也很有可能同意种族合校,比如阿肯色州的西北部地区。⑤

《亚特兰大宪法报》(*Atlanta Constitution*)指出,最高法院的决定并不意味着黑人儿童和白人儿童将从这个秋季开始同校上学;法院自己也提供了一个"冷静期",今年秋天将就如何实施这一判决听取17个州总检察长的辩论。与此同时,南方各州没有时间做出草率、欠考虑的行动,也

① Kluger, Richard. *Simple Justice: the History of Brown v. Board of Education and Black America's Struggle for Equality*[M]. New York: Oxford University Press, 1978:711,714.

② *The Thinker*[N]. *Tennessean*, May 22, 1954, Cartoon.

③ Sarratt, Reed. *The Ordeal of Desegregation: The First Decade*[M]. New York: Harper & Row, 1966:1.

④ Muse, Benjamin. *Ten Years of Prelude: the Story of Integration since the Supreme Court's 1954 Decision*[M]. New York: the Viking Press, 1964:21.

⑤ Patterson, James T. *Brown v. Board of Education, a Civil Rights Milestone and its Troubled Legacy*[M]. New York: Oxford University Press, 2001:72.

没有时间纵容来自任何一方的煽动者,不会轻信那些总是期望挑起暴动和仇恨的人。佐治亚州现在需要好好想清楚,将最优秀的人才积极调动起来用于寻找建设性的结论,而不是用于破坏。① 肯塔基州路易斯维尔的《信使日报》(*Courier Journal*)指出,"联邦最高法院的判决本身并不是一场革命,只是水到渠成地接受了一个存在已久的过程,各地民众都能够很好地适应法院的适度和谨慎"。② 密西西比大学的校报《密西西比人》(*Mississippian*)指出,实施布朗案判决比得出这一结论更加困难,尽管大部分白人学生并不愿意和黑人一起上学,但也许将来黑人会获准进入密西西比大学读书,所以白人师生还是应该调整自己的心态。③

还有一部分南方白人强烈反对种族合校,这些人大多是出身于老南方和南方腹地的民主党政治领袖。佐治亚州的州长赫尔曼·塔尔梅奇(Herman Talmadge)认为,联邦最高法院的行为使得美国宪法成了"一纸空文",这一判决完全是一个政治命令,它公然藐视所有的法律和判决先例,不仅从国会和人民手中篡夺了修改宪法的权力,并且从国会手中窃取了制定国家法律的权力。只要他当州长,佐治亚州就会维持种族隔离制度。④ 佐治亚州正在计划通过一项州宪法修正案,企图将公立学校变为私有。⑤ 密西西比州的参议员詹姆斯·伊斯特兰(James Eastland)的话中充满着挑衅,他认为布朗案判决是政治法庭的产物,南方不会遵守这样的决定,任何企图使南方公共学校种族合校的努力都会导致"巨大的冲突和混乱"。⑥ 弗吉尼亚州的参议员哈里·伯德(Harry F. Byrd)称,"在对各州的权威和福祉具有生死攸关的影响的领域",这个决定"对各州的权力进行了最为沉重的打击"。伯德避而不谈布朗案所涉及的道德判断和价值判断,转而强调这一判决危及人们对于既有法律的稳定预期。他号召官员和学生家长在"清晰和缜密的思考之后再作成熟的判断,运用智慧塑

---

① *The Supreme Court Has Given Us Time*[N]. *Atlanta Constitution*, May 18, 1954.

② *Courier Journal*[N], May 18, 1954.

③ *Adjustment Held Difficult*[N]. *Mississippian*, May 18, 1954.

④ Johnson, R. O. *Desegregation of Public Education in Georgia—One Year Afterward*[J]. *The Journal of Negro Education*. Vol.24, No. 3(Summer,1955).

⑤ *The Decision of a Century*[N], *Daily World*, May 18, 1954.

⑥ Kluger, Richard. *Simple Justice: the History of Brown v. Board of Education and Black America's Struggle for Equality*[M]. New York: Oxford University Press, 1978:710—711.

造未来”。① 密西西比州的州长雨果·怀特也坦率地说,“我们不会理会联邦最高法院的决定。我不认为这个命令将会对密西西比州产生任何影响”。阿肯色州的教育专员在1954年夏天说,“我们将坚持本州公共学校中的种族隔离制度,除非普通民众愿意接受种族合校”。②

密西西比州的《杰克逊日报》(*Jackson Daily News*)指出,联邦最高法院的决定将在南方多处导致流血事件。黑人儿童和白人儿童同校上学将导致不同种族之间通婚,进而导致出现混种的婚姻和混血的人种。③《阿肯色州民主报》(*Arkansas Democrat*)公开反对联邦最高法院的判决,指出这项判决“在社会习俗发生变化之前,试图通过法庭判决改变社会结构,我们认为这样做是不明智的”。这份报纸认为应该通过渐进的方式在南方的种族关系变革中取得稳定的进展,而非通过法院强制的方式取得种族关系的迅速变革。④ 弗吉尼亚大学的校报《骑士日报》(*Cavalier Daily*)称,布朗案判决与南方的生活方式相悖,挑战了南方人从1619年以来形成的思维方式。⑤ 新奥尔良的《皮卡尤恩时代报》(*Times-Picayune*)发表社论指出,联邦最高法院的命令既不会促进种族合校,也不会促进两族之间的和解。它批判了联邦最高法院的推理,认为路易斯安那州为黑人学校和白人学校提供的教育设施大致平等,比以前更接近于“隔离但平等”的要求,也就意味着法院应该接受这一现状。⑥

第二节　南方种族合校的初步尝试

1955年5月31日,联邦最高法院进行了第二次布朗案判决,探讨了

① Harry F. Byrd Statement [EB/OL]. www. vcdh. virginia. edu/civilrightstv/documents/images/1954Byrd. ipg. 2013—2—26

② Sarratt, Reed. *The Ordeal of Desegregation: The First Decade* [M]. New York: Harper & Row, 1966:1,85.

③ *Bloodstains On White Marble Steps* [N], *Jackson Daily News*, May 18, 1954.

④ *No School Segregation* [N]. *Arkansas Democrat*, May 18, 1954; *No Job For a Race Horse* [N]. *Arkansas Democrat*, May 22, 1954, Cartoon.

⑤ “*Violates*” *Way of Life* [N]. *Cavalier Daily*, May 18, 1954.

⑥ *New Orleans Times-Picayune* [N], May 18, 1954.

第一次布朗案判决的执行问题。在两次布朗案判决之间一年左右的时间里，南方各州公共学校中的种族隔离从整体上没有什么大的变化。但仔细审视之后就会发现，各州种族合校的进程还是存在一定的差异，大致上可以分为两类。第一类是顺应最高法院判决的州，包括特拉华州、马里兰州、西弗吉尼亚州、密苏里州、堪萨斯州、俄克拉荷马州，它们基本上位于南北方的交界处，黑人数量较少，并且受北方、中西部的影响较大①。

第二类包括远离南北边界的南方其余各州，它们对联邦最高法院的判决存在不同程度的抵制情绪，采取拖延政策：佛罗里达州、德克萨斯州对待种族合校问题态度比较平和，维持原有的种族隔离制度不变，等待联邦最高法院进一步的命令；阿肯色州和田纳西州对种族合校问题存在内部分歧，但掌权的政治派别似乎倾向于实施种族合校；北卡罗莱纳州和弗吉尼亚州态度强硬，出现了对联邦最高法院判决的公然抵制；阿拉巴马州起初持观望态度，但后来逐渐向佐治亚州看齐，坚定不移地支持"私立学校计划"，拒绝按照联邦最高法院的指示开始行动。包括佐治亚州、路易斯安那州、南卡罗莱纳州和密西西比州在内的"顽石州"（Hard Core State）对联邦最高法院判决的抵制最为强烈，甚至出台相关法规避免种族合校的产生。②《南方学校报》1954 年 10 月对南方各州种族合校的程度进行了报道：堪萨斯州、密苏里州、西弗吉尼亚州、马里兰州、特拉华州都"朝向种族合校开始行动"；而南卡罗莱纳州、佐治亚州、密西西比州和路易斯安那州都"强烈抵制"种族合校。③

一、相对平稳的种族合校及其后果

在两次布朗案判决之间一年左右的时间里，南北方边界处的一些州出现了相对平稳的种族合校。尽管与白人学生同校读书的黑人儿童只占

---

① Carter, Robert L., Marshall, Thurgood. *The Meaning and Significance of the Supreme Court Decree*[J]. *The Journal of Negro Education*. Vol. 24, No. 3(Summer,1955). Parrish, C. H. *Desegregation in Public Education—a Critical Summary*[J]. *The Journal of Negro Education*. Vol. 24, No. 3(Summer,1955).

② Parrish, C. H. *Desegregation in Public Education—a Critical Summary*[J]. *The Journal of Negro Education. Vol.* 24, No. 3(1955).

③ *Southern Education Reporting Service. Southern School News*[N]. Nashville, Tennessee, October 1954.

全部黑人儿童的一小部分,但毕竟标志着废除学校中种族隔离的顺利开始。密苏里州就是一个非常典型的例子,它处于美国地理上的中心,在经济上受中西部的影响较大,与南方腹地黑人的境遇相比,密苏里州黑人所遭遇的种族歧视与偏见要轻得多。① 1954 年,密苏里州在校学生数是 710000 名,其中 63100 名是黑人。在这些黑人学生中,55500 名居住在市区、圣路易斯和堪萨斯城(Kansas City)的郊区以及密苏里州东南角的 6 个农业县里,剩下 7600 名黑人学生散布在密苏里州其他地区。②

第二次世界大战之后,随着美国种族关系的微妙变化,一批宗教团体、教育团体、民权团体为密苏里州种族关系的缓和做了大量的工作,再加上其他领域废除种族隔离的斗争取得了一些胜利,因此当联邦最高法院的判决颁布之后,尽管密苏里州官方存在轻微的抵制情绪,但整体而言对废除公共学校中种族隔离的态度比较温和。③ 在一些黑人非常少的学区,二元的公共教育体系造成了教育资源的极大浪费,在这种经济因素驱动之下,甚至出现了自愿废除学校中种族隔离的行动。

密苏里州 1875 年的州宪法规定为黑人建立隔离的公共学校,但即使是在布朗案判决之前,密苏里州就存在黑人与白人同校上学、一起使用校车的情况;还有一些地区的学校是半种族隔离的。布朗案判决之后,密苏里州的大部分官员对这个判决比较顺从,各种形式的种族合校已经在自愿的基础上开始,黑人学生可以选择留在种族隔离的学校或者和以前的白人学校。布朗案判决两个月之后,密苏里州堪萨斯城的教育委员会就宣布公共学校中的种族隔离违宪,委员会决定从 1954 年 9 月开始关闭一所黑人初级学院,同时将堪萨斯城初级学院改为混合学校。④

在圣路易斯居住着中高收入人群的一些地区,立刻开始了整体的或者部分的种族合校:布朗案判决颁布一个月之后,圣路易斯学校委员会召

① Marshall, Albert P. *Racial Integration in Education in Missouri*[J]. *The Journal of Negro Education*. Vol. 25, No. 3(1956)

② *Southern Education Reporting Service*. *Southern School News*[N]. Nashville, Tennessee, September 1954.

③ Billington, Monroe. *Public School Integration in Missouri, 1954—64*[J]. *The Journal of Negro Education*. Vol. 35, No. 3(1966).

④ Loeb, Martin. *Kansas City Does Its Duty*[J]. *Social Problems*. Vol. 4, No. 2(1956).

开了一次特别会议,一致同意实施最高法院的判决。他们决定从 1954 年 9 月开始在学院、特殊学校中实行种族合校;从 1955 年 1 月 31 日开始对高中(技术高中除外)、成人教育学校实行种族合校;从 1955 年 9 月开始废除小学和技术高中里的种族隔离。吉拉多角(Cape Girardeau)也在所有的高中和一半的小学里面开始废除种族隔离:所有的学生乘坐同一辆校车上下学。更多的地区则是出台了种族合校的方案,准备在 1955 年的秋季学期开始这一进程。比如堪萨斯城准备于 1955 年 9 月废除高中里的种族隔离,在高中层次将保留 4 所白人高中,4 所高中接收少量黑人。就小学层次而言,有 31 所小学将成为混合学校,同时还保留一所黑人小学和 41 所白人小学。①

除了密苏里州之外,南北方边界的其他州也取得了废除种族隔离的一系列进展。西弗吉尼亚州关闭了 19 所黑人学校,将 135 所学校(包括 86 所小学、12 所初中和 37 所高中)设为混合学校,在这些学校就读的有 44588 名白人学生,1008 名黑人学生,占所有白人学生的 10%,黑人学生的 4%。② 作为布朗案组成案件之一的发生地,堪萨斯州在布朗案宣判之前就开始了废除种族隔离的进程,1953 年,琳达·布朗所在的托皮卡县将两所白人小学改为混合学校,艾奇逊(Atchison)县废除了全县所有学校里八年级的种族隔离;当法院宣布判决意见之后,堪萨斯州加速了种族合校的速度,1954 年 9 月,托皮卡将另外 12 所小学改为混合学校,只剩下 10 所小学实行种族隔离,而艾奇逊县废除了所有学校七年级的种族隔离。③ 马里兰州的巴尔的摩从 1954 年 9 月开始了废除种族隔离的进程,巴尔的摩的学校里共有 143690 名学生就读,黑人学生共有 55878 名,占了 38.9%,其中在混合学校读书的黑人学生有 1800 名,占黑人学生数量的 3.09%。④ 布朗案判决一周之后,特拉华州的州长就致信州教育委员

① Brantley, George D. *Present Status of Integration in the Public Schools of Missouri*[J]. *The Journal of Negro Education*. Vol.24, No. 3(Summer, 1955).

② Jordan, Lawrence V. *Educational Integration in West Virginia—One Year Afterward*[J]. *The Journal of Negro Education*. Vol.24, No. 3((Summer, 1955).

③ Knox, Ellis O. *Racial Integration in the Public Schools of Arizona, Kansas and New Mexico*[J]. *The Journal of Negro Education*. Vol.23, No. 3(Summer, 1954).

④ Grant, George C. *Desegregation in Maryland since the Supreme Court Decision*[J]. *The Journal of Negro Education*. Vol.24, No. 3(Summer 1955).

会,要求州教育委员会按照最高法院的判决进行调整;9 月,种族合校的政策顺利地在威明顿县 8 所公共小学实施,1 所黑人小学被关闭,全体黑人师生转入了附近一所白人小学;威明顿县共有黑人学生 1836 人、白人学生 4667 人,有 627 名黑人学生进入了以前的白人小学,有 24 名白人学生进入了以前的黑人小学,只有 6 所小学保持种族隔离,但多是因为这些学校附近是种族隔离的居住区。①

然而对于黑人来说,废除种族隔离也有不利的因素存在:它在促进黑人学生获得平等教育权利的同时,也严重威胁了这些地区黑人教师的职业安全。西弗吉尼亚州的学监指出:“在就读学生少于法定最低限的时候,就要关闭这所学校,停付教师工资,将学生转至他校上学。”在这一政策下,西弗吉尼亚州关闭了 19 所黑人学校,将 15 名黑人教师转到混合学校教学,而另外 15 名黑人教师失去了工作。密苏里州汉尼拔(Hannibal)的黑人教师收到通知:1954—1955 学年结束之后,他们的工作岗位将被撤销;而另一个学区的黑人校长和一些教师被告知,他们在这个学期结束之后将被解雇。②

并非所有的黑人都期望废除种族隔离。密苏里州的波普勒布拉夫(Poplar Bluff)有 353 名黑人学生,他们都选择留在种族隔离的学校;吉拉多角的一所黑人小学应家长的要求保持种族隔离,一半数量的黑人学生留在这里读书。③ 在西弗吉尼亚,一名黑人女孩在白人初中上了一个月的学,由于感到孤单寂寞,想念她以前的朋友,就又回到以前的学校去了。在另外一所还未废除种族隔离的黑人学校,以前一直希望进入白人学校的学生又想回到黑人学校去。④

在南北方边界各州,废除种族隔离的过程并不总是一帆风顺的。1954 年 9 月,特拉华州准备在一个黑人数量大约只占 17% 的县——米尔

① Shagaloff, June. *Desegregation of Public Schools in Delaware* [J]. *The Journal of Negro Education* 24, No. 3(Summer, 1955).

② Parrish, C. H. *Desegregation in Public Education—a Critical Summary* [J]. *The Journal of Negro Education* 24, No. 3(Summer, 1955).

③ Parrish, C. H. *Desegregation in Public Education—a Critical Summary* [J]. *The Journal of Negro Education* 24, No. 3(Summer, 1955).

④ Jordan, Lawrence V. *Educational Integration in West Virginia—One Year Afterward* [J]. *The Journal of Negro Education*. Vol. 24, No. 3((Summer, 1955).

福德(Milford)县准备废除公共学校中的种族隔离,招收11名黑人学生进入当地的白人高中。这一行动引起了白人家长的抗议与抵制,他们控诉这些黑人学生在与白人师生的交往中使用了不文明的行为和语言,甚至有暴力倾向。大约1500名白人举行了集会,这些人来自各个阶层,其中大多数是贫穷的白人农民。超过800名白人联名签署了请愿书,以抵制种族合校。由于有可能产生暴力行为,学校委员会关闭了这所学校,并且没有给出明确的重新上课时间。①

二、南方其余各州对种族合校的抵制

南方其余各州存在对种族合校不同程度的抵制,以"顽石州"最甚。在两次布朗案判决之间,这些州的州长都没有明确表示服从最高法院的判决。② 白人认为5月17日的判决不是最终的意见,需要等待最高法院最终的指令再行动。他们想通过提高黑人学校的物质条件来避免种族合校,认为如果黑人学校和白人学校在物质条件上相差不多的话,那么就没有黑人去上白人学校了,这样维持学校中种族隔离的想法也就能够实现,因此在第二次布朗案判决之前,即使是那些可能采取积极措施的州也几乎什么都没做。肯塔基州指出,在联邦最高法院的第二道指令下达之前,肯塔基州种族隔离的法案继续有效;德克萨斯州的教育专员说,"在联邦最高法院采取进一步行动、德克萨斯州议会为这种变化指明道路之前,本州的公共学校系统不应考虑任何变化"。阿肯色州的教育委员会声明,"由当地委员会对种族合校做出的任何决定都是不成熟的"。在北卡罗莱纳州也颁布了类似的指令,在一定程度上阻止了这些州一部分社区从1954年9月开始废除种族隔离。③ 对于那些被称为"顽石州"的州来说,布朗案的判决令人无法忍受,他们想尽一切办法挽救这一局面。路易斯安那州和佐治亚州都属于典型的南方腹地,这两个州都对黑人存在严重

① Patterson, James T. *Brown v. Board of Education, a Civil Rights Milestone and its Troubled Legacy*[M]. New York: Oxford University Press, 2001:72—73.

② Sarratt, Reed. *The Ordeal of Desegregation: The First Decade*[M]. New York: Harper & Row, 1966:3—4.

③ Parrish, C. H. *Desegregation in Public Education—a Critical Summary* [J]. *The Journal of Negro Education.* Vol. 24, No. 3(Summer, 1955).

的种族歧视,产生了对布朗案判决的正面抵制。

(一) 路易斯安那州对种族合校的抵制

路易斯安那州议会以及高级官员表达了对布朗案判决的强烈不满,通过各种方式维护学校中的种族隔离制度。当布朗案在最高法院进行判决时,路易斯安那州议会正在开会;听到这一消息之后,议员们立刻通过了相应的立法,蓄意避免实施最高法院的判决。路易斯安那州议会强烈批评最高法院"篡夺权力";对于这一观点,100 名众议院代表中只有三票表示反对,39 名参议院代表中只有一票反对。

在明确反对最高法院的判决之后,路易斯安那州立法机构从州议会中任命了一个联合委员会,来寻找维持种族隔离的办法。这个委员会提交给州议会三个法案,在修改之后都得到了议会的首肯和选民的认可。这些议案规定种族隔离的学校应该在路易斯安那州的警力维持下继续存在,黑人白人学生必须进入种族隔离的学校,而这种隔离与种族原因无关;在特殊的选举中可以提交与教育有关的宪法修正案;授权教区学监将学生分配到特定的学区。这些法案互为补充,目的是为了避免实施最高法院的判决。

路易斯安那州新当选的州教育委员会主席声称,因为州教育委员会是州立法机构创立的,因此必须反对废除种族隔离。州议会还通过议案拨款建立南方大学(Southern University)的分校,专门招收黑人学生;路易斯安那州州长称,他对有机会签署这样的议案表示很满意。州长还签署了其他法案,支持教区和县改善黑人学校的设施,预先阻止种族合校的产生。① 他们坚持认为种族隔离的学校对黑人和白人都是最好的选择,一位官员说:"我们的推理并不是基于偏见,而仅仅是为了使所有的学生都能从公共学校中充分获益。经过了深思熟虑,我们的研究证明只有维持现有的种族隔离的学校制度,才能维护学校的最大利益,尤其是学生的最大利益。"②在这样强烈的抵制情绪下,路易斯安那州不仅拒绝参与最高法院对布朗案实施方式的讨论,出现了对法院判决的抵制行为,而且还为

① Taylor, Joseph T. *Desegregation in Louisiana—One Year After* [J]. *The Journal of Negro Education*. Vol. 24, No. 3(Summer, 1955).

② *New Orleans Item*[N], June 8, 1955.

这一行为辩护。路易斯安那州的总检察长对这一行为的解释是:“我们不是布朗案的当事人,如果提交了概要,将会受到法院命令的约束;如果不提交的话,则还有可能不直接受到法院命令的约束。如果在路易斯安那州强制推行种族合校的命令,本州将会出现类似的案件。”①

此外,路易斯安那州掌握政权的白人还将矛头指向全国有色人种协进会,阻止它在州内的一切活动,认为该会是使得布朗案出现不利于白人的判决的罪魁祸首。在路易斯安那州竞选前的电视广播中,白人大肆鼓吹种族隔离制度的优越性,认为这种制度是“天然形成的,上帝用智慧创造了这种制度,使白人和黑人各得其所。黑白两个种族都应该为此感到自豪,并不断地为其纯洁性而努力奋斗”。他们认为,虽然近三十年白人的统治地位在世界范围内有所动摇,尽管全国有色人种协进会进行了颠覆国家政权的恶毒宣传,已经“影响到了我们领导权的巩固”,但他们很有信心战胜该会,认为“我们能像父辈那样战胜他们。我们团结一致,有自己的官员和选举权,有信心将全国有色人种协进会赶回老家去”。路易斯安那的白人种族主义者仍然希望回到“隔离但平等”的时代。②

与此同时,路易斯安那州的大部分白人民众也抵制种族合校,他们大多数同意路易斯安那州议会提出的议案,所谓的“仇恨组织”(Hate Group)活动依然猖獗。布朗案判决之后的一周内,《皮卡尤恩时代报》上刊登了这样一条消息:白人基督徒骑士协会(Knights of the White Christians)号召“忠实的南方白人基督徒保卫种族隔离制度,这是本州的利益所在,也是南方的传统”;而所谓的“南方绅士和公民委员会”(Southern Gentlemen and Citizens Councils)也不定期地进行各种抵制活动。没有任何实例表明路易斯安那州的公共学校有任何种族合校的迹象,而且无论是从高层领导还是普通白人民众的言行来看,路易斯安那州的公共学校中近期几乎没有希望出现自发进行的种族合校。③

① *Southern Education Reporting Service. Southern School News* [N]. Nashville, Tennessee, October 1954.

② *Southern Education Reporting Service. Southern School News* [N]. Nashville, Tennessee, November 1954.

③ Taylor, Joseph T. *Desegregation in Louisiana—One Year After* [J]. *The Journal of Negro Education*. Vol. 24, No. 3(Summer, 1955).

(二) 佐治亚州对种族合校的抵制

佐治亚州从布朗案判决之前就开始出台相关举措,巩固种族隔离制度。佐治亚州历史上长期以来存在对黑人的合法隔离,1949 年才开始将"隔离但平等"作为一项社会政策,但依旧没有任何实质性的改变。直到种族隔离制度本身很明显要被最高法院的判决推翻,佐治亚州才注意到这一问题,州议会被迫改善黑人的受教育机会。

佐治亚州的州长塔尔梅奇在 1951 年声明,佐治亚州的政策只是实现各种族之间教育机会的平等,无论最高法院做出怎样的决定,社会生活各个方面的种族隔离制度仍然要维持。他认为,"依照联邦宪法和州宪法,佐治亚州有无可置疑的权力将学生按照年龄、性别、种族、智力或者其他合理的特征进行区分,这符合本州及其公民的最大利益"。塔尔梅奇的言论在布朗案判决之前就掀起了维持学校中种族隔离的浪潮:州宪法规定了必须在本州的公共学校中实施种族隔离;州议会出台了私立学校修正案,这些学校如果不遵守种族隔离的规定,就要依法取消免税的权利。1953 年 2 月 20 日,州议会通过法律,削减对不实施种族隔离的学校的财政资助。随后的州宪法修正案规定,议会可以为本州公民的教育提供州级、县级和市级的基金,并成立佐治亚州教育委员会(Georgia Commission on Education),这个机构设想出一些依据,认为无论最高法院做出什么样的规定,佐治亚州公共学校中的种族隔离都是可以维持的。①

布朗案的判决结果引起了佐治亚州州长、议员的强烈反对,而且使得佐治亚州本已十分激烈的州长选举活动变得更为复杂,这些候选人必须对布朗案判决进行明确表态。在 9 月 8 日的民主党预选中,9 名候选人有资格竞选州长,除了一名来自亚特兰大的女律师声明服从联邦最高法院的判决之外,其他人都支持学校中的种族隔离,而且这些人都有维持种族隔离学校的措施和方案。州长助理马文·格里芬(Marvin Griffin)宣称,"无论遇到什么困难,在佐治亚的学校中永远都不会实行种族混合"。② 格里芬在塔尔梅奇的帮助下胜出,接任佐治亚州州长基本已成定

---

① Johnson, R. O. *Desegregation of Public Education in Georgia—One Year Afterward*[J]. *The Journal of Negro Education.* Vol. 24, No. 3(Summer, 1955)

② Wilhoit, F. M. *The Politics of Massive Resistance*[M]. George Braziller, 1973:42.

局。随后,塔尔梅奇命令佐治亚教育委员会召开听证会,从候选人、各类组织和个人那里征集避免实施最高法院判决的方法,并最终批准了“私立学校计划”。1955 年 1 月 10 日州议会召开,目的是通过旨在强化公共学校中种族隔离的法律。州议会的议程中有审理教育委员会提交的议案:为种族混合的公共学校提供税收支持的个人和团体将被处以重罪;允许学监将每个学生分配到学区内各校;允许当地的教育委员会设立学区,并可以随时更改。

格里芬就任之后,反对联邦对佐治亚的学校建筑提供补贴,认为这种补贴有可能成为联邦政府促进实施种族合校的有力武器。此外,他和塔尔梅奇一样,拒绝佐治亚的总检察长出席最高法院有关布朗案判决实施方案的辩论,其理由是“参与辩论和自己执行没什么区别”,还有可能在佐治亚出现种族合校,或者引发相关案件。格里芬还说,“如果全国有色人种协进会试图在 1955 年夏天推动种族合校并使其在秋天开始实施的话,我们会采取另外一些措施,尽管这些措施代价高昂,而且不那么让人满意”。格里芬的言下之意是要停止本州的教育拨款,整个放弃对本州教育系统的管理。①

(三) 阿肯色州费耶特维尔废除种族隔离的进展

尽管南方腹地各州整体上而言都反对种族合校,但阿肯色州西北部的费耶特维尔(Fayetteville)县却在 1954 年平稳地废除了种族隔离,没有出现任何冲突,它是阿肯色州第一个公开进行种族合校的县。仅在布朗案判决出台 5 天之后,费耶特维尔县于 5 月 22 日宣布了废除高中种族隔离的计划;三个月后,黑白学生就在同一所高中读书;在后续三年中,费耶特维尔县每年废除一个初中年级里的种族隔离。该县允许黑人学生进入当地白人高中,主要是因为经济原因。该县因规模很小,没有黑人高中,县学校委员会一直都是把黑人送到史密斯堡(Fort Smith)或者温泉城(Hot Springs)就读高中。县学校委员会不仅要支付校车的费用,还要给这两个地方支付学费、住宿费和场地费,因此,当第一次布朗案判决后,学校委员会决定允许黑人在当地的白人高中就读,以节省开支。这个决定

---

① Johnson, R. O. *Desegregation of Public Education in Georgia—One Year Afterward*[J]. *The Journal of Negro Education*. Vol.24, No.3(Summer,1955).

公布之后，学校委员会接到了 40 封信件，除了一封来自外州的信件表示反对之外，其余信件都是表示赞成的。学监韦恩·怀特（Wayne White）说，"在和我交谈过的家长中，只有 4 人强烈反对种族合校的决定。另一些人说，他们不赞成这一做法，但这是不可避免的。费耶特维尔不存在有组织的抵抗行为，也没有出现抵制信"。①

费耶特维尔县在种族关系方面并不是一个乌托邦，但它成功处理了 20 世纪最棘手的难题之一，这其中具有多方面的原因。第一，费耶特维尔位于阿肯色州的西北部，距离密苏里州和俄克拉荷马州都不到 35 英里，这个地方的种族关系更接近于关系缓和的边界各州，而不是种族矛盾尖锐的南方腹地。第二，费耶特维尔县地处欧扎克山脉（Ozark Mountains）②，地理环境限制了该地种植园经济的发展。虽然这个地方富裕、掌权的白人在内战前也拥有黑奴，但这些黑奴基本上只需要从事家庭服务，不像种植园里的黑人那样受到严重的压迫和剥削。在 1850 年的时候，只有 3 名奴隶主拥有 20 名以上的黑奴，而且这个地区后来又涌入了大量自由农民，大大削弱了这些奴隶主的影响。尽管费耶特维尔在内战中没有选择脱离阿肯色州，但本地居民中有很多人都支持联邦政府。第三，费耶特维尔的黑人数量较少，即使到了 1954 年的时候，这个县 18000 名居民中也只有 400 名黑人。在吉姆·克罗法盛行的时代，费耶特维尔并没有在饮水器、洗手间等方面实施种族隔离；早在布朗案出现之前，就成功地废除了运动会和社团中的种族隔离。第四，费耶特维尔尽管也存在种族主义，但从历史上来讲，种族冲突与矛盾不像南方腹地其他地方那么激烈。这个地方没有三 K 党的分会，黑人居民也拥有选举权。黑人并没有要求改变这一现状，白人也对种族之间的平等权利持中立态度。第五，费耶特维尔的教育状况也为它平稳的种族合校进程做出了解释。阿肯色大学位于此县，许多教师都毕业于西部或北方，这就为费耶特维尔带来了更为开放的种族观念。1948 年，第一名黑人学生进入阿肯色大学的法学院读书，标志着这所学校开始对黑人开放，这名黑人学生也是自重建

---

① Sarratt, Reed. *The Ordeal of Desegregation: The First Decade*［M］. New York: Harper & Row, 1966:84—85.

② 欧扎克山脉，位于美国阿肯色州、密苏里州和俄克拉荷马州境内。

以来第一名在南方的州立白人学校中读书的黑人。第六,费耶特维尔县的学校委员会在废除种族隔离的时候并没有扩大宣传,该县实施种族合校前后,对这一事件进行报道的报纸杂志屈指可数;如果学校委员会盲目扩大宣传的话,很可能会招致种族主义者的挑衅与阻挠。① 因此,当费耶特维尔县要废除学校中的种族隔离时,几乎没有遇到什么阻力。

第三节 以"审慎的速度"废除种族隔离

联邦最高法院原本准备于 1954 年秋天(大约是 10 月底)进行对布朗案的第三次法庭辩论,以确定废除种族隔离的实施步骤和方法。暑假期间,沃伦和法兰克福特在信件往来中提到了布朗案第三次辩论的相关问题,都希望将这次辩论放在 1954 年秋季的全国普选之后进行。② 杰克逊法官于 1954 年 10 月去世,首席大法官沃伦希望有一个完整的联邦最高法院来处理种族隔离案件,因此这次法庭辩论再次延后。艾森豪威尔总统任命约翰·马歇尔·哈伦(John Marshall Harlan II, 1955—1971 年任职)接任,这位哈伦法官的祖父正是在普莱西案中写下著名反对意见的约翰·马歇尔·哈伦法官,为了区别,法律史研究者通常称沃伦法院时期的哈伦法官为哈伦二世。和其祖父相比,约翰·哈伦二世在司法观点上更为保守,注重司法先例,认为司法只应发挥有限的作用,在推翻已有立法方面更为慎重。但是,他坚持对第十四条修正案的正当程序条款做宽泛解释,认为它保护了美国宪法中没有明确提出的一系列权利。③ 当艾森豪威尔对哈伦的提名提交参议院之后,为了发泄对第一次布朗案判决的怒气,来自南方各州的议员将通过哈伦的提名拖延了四个月。④ 哈伦于

---

① Brill, Andrew. "*Brown*" *in Fayetteville*: *Peaceful Southern School Desegregation in 1954*[J]. *The Arkansas Historical Quarterly*. Vol. 65, No. 4(Winter, 2006).

② Kluger, Richard. *Simple Justice*: *the History of Brown v. Board of Education and Black America's Struggle for Equality*[M]. New York: Oxford University Press, 1978:715

③ 维基百科全书[EB/OL]. http://en.wikipedia.org/wiki/John_Marshall_Harlan_II. 2012—12—4

④ Tushnet, Mark V. *Making Civil Rights Law*: *Thurgood Marshall and the Supreme Court, 1936—1961*[M]. Cary, NC: Oxford University Press, 1994:217.

1955 年 3 月底到联邦最高法院就任，布朗案的最后一次法庭辩论被安排在 4 月 11 日。

一、应该怎样实施布朗案

1954 年的第一次布朗案判决虽然规定公共学校中的种族隔离制度违宪，但并没有给出指导意见，没有指明应该怎样废除南方公共学校中的种族隔离。沃伦法院要求在一段时间的“冷静期”之后就文森法院提出的第 4 和第 5 个问题进行法庭辩论。在这一年多的准备期中，联邦最高法院、全国有色人种协进会、南方各州的总检察长都对布朗案的相关问题进行了深入的思考。

（一）最高法院内部的争论

在第一次布朗案判决结束、第二次布朗案判决开始之前的这段时间里，法官们并没有停止对种族隔离案件的思考。在这大约一年的时间里，南方各州的种族积怨确实有所缓解；但另一方面，人们心中的不安不仅没有平息，反而有所增长。法官们很清楚地意识到公共学校种族隔离问题的严重性。一般而言，联邦最高法院的原则是“民不告官不究”；但种族隔离案件非比寻常，必须认真对待。

法官们参阅了普莱西案等相关法庭判例，认为这些判例不再适用；随着时代的发展和整个国家的巨大变化，联邦最高法院在处理公共学校中种族隔离的问题上没有先例可依。最高法院同时还意识到，由于布朗案所牵涉的种族隔离问题引起了整个美国社会的极大争论，因此无论联邦最高法院希望将执行布朗案判决的命令限制在多么小的范围内，都会有人将这个问题扩大化，试图对其作宽泛的解释。法院允许这 5 个案件所涉及的黑人学生进入白人学校，那么在产生这些案件的南方各州就可能出现成千上万的类似案件，不可能将这些案件都上诉到联邦最高法院。如果来自堪萨斯州托皮卡县的琳达 · 布朗有权和白人学生一起上学，那么如果不授予来自密西西比三角洲的黑人学生这种权利，于情于理似乎都说不过去。如果公共学校中的种族隔离是违宪的，那么社会生活其他领域的种族隔离是否违宪呢？此外，联邦最高法院在正式宣布判决结果之前，是否应该考虑南方各州对种族问题的普遍态度？在不同的地区，废除种族隔离的实施方式可能是不同的，比如堪萨斯州白人较多，废除种族隔离的方式就是在白人的班级里放上几名黑人学生;而南卡罗莱纳州黑人较多,就会在黑人的班级里放上几名白人学生。法院是否要将它们区别对待呢?如果南方各州拖延执行法院判决,法院是否能将其合法化呢?①

布莱克法官和道格拉斯法官直率地指出,南方腹地会用"暴力抵制废除种族隔离的进程";即使联邦最高法院命令立即废除种族隔离,由于抵制的存在,南方腹地也只会出现象征性的种族合校。法兰克福特法官明确赞同渐进式的补救措施,他和联邦最高法院的大多数法官们都相信,如果南方腹地对立即执行种族合校命令产生抵制,将会败坏联邦最高法院的名声;法院可以设计出一种恰当的补救措施,在不产生布莱克法官和道格拉斯法官所预见的暴力抵抗的情况下,使得南方腹地逐渐向废除种族隔离让步。②

为了得出更切合实际的结论,首席大法官沃伦委派六名法律职员就废除公共学校中种族隔离的问题进行调查并提交报告。这些职员于1954年11月提交了他们的报告,分区域汇报了南方各州对第一次布朗案判决的反应以及措施,其中包括南北边界各州在一些学校中废除种族隔离的措施,以及其他地方以废除公共学校相威胁的行为。在4月11日开庭辩论之前,沃伦还在九位法官内部传阅了另外一份备忘录,这份备忘录是那几个进行调查的法律职员撰写的关于种族合校的建议。这份备忘录认为,联邦最高法院应该颁布一项简单的法令,"禁止学校委员会基于种族隔离的学校系统决定黑人到哪里上学",并将这些案件送还地区法院。其中五名职员认为,最高法院应该出台一些"指导意见":他们认为这些案件是"典型的案件,事实上涉及了几百万学生",最高法院的"一般准则"将允许"地方法官在执行一项很可能在当地不受欢迎的行动"时,有据可依。这些职员建议,命令应当突出南方各地情境的多样性,但坚持认为"某种程度的司法管制是不可避免的"。无论有什么理由支持在南

① Kluger, Richard. *Simple Justice: the History of Brown v. Board of Education and Black America's Struggle for Equality*[M]. New York: Oxford University Press, 1978:716.

② Elman, Philip, & Silber, Norman. *The Solicitor General's Office, Justice Frankfurter, and Civil Rights Litigation: an Oral History*[J]. *Harvard Law Review*, Vol. 100, No. 4(Feb., 1987).

方各州各个层次的学校系统中立即废除种族隔离,这种要求都是不切实际的。“没有任何指导意见而让时间白白流逝,只会增加而非减少冲突。这样的情况带有犹豫不决的意味,只会让极端主义者有更多的时间采取行动”;而且“一旦有了法律判决,就要减少逃避的手段,获得大众的认可”。①

但是在关于最高法院应该给出什么样的指导意见方面,这些法律职员的观点并不统一。其中一人认为,鉴于各地的情况和反应不同,应当让联邦地区法院制定废除种族隔离的时间表;其他几名职员均表示不同意,认为这样做会增加南方各州的敌对情绪,证实了“采取立即行动的不可行性”:“如果不能以渐进的方式执行最高法院的命令的话,南方各州绝对不会服从”。另一名职员认为可以接受在12年之内废除种族隔离的计划;其他人认为这种做法会增加反对意见,并且对于那些“已经开始着手废除种族隔离的官员们来说,是一种侮辱”,他们希望给各学区一年的时间,用来进行规划并处理行政性的事务;一年之后,各学校委员会就要立刻采取行动实施种族合校。但他们不能明确提出这种计划,因为这样做的话,“即使各社区希望更快采取行动,也会滋生渐进主义的苗头”。他们的妥协是,必须立刻采取某种积极的行动,但是只要各州真诚地朝着这个方向努力,应该给它们留出合理的时间来执行这些计划。②

(二)南方各州的观点和诉讼准备

南方各州的白人普遍希望维持种族隔离,维持白人的特权与种族优越性地位。对于最高法院废除学校中种族隔离的命令,他们希望尽量拖延,并且使得每一个不想遵守种族隔离的习俗、不想将孩子送入种族隔离学校的黑人家庭都需要通过法律诉讼来解决这一问题。诉讼的时间越长、花销越大,追求法院所赋予的平等教育权利的黑人就会越少。③

就在第一次布朗案正式宣判的前一天,南方较为自由的出版社——

---

① Hutchinson, Dennis J. *Unanimity and Desegregation: Decision-making in the Supreme Court: 1948—1958*[J]. *Georgetown Law Journal*, 68(1979).

② Tushnet, Mark V. *Making Civil Rights Law: Thurgood Marshall and the Supreme Court, 1936—1961*[M]. Cary, NC: Oxford University Press, 1994:221—222.

③ Kluger, Richard. *Simple Justice: the History of Brown v. Board of Education and Black America's Struggle for Equality*[M]. New York: Oxford University Press, 1978:717.

北卡罗莱纳大学出版社出版了温和派白人阿什莫尔(Harry Ashmore)主编的文集《黑人和学校》(*The Negro and the Schools*)。阿什莫尔以北方为例,论证在公共学校中实施种族合校的最为重要的因素是"社区态度"。他认为,"由于绝大部分民众的积极反对,种族合校即使可行也会遇到极大的阻力。但到了真正要实施废除种族隔离的时候,支持种族合校的大部分市民都会积极反对。没有其他任何的公共活动如此紧密地和当地习俗联系在一起"。南方各州的总检察长们读到这些话之后将它们着重标出,并且引用在提交给最高法院的关于布朗案最终判决的概要中。阿什莫尔的结论来自于那些没有强制规定、但允许种族隔离存在的学区;并且毫无疑问的是,废除种族隔离的问题在南方腹地更为严重,绝大多数市民都积极反对这一措施。南方的官员在概要中援引阿什莫尔式的温和主义态度说,南方各州废除公共学校中种族隔离的过程绝不能强人所难。①

(三)全国有色人种协进会的抉择

尽管从前面两次辩论可以清晰地看出,联邦最高法院的多数法官希望采取一种渐进的方式实施布朗案的判决,然而当面对第三次法庭辩论的时候,全国有色人种协进会内部并没有产生沮丧的情绪。② 南方各州的黑人普遍认为,一旦他们的孩子获得了和白人学生同校上学的权利,也就象征着他们在美国社会获得了完全的公民资格,因此大多数的黑人家庭很自然地希望尽快开始废除公共学校中的种族隔离。③ 作为黑人利益的代表,该会的律师们从情感上来讲自然也倾向于这样一种观点。

1. 立即废除种族隔离的观点

以肯尼思·克拉克为首的一批研究者通过调查认为应当由联邦最高法院颁布自上而下的命令,立刻废除南方各州公共学校中的种族隔离。在全国社会学家提供的与废除种族隔离相关的各种案例、新闻剪报以及各种数据的基础上,克拉克写出了一份详细的调查报告:《废除种族隔离:基于事实的一份评估》(*Desegregation: An Appraisal of the Evidence*)。这份报告占了季刊《社会问题杂志》(*Journal of Social Issues*)的一整期,其核心

---

① Kluger, Richard. *Simple Justice: the History of Brown v. Board of Education and Black America's Struggle for Equality*[M]. New York: Oxford University Press, 1978:718.

② 同①,217.

③ 同①,716.

观点与阿什莫尔注重“社区态度”的观点针锋相对。

克拉克指出,该报告的经验数据并没有证实阿什莫尔观点的正确性;相反,这些数据表明,从总体上而言,由环境决定的行为变化先于任何可观察的态度变化。克拉克发现,当人们面对改变了的情境时,倾向于先改变行为方式,再改变思考方式。由此原则具体到布朗案当中,那些反对废除种族隔离的人们倾向于先执行最高法院的判决,尽管他们可能不赞同这一判决。但是,如果要等到这些反对者改变他们主意的时候再开始废除种族隔离,估计要等很长一段时间,渐进式的种族合校要比立刻、完全废除公共学校中的种族隔离更为痛苦,持续的时间越长,就越可能产生反对意见。例如,圣路易斯的天主教学校立刻废除种族隔离,就比华盛顿渐进式的种族合校更为有效。

克拉克认为,要在“最小的种族骚乱的前提下,有效实现废除种族隔离”需要有 5 个必备条件,其中最关键的是各地掌权机构要坚定地服从最高法院的命令。一旦废除种族隔离的进程开始,是否产生暴乱与白人表达的种族恶意关系不大,而与当地的政府和警力是否愿意干涉这一进程关系重大,缓慢地执行最高法院的判决反而会助长骚乱;学区越大,废除种族隔离的进程反而越容易。克拉克还在文章中引证了类似的例子,其中一个例子是一名来自南方腹地的陆军营长对 1952 年美军的欧洲指挥部成功废除种族隔离的过程的描述。这位陆军营长说,“我们得到了命令,以及执行命令的详细指令、时间限制,然后就执行了下去”。①。

1954 年夏天,克拉克的观点在全国有色人种协进会内部引起了很多人的共鸣。对于该会来说,布朗案的诉讼过程漫长、险峻、困难重重,他们急于实现废除种族隔离的最终目的。这种观点的典型代表是史伯茨伍德・罗宾森对其他可选策略的分析,这份材料转交给了该会顾问、哥伦比亚大学法学院教授杰克・温斯坦(Jack Weinstein)。罗宾森在这份材料中说:“无疑,时间因素是最重要的考虑之一。我认为我们必须在辩词中说明,当立即下达命令并执行的时候,从种族隔离到种族合校的转变过程

① Clark, Kenneth B. *Desegregation: An Appraisal of the Evidence* [J]. Journal of Social Issues. 9(No.4), 1953. 另外参见 Kluger, Richard. *Simple Justice: the History of Brown v. Board of Education and Black America's Struggle for Equality* [M]. New York: Oxford University Press, 1978:718—720.

将最为有效。如果学校委员会怀有诚意地认真办事，那么在没有非凡领导人物的情况下，废除公共学校系统中的种族隔离至多需要一年。由于最高法院在5月17日的判决中意见明确，因此我认为可能在1955年9月之前完成种族合校，不会遇到什么困难，也不会产生什么实质的管理问题。"①

2. 渐进式废除种族隔离的观点

此时马歇尔并不清楚要在第三次辩论中采取什么样的立场，而且他很清楚，如果全国有色人种协进会在这次辩论中还坚持和去年一样的观点，对自身不会有什么益处。从情感上来讲，他希望立刻废除种族隔离；但考虑到前两次辩论中最高法院各位法官的态度，如果该会在第三次辩论中的观点更为"现实"一些，那么有可能不会受到各位法官的猛烈攻击。由于在南方各州实施种族合校的问题过于复杂，马歇尔一方面派出该会的田野调查员到西弗吉尼亚州、北卡罗莱纳州、阿肯色州进行实地调查，目的是考察各地是否为最高法院的判决提供官方资源，预测将在何时、以怎样的方式实现废除种族隔离；另一方面给他几位最重要的顾问发通知，请他们就克拉克的观点发表意见。马歇尔认为这一政策的制定不能仅仅依靠个人意愿，而是要在尽可能广泛取样之后得出一个理性的结论。

全国有色人种协进会的调查员在南方各州得出的结论令人喜忧参半。西弗吉尼亚州已经开始制定计划以废除种族隔离，准备让学生就近入学；低于规定标准的学校将被关闭，重新分配各校教师；学监认为将在三年内完成废除种族隔离，同时不会解雇任何已经获得终身职位的非裔美国人教师。而到北卡罗莱纳州进行调查的人员则认为情况没有那么乐观，黑人教师会产生"极大的抵制"；想要实现从整体上废除种族隔离，必须获得包括白人和黑人在内的整个社区的支持；而且需要黑人社区向教育委员会施压，表示只接受"完全的种族合校"。调查人员认为，理解废除种族隔离将是一个长期的过程，"无疑会持续好几年"，不仅是因为白人的种族敌对情绪，还因为一些黑人社区并不愿意支持废除种族隔离：黑

① Kluger, Richard. *Simple Justice: the History of Brown v. Board of Education and Black America's Struggle for Equality*[M]. New York: Oxford University Press, 1978:721—722.

人教师担心他们的工作受到威胁；黑人家长担心他们的孩子会遭遇暴力；还有一些黑人主要是因为对种族关系普遍持有保守主义观念，不愿和白人同校上学。①

马歇尔的高级智囊团也更倾向于通过渐进的方式废除种族隔离。温斯坦及其以前在哥伦比亚的同事查尔斯·布莱克（Charles Black, Jr.）都认为克拉克的方案有些轻率，并且从长期而言，也许不是考虑最为周到的。布莱克对克拉克的方案充满怀疑，不仅因为"它反对专制主义的民主过程的影响令人非常不安"，而且认为克拉克的数据"不够令人信服"，不仅应该考虑近期的例子，还要从内战之后的整个历史进行考虑。

威廉·科尔曼（William Thaddeus Coleman, Jr.）是马歇尔智囊团的核心成员之一，他在布朗案斗争策略的形成和法庭概要的撰写中发挥了重要的作用。10 月中旬，马歇尔和威廉·科尔曼之间的书信往来使得他更难做出决定。科尔曼将第三次辩论的概要的部分草稿寄给马歇尔，他正在努力按照克拉克的观点撰写概要，但认为自己并没有完成这一任务。科尔曼认为自己"无法在概要中引用克拉克的研究"，认为这一材料不仅不会说服最高法院的法官们，相反会激怒他们。半夜失眠之后，科尔曼迅速发出了另一封更长的信件给马歇尔，其主要内容是认为应当采取渐进的方式。科尔曼认为，尽管渐进的方式从表面上看起来是一个胆小的决定，但对全国有色人种协进会而言仍然利大于弊。科尔曼认为，在布朗案的整个审理过程中多次延迟、反复辩论，对于全国有色人种协进会来说，所谓的政治家风范就是从要求立刻执行种族合校，转化为主动提出实施渐进式的废除种族隔离。这种合作的态度非常有助于促使南方各州提交各自废除种族隔离的计划和时间表，而不是强烈抵制该会立即合校的要求，也不是要求最高法院将南方各州的计划强加于公然违抗的大众。科尔曼自身其实并不愿意妥协，他自己也说，"上帝知道我并不是一个渐进主义者"；但他非常精明、同时也非常准确地解读了沃伦法官的策略，认为"如果非要下达立刻废除种族隔离的命令的话，对于我们来说将是一个惨胜，而且在南方腹地各州，比如南卡罗莱纳州，就算黑人学生能够在废除

---

① Tushnet, Mark V. *Making Civil Rights Law : Thurgood Marshall and the Supreme Court, 1936—1961*[M]. Cary, NC: Oxford University Press, 1994:217—219.

种族隔离的情况下入学，估计最快也要两三年之后了。我也深知，对于一个将主要精力都用于建立法院最终允许的原则的律师而言，会认为这样的方案是后退”；但科尔曼根据他自己的判断认为，这不是退缩，而是有意为之的智慧。①

经过考虑之后，马歇尔拒绝在概要中展现“政治家风范”，反对渐进式的废除种族隔离。他认为这种态度不仅与他自己的观点不符，而且与其诉讼委托人的利益相悖。如果黑人从一开始就让步，那么就只能前功尽弃，最后什么都得不到。② 但他也没有完全采纳克拉克的观点，而是在克拉克和科尔曼的观点之间进行折中，希望从 1955 年的秋天开始种族合校的进程，到 1956 年的秋天达到这一目标。

二、最高法院的审理

本次法庭辩论于 1955 年 4 月 11 日正式开始，除了最高法院的 9 位法官、布朗案的双方当事人及其辩护律师之外，还有司法部的副总检察长以及南方六个州的总检察长作为“法庭之友”出席——尽管最高法院邀请了明确规定在公共学校中实行种族隔离的南方 17 个州的总检察长出席，但除了作为布朗案当事人的三个州之外，只有 6 个州接受了这个邀请，分别是阿肯色州、佛罗里达州、马里兰州、北卡罗莱纳州、俄克拉荷马州和德克萨斯州。本次法庭辩论和前两次辩论有一定的区别：从内容上来讲，本次辩论的主要内容是最高法院在 1953 年提出的 5 个问题中的第 4 和第 5 个问题；从发言顺序上来讲，并没有将这 5 个案件分别列在不同的诉讼事件表上，而是将它们全都列在一起，先由 5 个案件的原告和被告按照次序发言，接下来由“法庭之友”进行发言陈述。在辩论的最后，还留出一些时间由代表黑人的律师进行反驳辩论。

（一）南方各州教育委员会：以渐进的方式实施种族合校

为各州教育委员会进行辩护的律师们都极力提倡通过渐进的方式废除种族隔离，其中以弗吉尼亚州的态度最为坚决。代表弗吉尼亚州发言

---

① Kluger, Richard. *Simple Justice: the History of Brown v. Board of Education and Black America's Struggle for Equality*[M]. New York: Oxford University Press, 1978:721—723.

② Tushnet, Mark V. *Making Civil Rights Law: Thurgood Marshall and the Supreme Court, 1936—1961*[M]. Cary, NC: Oxford University Press, 1994:222.

的仍然是总检察长埃尔蒙德,他认为第一次布朗案判决不是依据已有的法庭判例或者可靠的推理,而是基于心理学上的证据。如果法院如此关注心理学依据,那么最好也考虑一下弗吉尼亚州白人迷惘的心情。种族隔离制度在弗吉尼亚州由来已久,从1619年起就存在,从1870年起就开始在司法许可下实施,已经成为当地受到广泛认可的传统。如果要在弗吉尼亚州实施种族合校,需要的不仅仅是时间,还需要彻底改变人们的种族态度。

他还引用阿什莫尔的著作,指出成功废除种族隔离的前提是当地居民的赞成,这一点非常重要。在布朗案判决两个月之后,弗吉尼亚州爱德华王子县学校委员会的学监们就通过了一项解决方案,指出他们"坚决反对在弗吉尼亚州维持没有种族隔离的公共学校",在弗吉尼亚州的公共学校中废除种族隔离的做法不仅是不切实际的,而且是不可能的。弗吉尼亚州将用自己的力量、权威和努力维持种族隔离的学校系统。当法院准备进行布朗案的第三次法庭辩论时,弗吉尼亚州多于一半的县都颁布了类似的解决方案。这种解决方案反映了弗吉尼亚州对法庭判决的强烈抵制情绪和敌对情绪。此外,弗吉尼亚州的总检察长还在发言中希望法庭考虑"黑白两个种族之间在学业成就、学习能力的大致水平"以及"健康和道德的普遍标准"上的差异,他呈现了一份统计数据,明显在讽刺黑人本性低劣。这份数据指出,给弗吉尼亚州31000名来自黑白两族的学生进行的8年级标准默读测验的结果表明,白人学生中最差的四分之一获得的成绩高于黑人学生中最好的四分之一。此外,弗吉尼亚州高中毕业生的智力测验结果表明,白人学生中最差的四分之一平均得分为71.2,而黑人学生中最好的四分之一仅获得了63.9的平均分。黑人学生中肺结核的发病率是白人学生中的两倍;尽管黑人只占了弗吉尼亚州人口的22%,但本州报道出来的花柳病例子中的80%都来自黑人。弗吉尼亚州每50个白人儿童中才有1名非婚生儿童,而每5名黑人儿童中就有1名非婚生儿童。当然,这份统计数据并没有指出弗吉尼亚州的黑人在将近三个半世纪以来所遭受的有辱人格的待遇,以及来自经济、政治和社会等方面的剥削。埃尔蒙德在最后的结论中指出,最高法院不能为废除种族隔离的过程设置一个期限,必须允许有一个"过渡期"。弗吉尼亚州不仅认为没有任何计划或者灵丹妙药能够完全废除种族隔离,而且认为在未来的任何时候都不可能完全解决这个问题。①

南卡罗莱纳州的发言人也认为最高法院的判决在南卡罗莱纳州完全不具有可行性,因为南卡罗莱纳具有根深蒂固的二元制社会结构,白人和黑人在各个方面都是隔离的。堪萨斯州、特拉华州和哥伦比亚特区的发言人指出,这些地区已经开始了废除种族隔离的进程,但仍然支持通过渐进的方式废除种族隔离。以堪萨斯州为例,该州的发言人——堪萨斯州的总检察长哈罗德·法策尔(Harold R. Fatzer)指出,尽管堪萨斯州的一些黑人原告儿童已经和白人同校上学了,但本州并不认为应当立刻废除种族隔离,否则的话,出现的困境将损害本州的行政过程。

因此法策尔给法院的建议是,不要通过命令赋予所有学生按照自己意愿选择学校的权利;法院应该执行一直以来都很公正的司法过程,将此案送回堪萨斯州的联邦地区法院督促执行。此外,法策尔还汇报了堪萨斯州逐步废除种族隔离的计划,在本州内部重新划分学区,认为通过这样的方式可以使得学生就近入学,从而逐渐废除种族隔离。南方各州可以在没有最高法院命令的情况下,自己完成种族合校的过程。②

(二) 法庭之友的观点:应该谨慎行事

作为“司法之友”出席本次法庭辩论的南方六个州的总检察长都支持以渐进的方式废除种族隔离,其中以佛罗里达州的观点最为激进。代表佛罗里达发言的是拉尔夫·奥德姆(Ralph E. Odum)和理查德·欧文(Richard W. Ervin),他们也引用了阿什莫尔的观点,注重“社区态度”在废除种族隔离过程中的重要性。他们认为在保存公共学校制度的前提下,废除学校中种族隔离的唯一希望是“在公众观点变得不那么强硬之前,最高法院不得使用强制手段废除种族隔离”,因为种族隔离的政策已经在佛罗里达州的公共学校中严格实施了69年,“直接涌入大量激进的思想”所引起的风暴将毁灭整个学校系统。为了了解公众对于种族合校

① Friedman, Leon. ed. *Argument: The Oral Argument before the Supreme Court in Brown v. Board of Education of Topeka, 1952—1955* [M]. New York: Chelsea House Publishers, 1969:360—392.

② Friedman, Leon. ed. *Argument: The Oral Argument before the Supreme Court in Brown v. Board of Education of Topeka, 1952—1955* [M]. New York: Chelsea House Publishers, 1969:338—342.

的意见，佛罗里达州花费 10000 美元进行了一项调查，发现本州有四分之三的"白人领袖"原则上反对布朗案的判决，其中有 30% 的人"强烈"反对；最糟糕的是，在没有表示反对的人中，只有 13% 的人表示将在种族混合的学校中推行本州的入学法案。佛罗里达州的两位发言人认为只有时间才能改变这个现状。最高法院在以前的判例中，也曾经为命令的执行留出大量的时间，从 8 个月到 9 年不等。①

阿肯色州、俄克拉荷马州和马里兰州的总检察长虽然以更为克制的方式进行了发言，但都希望最高法院谨慎行事；德克萨斯州的总检察长约翰·谢泼德（John Ben Shepperd）则声称德州将会以自己的方式解决黑人的问题，并且已经在"人类理智"上取得了大幅度进展，在过去的十年中提高了黑人的教育水平。北卡罗莱纳州的发言人 I. 贝弗利·莱克（I. Beverly Lake）认为，立即开始实施种族合校的命令将扰乱北卡罗莱纳州宁静的生活。②

联邦司法部再次代表联邦政府作为法庭之友出席辩论。在这次辩论中，联邦政府呈现的态度有些不明朗，但总体而言希望联邦最高法院不要鲁莽行事。从本质上而言，联邦政府这次的观点和 1952 年法庭辩论时菲利普·埃尔曼在联邦政府的第一份概要中采取的观点大致相同：最高法院在为废除种族隔离制定时间表的时候要灵活一些，并且应该让联邦地区法院监督这一过程，因为他们更加贴近多样的当地情况，可能用更快或者更慢的速度执行种族合校的过程。这份概要强调：最高法院应该谨记，学校中的种族隔离并不是一个孤立的现象，而是"种族关系更为广阔的社会形式的一部分"，因为学校中的种族隔离已经在美国南方广大的地区实施已久，因此最高法院的法官们应该谨慎行事。③

此外，据采访最高法院的《纽约时报》记者安东尼·刘易斯（Anthony

---

① Friedman, Leon. ed. *Argument: The Oral Argument before the Supreme Court in Brown v. Board of Education of Topeka, 1952—1955*[M]. New York: Chelsea House Publishers, 1969:430—443.

② Friedman, Leon. ed. *Argument: The Oral Argument before the Supreme Court in Brown v. Board of Education of Topeka, 1952—1955*[M]. New York: Chelsea House Publishers, 1969:448—497.

③ Kluger, Richard. *Simple Justice: the History of Brown v. Board of Education and Black America's Struggle for Equality*[M]. New York: Oxford University Press, 1978:726.

Lewis)报道,他在司法部概要的一份草稿上发现了艾森豪威尔总统的笔迹;艾森豪威尔给这份概要加上了一段话,大致意思是不干涉南方各州的措施。但这份概要绝不是允许南方各州蔑视最高法院的决定,废除种族隔离的判决还是必须执行的。公共学校中的种族隔离违反宪法,需要在可行的条件下尽快废除,无论当地居民对它的态度如何。在这个问题上,各地没有选择的余地。对于这一过程可能带来的公民问题和行政管理问题,可以通过公民教育计划、学生安置测验等方式来解决。联邦政府不愿受到这一进程的控制,不希望与这一进程有任何的牵连。最高法院一方面应该向种族隔离的学区表明,它们不能无限期地拖延种族合校的过程,另一方面也不能为废除种族隔离设置一个截止期限。这样说是因为,在种族合校的过程开始之前,无法判断这一问题在特殊地区的复杂性,这个截止日期的设置具有很强的主观性;而且,最高法院制定的这个期限反而会减缓种族合校的进程——在能够很快实现种族合校的地区,这一过程也会变得很慢,将会使得种族隔离主义者坚持到最后一刻。最高法院应该立即开始废除种族隔离,布朗案中涉及的学区应该在联邦地区法院的指导下,在 90 天之内提交废除种族隔离的计划。①

(三) 全国有色人种协进会:尽快废除种族隔离

在本次法庭辩论中为布朗案辩护的仍然是马歇尔、卡特、雷丁、罗宾森四人。他们同意将这些案件送还各州的联邦地区法院督促实施,但不同意各州教育委员会的渐进观点,希望能够立刻开始废除种族隔离的进程。在辩论发言中,他们表达了代表黑人原告提交的概要中的观点:应该"在完成行政性工作的前提下,尽快废除种族隔离"。最高法院已经指出,种族隔离对黑人儿童的心智和情感所造成的影响是"无法消除的","废除种族隔离的工作每拖延一天,对黑人儿童而言都是一次无法挽回的严重伤害",因此,不能因为"当地人的态度"而影响废除种族隔离的进度。"当地人反对废除种族隔离"仅仅是一种揣测;就算真有其事,也要顶着各种抵制行为的压力保护少数族裔的权利,渐进主义可能使得废除

---

① Kluger, Richard. *Simple Justice: the History of Brown v. Board of Education and Black America's Struggle for Equality*[M]. New York: Oxford University Press, 1978:726—727.

种族隔离更为困难。这项工作能够在 1956 年 9 月之前完成。①在最后的反驳发言中,马歇尔逐个反驳了作为"法庭之友"出席辩论的南方 6 名总检察长的观点;联邦政府的观点与其参与第一次法庭辩论时的观点极为相像,他唯一不同意的一点就是有关延期的问题。马歇尔指出,5 月 17 日的布朗案判决直截了当地宣布公共学校中的种族隔离违反宪法;但由于还有两个问题悬而未决,而且南方各州政府官员的大量言行表示了对布朗案判决的不满,所以到现在为止,全国上下都知道南方各州公然藐视这一判决。只有当最高法院为种族合校的进程设置了明确的截止日期之后,南方各州才会引起重视,种族合校的进程才会开始。因此在这个框架下进行考虑,设置截止期限的问题就成了 5 月 17 日判决有效性、即时性的一部分。②

三、第二次布朗案判决

(一) 最高法院的内部讨论

4 月 14 日下午 1 点 15 分布朗案的第三次法庭辩论结束之后,法兰克福特法官写了一份总结式的备忘录并在 9 位法官之间传阅,这份备忘录包括了他关于布朗案的所有观点。法兰克福特指出,最高法院不能像一个"超级学校委员会"一样监督废除种族隔离的过程。现在有两种可选方案:一种是最高法院颁布触及本质的命令,永久性地为原告以及相似境遇的人(例如同一学区内的其他黑人学生)废除种族隔离的学校制度;另一种是颁布一份措辞并不严格的命令,允许下级法院运用"平等的权力执行任何命令并且不仅仅是进行无用的威胁"的时候考虑当地的态度。布莱克法官认为法官们需要对触及本质的命令进行认真思考,而且还要考虑这样的问题:法院是否需要为强制的废除种族隔离设置一个截止时间?法兰克福特认为,无论将这个截止日期设置在什么时候,都将是"武断的",或者说"肯定被认为是武断的",因此他放弃了第一种想法。但法官

① Martin, W. E. *Brown v. Board of Education: A Brief History with Documents*[M]. Boston: Bedford/St. Martins, 1998:175—184.

② Friedman, Leon. ed. *Argument: The Oral Argument before the Supreme Court in Brown v. Board of Education of Topeka, 1952—1955*[M]. New York: Chelsea House Publishers, 1969:521—532.

们如果采取了第二种措施，一方面，最高法院可以给下级法院制定一套执行标准作为指导；另一方面，这样的措施也赋予了下级法院一些权力，体谅了各地的特殊困难，废除种族隔离的过程就“不仅仅是最高法院的外在强加”。①

4 月 16 日，最高法院的 9 位法官又一次召开会议，试图解决这个微妙而且充满分歧的问题。这次会议仍然是由首席大法官沃伦主持，他表明自己采取了一种折中的态度，不仅考虑了司法部既谨慎又果敢的概要，考虑了 6 名司法职员有分歧的调查结论，考虑了法兰克福特法官精明的思虑，考虑了来自南方各州的法官们对立刻废除种族隔离的强烈恐惧，还考虑了外部评论者对此事的看法，例如哈利·阿什莫尔，他的建议毫无疑问地成为解决布朗案判决问题的推动力。

1. 首席大法官沃伦的看法

沃伦说，他并没有就布朗案形成一个确定的想法，很愿意和大家进行进一步的讨论，时间多长都没关系，就像他们去年解决布朗案中基本的宪法问题时一样。言外之意，他还希望能够达成全体一致的意见，如果需要的话，他还会静候结果。但沃伦很清楚最高法院的权力范围，在一些事情上，最高法院虽然拥有相应的权力，但不应该那样去做。一方面，最高法院不能任命一位专员去具体执行种族合校的命令，也不能直接向地区法院建议应该如何去实施种族合校；另一方面，最高法院也不能亲自或者要求下级法院为废除种族隔离设立一个截止时间，还不能命令下级法院要求相关的学区制定出废除种族隔离的计划。为了保证最高法院的公正性，沃伦自己并不建议使用程序性的要求，简而言之，就像法兰克福特所说，最高法院不能充当“超级学校委员会”。首席大法官希望在命令中说明下级法院应该考虑的一系列因素，这可能比一个正式的命令更为有效，这样既能够给下级法院提供指导，也能够避免过于限制他们。最高法院不能把执行种族合校的任务推还给下级法院，同时还不给他们任何指导意见。他建议下级法院考虑经济因素以及任何一个学区中的物质设施问题，但不建议提到“心理学”或者“社会学”的因素。总的来讲，最高法院

① Kluger, Richard. *Simple Justice: the History of Brown v. Board of Education and Black America's Struggle for Equality*[M]. New York: Oxford University Press, 1978:738—739.

的主要目标应该是“给予地区法院尽可能多的回旋余地，以及尽可能多的支持”。①

2. 9位法官争论的焦点

总的来讲，最高法院的9位法官在这次讨论的过程中保持了大致相同的方向，都希望最高法院能够就布朗案的实施问题做出一致的判决，并且都倾向于以渐进的方式废除种族隔离。但他们的观点在判决的适用范围、废除种族隔离的截止时间上仍然存在着差别和争议。

（1）布朗案最终判决的适用范围问题。首先是判决的适用范围问题。里德、克拉克、伯顿和明顿认为布朗案属于“集体诉讼”，它对公共教育中种族隔离的合法性提出质疑，而不是仅仅希望让一些黑人儿童和白人同校上学，因此不应该将最高法院废除种族隔离的命令限于几名黑人原告儿童。尽管还会有许多黑人因为不信任白人而留在种族隔离的学校中，但并不能否认大多数黑人都想获得法院赋予他们的权利的事实。如果最高法院在判决意见中夸夸其谈，而在命令的执行中缩小了范围，很明显，这是一种雷声大雨点小的推诿。最高法院要保障废除种族隔离的过程顺利开始。一旦一些学校以混合学校的形式开学，种族合校的进程就会变得更为容易。

布莱克和道格拉斯希望使布朗案的最终判决仅适用于几名黑人原告儿童。布莱克认为这个问题过于复杂，最高法院说得越少就越明智。南方腹地对联邦政府的意见一直都持有敌对情绪，近些年来才开始尊重最高法院的权威；而种族问题是这一地区最敏感的问题，不可能仅仅通过一次审判就突然解决南方积弊已深的种族隔离问题。如果在南方各州强制推行种族合校的进程，那么将前功尽弃，因为法院不能颁布一个无法执行

---

① Kluger, Richard. *Simple Justice: the History of Brown v. Board of Education and Black America's Struggle for Equality*[M]. New York: Oxford University Press, 1978:739.

下去的命令；最高法院应该从禁酒令①的废止中得到启示——美国于1933年放弃了颁布于1919年的禁酒令，因为这一禁令不具有可行性。另外，因为可能有黑人并不愿意废除种族隔离，因此，布莱克倾向于将布朗案作为只涉及5个案件中原告的案件，要求被告的学校委员允许这些黑人儿童和白人同校上学。这样一来，至少拉开了废除种族隔离进程的序幕。布莱克不相信地区法院能在这些案件的执行中得到多大的进展，因为据他所知，在联邦司法系统中，南方的所有法官都不赞成最高法院的这一判决。他认为，最高法院当下最多能够期待极为缓慢地实施种族合校的过程。

新来的哈伦法官在发言中并没有提到布朗案最终判决的适用范围问题；而法兰克福特法官认为，最高法院是否将这一判决限定于个别原告没有太大的关系，因为即使最高法院只在命令中指出允许几名黑人原告儿童和白人同校上学，还会有其他黑人要求进入废除种族隔离的学校，还会产生类似的案件。最重要的是，法院的命令传达了怎样的消息，不仅要表明对这一问题持同情的观点，还要表明最高法院的9位法官代表了全体美国人的利益，包括南方人。②

（2）是否要为种族合校设定一个截止日期？关于设定时间限制的问题是最难解决的问题。无论将时间限定到什么时候，都肯定是武断、主观的；无论最高法院设定什么日期，都会引起南方各州的反抗。如果最高法院设置了实现种族合校的截止日期而引起白人的普遍蔑视的话，就会严重削弱最高法院以及整个司法系统的权威。但是让黑人无止境地等待

① 美国的禁酒令是依据1919年1月16日批准的美国宪法第十八条修正案和1919年10月28日通过的沃尔斯泰德法（Volstead Act）来实行的，根据这项法律规定，凡是制造、售卖乃至运输酒精含量超过0.5%以上的饮料皆属违法。自己在家里喝酒不算犯法，但与朋友共饮或举行酒宴则属违法，最高可被罚款1000美元及半年监禁。21岁以上的人才能买到酒，并需要出示年龄证明，而且只能到限定的地方购买。禁酒令的实施却没能如预期一样实现美国人道德情操的净化。市场上没有合法的酒类出售了，秘密酒馆取代了合法酒馆，酒的走私活动由于获益甚丰，日渐猖獗。至30年代初，即美国禁酒令颁布10年之后，许多美国人开始呼吁解除禁令。1933年2月，美国国会通过第二十一条宪法修正案以取消禁酒的第十八条修正案；次年，随着犹他州作为第三十六个州签署此弛禁法案，美国的全国性禁酒正式解除。

② Kluger, Richard. *Simple Justice: the History of Brown v. Board of Education and Black America's Struggle for Equality*[M]. New York: Oxford University Press, 1978:739—742.

下去显然也不合情理。最高法院已经赋予了黑人和白人同校上学的权利,但又让他们等一段时间,而且很可能是相当长的一段时间,这又算什么司法公正呢?最高法院也不能完全否定马歇尔的观点,白人不愿其子女与黑人儿童一起上学并不能构成拖延的有效理由。在最高法院的9位法官中,没有人明确表示应该为种族合校设定一个截止日期;哈伦法官更是明确表示,希望最高法院不要对废除种族隔离的进程设定时间限制。①

（二）第二次布朗案判决及其分析

在撰写第二次布朗案判决意见的时候,首席大法官沃伦在法兰克福特的建议下用一个词解决了最高法院的困境——“审慎”。这个词并非沃伦和法兰克福特首创,而是由最高法院大法官奥利弗·温德尔·霍姆斯(Oliver Wendell Holmes)②在1918年的弗吉尼亚诉西弗吉尼亚案(Virginia v. West Virginia, 246 U.S. 565)中最先使用的。通过使用这个词,最高法院既可以为开始废除种族隔离的进程寻找一个名正言顺的理由,又不需要为种族合校设置一个确定的时间表。

首席大法官沃伦在1954年开庭期的最后一天——1955年5月31日宣布了最高法院对布朗案实施问题的一致意见。这份判决意见只有七段,而且通篇都没有提到“种族隔离”和“废除种族隔离”这两个词。沃伦首先回顾了1954年5月17日的布朗案判决,指出这次判决“宣布了一个根本原则:公共教育中的种族歧视不合宪法”,并且“联邦、各州、各地区层面上要求或者允许这种歧视的法律都必须让路于这个原则”。然后,他转而开始讨论应该怎样实施布朗案的问题。

沃伦指出,由于这些案件产生的具体环境不同,完全解决这些问题涉及各地不同的具体情况,因此最高法院进行了第三次法庭辩论。通过这次辩论,最高法院从各州的总检察长那里获得了有益的信息,了解到这一问题在南方各州的复杂性;而且也得知,已经有好几个州朝向这个目标做出了实质性的努力,这些已经开始行动的州不仅包括案件本身所涉及的哥伦比亚特区、特拉华州和堪萨斯州,还包括作为“法庭之友”出席本次

① Kluger, Richard. *Simple Justice: the History of Brown v. Board of Education and Black America's Struggle for Equality*[M]. New York: Oxford University Press, 1978:741—742.

② 奥利弗·温德尔·霍姆斯(1841—1935),1902—1932年任美国最高法院大法官。

辩论的一些州以及没有出庭的南方一些州。然而,还有一些州在等待最高法院的进一步判决,例如弗吉尼亚州和南卡罗莱纳州。因为完全实施这些宪法原则要求解决各地学校不同的问题,因此各地学校当局有责任阐明、评估和解决这些问题。此外,最高法院认为应当将这些案件送还各地的联邦地区法院进行审理,因为这些案件可能还需要举行进一步的听证会,而这些法院最熟悉各地的具体环境,最方便对学校当局的行动进行评估,因此能够最好地进行司法鉴定,地区法院将在最高法院公平的指导意见下实施种族合校的命令。最紧要的是,在切实可行的情况下,尽快让原告进入没有种族歧视的学校。在考虑到这些公共因素和个人因素之后,法院要求被告"适当地"(reasonable)尽快开始实施布朗案判决。只有在开始实施的情况下,为了实现这个目标,法院可以从学校设施、校车系统、人员构成等方面考虑和行政管理相关的问题,实现在公共学校入学时不考虑种族问题。在过渡期间,地区法院将保留对这些案件的管辖权。沃伦在判决意见的结尾写道,将来自堪萨斯、弗吉尼亚、南卡罗莱纳、哥伦比亚特区的案件送还各地的联邦地区法院,以"审慎的速度"督促实施;来自特拉华的案子送还特拉华州最高法院。①

在第二次布朗案判决中,最高法院并没有为废除种族隔离确定一个截止日期,也没有指导下级法院要求相关学区在 90 天之内提交废除种族隔离的计划。在这一次判决中,司法的天平向南方白人一侧倾斜,赋予南方各州的权利远远大于他们在辩论中所争取的。但第二次布朗案判决并没有削减尽快废除吉姆·克罗法的道德动力,仍然肯定第一次布朗案判决,肯定种族隔离违反宪法,必须废除。这两次布朗案判决从整体上而言确实开启了废除种族隔离的进程:正如战略家所言,废除种族隔离的进程从南北方边界各州开始,逐渐向南方渗透,主要在城市中实现。无论明智与否,最高法院都避免让这一过程看起来像是第二次重建,因为从实际上来讲,最高法院将实际的控制权放在了南方人自己手中。

控制这一进程的人包括 58 个联邦地区法院的法官,他们控制着服务

---

① Friedman, Leon. ed. *Argument: The Oral Argument before the Supreme Court in Brown v. Board of Education of Topeka, 1952—1955* [M]. New York: Chelsea House Publishers, 1969:533—535.

于南方各州的28个联邦地区法院、第四和第五上诉法院；无论这些法官有着怎样的局限性，无论他们在处理本地区最为根深蒂固的传统时采取多么不当的方式，他们都不是落后地区实施私刑的人，不是大腹便便的地方司法官，也不是秘密的三K党成员。从总体上而言，他们是最优秀的南方白人，他们在处理这一问题时混合了南方不同人群的看法，既包括了老南方的贵族，也包括了新南方的城市人。最高法院的9位大法官也许是明白了“解铃还须系铃人”的道理，只有南方的白人才能解放南方的黑人。也许除了冒险进行大规模的起义之外，最高法院能够做的只是向这个国家宣布种族隔离违宪，对人类进行强制的种族隔离既不是上帝的意思也不是制定宪法修正案的目的，而是依赖于美国人的良知来找出怎样根除种族隔离的方法。

四、美国社会对第二次布朗案判决的态度

南方一些政客在听到第二次布朗案判决的结果时感到非常欣慰：佛罗里达州的议员们弹冠相庆；阿拉巴马州的白人们“暗自欢喜”；路易斯安那州一名议员公开说，“这是最高法院能够做出的最温和的判决”；密西西比州的一名政客为这次判决感到高兴，因为密西西比州的联邦地区法院有权决定何为“尽快”实施这项判决。其他白人对本次判决也表现出“宽慰”，很明显，联邦最高法院并没有真的想要很快实施种族合校。佛罗里达州奥兰治县的代表亨利·兰德（Henry Land）认为，这个判决“非常合理，将赋予我们充分的时间，依据当地的情况、以合理的方式来实现种族合校”。①

黑人对第二次布朗案的判决不满，尽管他们普遍不愿表现出这种情绪。第二次布朗案判决的两天之后，马歇尔在与全国有色人种协进会最早的赞助者之一、黑人报纸《非裔美国人》的总裁卡尔·墨菲（Carl Murphy）通话的过程中表示出了对这次判决的不满。他认为联邦最高法院在处理这个案件的时候虎头蛇尾，对种族主义势力做了妥协和退让。但无论如何，全国有色人种协进会还是服从判决，并且对各州的种族合校

① Klarman, Michael J. *From Jim Crow to Civil Rights: The Supreme Court and the Struggle for Racial Equality*[M]. New York: Oxford University Press, 2004: 318.

问题采取不同的策略:对合校进行较为顺利的南北边界各州采取温和态度,而对拒不合校的南方腹地各州采取强硬措施。

马歇尔意识到白人中的顽固者不会善罢甘休,不会任凭黑人律师不断进行法律诉讼而坐视不管,因此也做好了艰苦斗争的充分准备。① 马歇尔强调,最高法院的判决"并不意味着斗争的结束,全国有色人种协进会还必须持续努力。种族隔离制度只要还存在,就意味着黑人还没有获得完全的自由"。②

该会在密西西比州分会的一名工作人员哀叹道,"看起来联邦最高法院并不认同美国的宪法"。③ 杰出的黑人记者詹姆斯·L. 希克斯(James L. Hicks)说,他"十分沮丧,无法自欺欺人地认为黑人获得了胜利"。④ 另外一名黑人记者约翰·H. 麦克雷(John H. McCray)认为,"这个判决没有什么值得庆贺之处",并且批评法院"和种族主义者沆瀣一气"。⑤

全国有色人种协进会总部既没有指出什么才是可接受的废除种族隔离计划,也没有提供可供参考的指导原则。1955 年 7 月,马歇尔在该会的一次大会上说:"我们会把各地学校委员会的'善意'放在首位,不能按照种族标准决定学生的入学情况。其次,我们坚持在 1955 年 9 月之前尽快规划出一个废除种族隔离的方案,这个计划应该包括下一个学年废除种族隔离的步骤和计划。最后,我们要坚持在 1956 年 9 月之前完成种族合校。"⑥

在南北边界各州,一些学校委员会提出了各种不同的种族合校方案:有的学校委员会是要在一年内以渐进的方式废除所有学校中的种族隔离;另外一些学校委员会提出在第二次布朗案判决后几年中,依次废除高

---

① Kluger, Richard. *Simple Justice: the History of Brown v. Board of Education and Black America's Struggle for Equality*[M]. New York: Oxford University Press, 1978:746—747.

② Tushnet, Mark V. *Making Civil Rights Law: Thurgood Marshall and the Supreme Court, 1936—1961*[M]. Cary, NC: Oxford University Press, 1994:232.

③ Klarman, Michael J. *From Jim Crow to Civil Rights: The Supreme Court and the Struggle for Racial Equality*[M]. New York: Oxford University Press, 2004:319.

④ *Voters Vineyard*[N]. *Afro-American*, June 1955.

⑤ *Need for Changing*[N]. *Afro-American*, June 1955.

⑥ *Southern Education Reporting Service. Southern School News*[N]. Nashville, Tennessee, July 1955.

中、初中和小学里的种族隔离。只要各学区有相应的合校计划,全国有色人种协进会各地的分会都会表示认可,并且采取各种措施积极协助学校委员会实施种族合校方案。只有当某些学区完全抵制废除种族隔离,或者提出的计划显然令人无法接受的时候,该会才会提起法律诉讼。到20世纪50年代末期,被该会告上法庭的只是那些希望长期拖延种族合校政策的学区。似乎所有人都希望各个学校委员会接受废除种族隔离的原则,没有人愿意从"如何实施"这个角度计较此原则的确切含义。然而这一原则意味着,在各学区及其学校委员会能够积极调整自身以适应种族合校命令的情况下,马歇尔领导的全国有色人种协进会及其各分支机构就静观其变,不过多干预。①

第二次布朗案判决之后,南方各州的白人种族主义者进行了大规模的抵制,从国会、各州议会、各地区三个层面积极或者消极地抵制废除种族隔离。因为马歇尔领导的法律辩护和教育基金会是一个无权从事政治活动的免税组织,因此面对南方政客们咄咄逼人的态度时束手无策,反而不得不谨言慎行,以免被对方抓住把柄,成为这些种族主义者攻击的对象。

① Tushnet, Mark V. *Making Civil Rights Law: Thurgood Marshall and the Supreme Court, 1936—1961*[M]. Cary, NC: Oxford University Press, 1994:235.

第四章

大规模抵制：1955—1964

布朗案在联邦最高法院的两次判决开启了20世纪50年代和60年代的民权运动，这场民权运动通常被称为"美国南方的第二次重建"（The Second Reconstruction of the American South）。从这一比喻扩展开来，可以说，联邦最高法院的布朗案判决发挥了和林肯1860年当选美国总统相似的作用：它警告南方的种族主义者，联邦政府想要彻底改变美国南方种族关系的已有模式。①

最高法院的判决可以改变法律，却不能立刻改变绝大多数南方白人的看法和态度。从整体上来讲，南方各州的种族合校进程并没有在第二次布朗案判决之后立即取得突破性的进展。南方白人对第二次布朗案判决看法各异，几乎没有任何实质性的行动。从1955年7月起，南方各州陆续有一些社区开始对布朗案判决作出回应，制定服从或者抵制废除种族隔离的计划，观察家们将这一过程称为南方态度和观点的"分裂"，或者叫做"原子化"。②《时代》杂志以成绩单的形式直观地表现了1955年南方各州废除公共学校中种族隔离的进度：密苏里州得了A，西弗吉尼亚州得了A－；其他的南北边界各州得分更低，俄克拉荷马州和肯塔基州得了B＋，马里兰州得了B－，阿肯色州得了C＋，特拉华州和田纳西州得了

---

① Aucoin, B. J. *The Southern Manifesto and Southern Opposition to Desegregation*[J]. *The Arkansas Historical Quarterly*. Vol. 55, No. 2(Summer, 1996).

② *Southern Education Reporting Service*. *Southern School News*[N]. Nashville, Tennessee, June 1955; July 1955.

C。①

具体来讲,南方各州对两次布朗案判决的态度存在着较大的差别。废除学校中的种族隔离在南北边界各州的城市中进展较为顺利,里德法官甚至做出预言,即使在没有司法干预的情况下,“边界州的种族隔离将会在15—20年之内消失”。② 因为边界州的大多数白人虽然反对种族合校,但反抗的程度并不激烈;此外,由于边界各州在经济和政治上更多地受到东部和中西部的影响,因此在20世纪50年代,这些地区与传统的南方社会差异越来越大。边界州的大部分政客赞同布朗案判决,至少表示了服从判决的意愿,许多新闻媒体、宗教组织、劳工组织、教师组织都是如此。边界州普遍存在的社会和政治情境使得黑人更好地利用了布朗案判决的结果。黑人在这些城市中有实质性的权力,影响了政客们对于废除种族隔离的态度。边界州的黑人通常都有钱进行法律诉讼,并且有能力承受来自白人的经济压力,而且这些城市中的全国有色人种协进会分会进行了强有力的活动,反对种族合校的暴力不可能出现。在这种环境下,布朗案判决为废除公共学校中的种族隔离提供了推动力,推动政府官员们做那些既不情愿、也不抵制的事情。③

然而边界州实现种族合校也不是一件特别容易的事。以马里兰州为例,巴尔的摩市聚集了马里兰州60%的黑人人口,虽然巴尔的摩市的学校于1954年秋天就废除了种族隔离,但是在本市的开放入学政策(“自由选择计划”)之下,只有3%的黑人学生选择到混合学校读书。这一比例于1955年上升到了7.4%;1956年上升到了13.8%,到1960年的时候,在混合学校读书的黑人比例达到了31.3%。然而这个比例中掺杂了大量的水分:它把那些在几乎全是黑人的混合学校中读书的黑人学生也算

① *Time*, Sept. 19, 1955. 注:美国以A、B、C、D四个等级对学生的学习成绩进行评价,在每个等级中又有加减之分,以区别学业成绩的好坏。

② Klarman, Michael J. *From Jim Crow to Civil Rights: The Supreme Court and the Struggle for Racial Equality*[M]. New York: Oxford University Press,2004:345.

③ Lasch, Robbert. *Along the Border: Desegregation at the Fringes*[A]. In Don Shoemaker ed., *With All Deliberate Speed: Segregation-Desegregation in Southern Schools*[C]. Westport, Connecticut: Negro Universities Press, 1957:61; Muse, Benjamin. *Ten Years of Prelude: the Story of Integration since the Supreme Court's 1954 Decision*[M]. New York: the Viking Press, 1964:18, 30—31.

了进来。除了巴尔的摩之外,马里兰州其他地方废除种族隔离的速度也非常缓慢。①

第一节 大规模抵制的产生

除了边界各州之外,南方腹地和老南方各州出现了对废除种族隔离的大规模抵制,其形式和程度各异。这种抵制蔓延至南方社会生活的各个方面:在法庭判决中,在政府机构里,在投票过程中,处处都能表现出南方白人的抵制态度。这场斗争几乎涉及南方 17 个州以及哥伦比亚特区每个人的生活,即使是那些身处局外的观察员或是旁观者也很少能做到完全中立。② 从总体上而言,1955 到 1964 这几年中,南方各州对废除种族隔离的大规模抵制程度逐渐加深,甚至出现了一些不得不动用武力镇压的极端情况,比如阿肯色州的小石城事件。

一、大规模抵制产生的原因

南方白人对布朗案判决的大规模抵制主要有两个原因:普遍的"黑人恐惧症"(negrophobia)以及南方白人领袖的煽动。引发美国内战的德里德·斯科特案表达了南方白人由来已久的一种传统观念:黑人只是"一种劣等生物",并不是完全意义上的人,不能将他们与白人相提并论。尽管只有极少数的种族狂热者才会明确承认这个观点,但南方白人的内心深处或多或少都残存着一些类似的看法,即使在那些"热爱黑人"的好心白人的心目中,也留有此类观点的痕迹。南方的白人领袖,主要包括联邦政府参众两院里来自南方各州的议员、各州的州长、各州议会中的代表、各社区具有影响力的白人,他们对布朗案判决的态度千差万别,从积极接受到公然反抗,各不相同;但主流的态度是反对布朗案判决,并且利用他们的职权和影响力鼓动普通白人民众进行大规模的抵制。

---

① Palumbos, Robert M. *Student Involvement in the Baltimore Civil Rights Movement, 1953—63* [M]. Baltimore: Johns Hopkins University Press, 1999:472.

② Sarratt, Reed. *The Ordeal of Desegregation: The First Decade* [M]. New York: Harper & Row, 1966:viii.

(一) 普遍的“黑人恐惧症”

从南方传统的观念上来讲,黑人并不属于“公众”(public)的一部分:如果“公众”受邀去参加白人主办的音乐会或者其他活动,黑人根本不能确定是否允许他们入内;一般来说,不能使用通用的文明语“先生”、“女士”、“小姐”来称呼黑人。即使是南方政客所说的“我的人民”或者某地区的“人民”,他的这一定义中也几乎从来都不包括这一区域内的黑人。这一区域的黑人能够被称为“南方黑人”,所谓的“南方人”通常而言强调的是白人。①

联邦最高法院的布朗案判决承认了黑人的公民身份和地位,从根本上动摇了南方白人的传统观念。在20世纪前25年,对黑人的种族隔离与歧视达到前所未有的程度;20世纪初期在全美国盛行一类种族主义文学,将黑人的形象进一步丑化。托马斯·迪克逊(Thomas Dixon)在其风靡一时的文学作品《族人》(*The Clansman*)中将黑人描述为“半人半兽”的生物:如果不对他们加以管束,他们就会“白天睡觉、夜里到处游荡”;“他们的语言中没有爱的字眼,他们发怒的时候就像老虎一样吼叫”。他认为,黑人生长在富饶的非洲却不知道开采利用,过着猿猴一般的生活;直到白人到达非洲之后才拯救了他们。②

在这一时期形成人格的青少年成为20世纪五六十年代掌权的年长一代。受当时盛行的种族主义观点的影响,他们的内心几乎都有种族偏见的烙印,他们从内心深处对黑人种族产生了憎恶和排斥。当这些人开始掌握美国社会各个方面权力的时候,青少年时形成的种族主义观念已经根深蒂固。然而随着时代的变迁和黑人地位的变化,布朗案判决废除了公共教育中的种族隔离,这对于那些持种族偏见的白人来说无疑是晴天霹雳。在他们眼中,黑人儿童肮脏、懒惰、不文明、成绩差,和这样的儿童一起上学,对自己的子女只能造成负面影响。布朗案判决之后,成千上万的南方白人都在自家的门口或者邮箱里收到了一些小纸条,其大概内容都是说黑人是一种“劣等生物”,与毛虫或者蟑螂无异;他们智力低下、

① Muse, Benjamin. *Ten Years of Prelude: the Story of Integration since the Supreme Court's 1954 Decision*[M]. New York: the Viking Press, 1964:38.

② Dixon, Thomas. *The Clansman*[M]. New York: Doubleday, Page & Co., 1905:291.

懒惰、偷窃成性、不思进取，企图通过种族通婚达到败坏白人血统、降低白人智力的目的。这些材料通常是匿名的，由“白人公民委员会”或者三 K 党的分会发放。①

在废除原有的种族关系、建立新型种族关系的过程中，黑人和白人之间在旧秩序下产生的友谊也消失了。种族失和的状态普遍存在于南方各州，在布朗案判决的 5—10 年后才开始逐渐消失。白人不再邀请黑人院校的合唱团给白人观众演唱；也不再允许黑人团体参加节日游行。许多白人社区领袖放弃了一贯坚持的帮助黑人的活动——在某些情况下，他们开始在“反对种族合校”的运动中起领导作用。“城市联盟”（Urban League）是一个声名远播的黑人救助组织，尽管它没有卷入废除种族隔离的争论，但还是受到了许多白人支持者的厌弃。小石城、里士满、新奥尔良、杰克逊维尔、沃斯堡等地的城市联盟无法获得当地的社区资金，也无法参与筹集资金的活动；一些南方白人甚至还对有黑人表演的广播节目和电视节目进行抵制。②

在极端组织的支持下，白人的反黑人情绪不断蔓延，南方各州出现了多起旨在对废除种族隔离进行打击报复的暴力事件，包括杀害、殴打黑人，毁坏黑人住所，烧毁学校等。这些事件的受害者基本上都是黑人，偶尔也包括一些帮助黑人的白人。尽管这些暴力事件受到了记者们的谴责，但许多时事评论员却认为，这是联邦最高法院做出不恰当判决的必然结果。约翰·坦普尔·格雷夫斯（John Temple Graves）是南方一名著名的报纸专栏作家，他说：“联邦最高法院迫使我们必须加强对种族问题的重视程度，它教会了我们忽视法律。”③从 1955 年 1 月至 1959 年 1 月的四年里，在各大主要新闻媒体上公开报道出来的暴力事件就有 170 余起。然而这些暴力事件并不是主流，南方地区拥有 400 万人口，大部分南方人也是从新闻媒体的报道中才得知这些事情。尽管如此，这些事情还是反

① Muse, Benjamin. *Ten Years of Prelude: the Story of Integration since the Supreme Court's 1954 Decision*[M]. New York: the Viking Press, 1964:41—43.

② Muse, Benjamin. *Ten Years of Prelude: the Story of Integration since the Supreme Court's 1954 Decision*[M]. New York: the Viking Press, 1964:38—39.

③ *Birmingham Post-Herald*[N], February 18, 1956.

映了广大南方地区一定程度的恶意和无序状态。①

南方白人对废除公共学校中的种族隔离的恐惧主要源于两个方面:对苏联的恐惧和对种族通婚的恐惧。他们认为争取黑人权利的活动在一定程度上与苏联相关,废除种族隔离的运动是苏联阴谋的一部分。一些南方白人到处散布谣言,认为全国有色人种协进会、联邦政府和联邦最高法院中都混入了苏联人;他们并没有对布朗案判决进行理性的批评,而是将布朗案作为苏联人的行为,提出要"弹劾厄尔·沃伦"。就种族通婚的问题而言,白人唯恐允许黑人学生和白人学生同校上学,将在更大范围内导致混种的婚姻。尽管南方白人在公共讨论中从没有提及担心完全解放的黑人与白人进行经济竞争,也没有表现出对可能失去工作的担忧,但这种忧虑却真实存在于成千上万的白人当中。②

此外,白人普遍担心黑人学生的涌入会降低白人学校的教学质量。黑人自从被当做黑奴带到北美大陆以来,始终都处于劣势地位,整体的经济和文化水平都低于白人,再加上就读的种族隔离的公共学校也普遍水平偏低,因此造成黑人学生的平均受教育程度低于同龄的白人学生。白人家长担心这些黑人学生的入学会降低白人学校的教学质量,影响他们子女的学业成绩。③ 更为严重的是,接受公共教育的青少年儿童正处于形成世界观和价值观的关键时期,如果他们在与黑人儿童的交往中慢慢模糊了种族之间不可逾越的鸿沟,导致将来产生种族之间的恋爱和婚姻,那样就会降低白人的智力、败坏白人的血统。当被问到"你愿意让你的女儿嫁给一个黑人吗?"任何一个同情黑人、支持种族合校的白人都会被问得哑口无言。④

(二) 南方白人领袖的煽动

南方各州包括白人家长、学校校长、学校委员会成员以及社区其他成

① Muse, Benjamin. *Ten Years of Prelude: the Story of Integration since the Supreme Court's 1954 Decision*[M]. New York: the Viking Press, 1964:49—51.

② Muse, Benjamin. *Ten Years of Prelude: the Story of Integration since the Supreme Court's 1954 Decision*[M]. New York: the Viking Press, 1964:39—40.

③ Muse, Benjamin. *Ten Years of Prelude: the Story of Integration since the Supreme Court's 1954 Decision*[M]. New York: the Viking Press, 1964:36.

④ Muse, Benjamin. *Ten Years of Prelude: the Story of Integration since the Supreme Court's* 1954 *Decision*[M]. New York: the Viking Press, 1964:40.

员在内的大多数普通白人都准备支持布朗案:他们大多数属于温和的种族主义者,尽管并不认为种族隔离在道德上是错误的,但他们都遵从法律、遵从联邦最高法院的判决,他们更关心的是白人学生,尤其是自己子女所在学校的教育质量,而不是维护整个社会系统中的种族隔离制度,他们对两次布朗案判决表现出来的态度主要取决于南方各州白人领袖对废除种族隔离的态度和言行。①

南方各州的白人领袖对第二次布朗案判决的态度千差万别,从积极接受到公然反抗各不相同,但主流的态度是反对布朗案判决。他们运用自己的权力和影响力,挑拨普通白人民众对黑人的憎恶,煽动他们对布朗案判决的抵制情绪。他们的抵制行为有着多方面的原因。

首先,是他们固有的种族偏见。这些政客大多数认为黑人是劣等种族,在智力、品质等方面落后于白人,因此也就不应该和白人一起接受教育。这些"白人领袖"绝大多数是南方社会种族隔离制度的既得利益者,因此他们从内心而言并不愿意废除种族隔离,不愿意放弃他们在这种社会制度下获得的利益和优越感。他们所担心的不仅是白人儿童的教育质量问题,还担心种族合校可能产生社会上更大范围内的种族混合,包括种族之间的通婚。

其次,是因为他们错误地估计了选民们对种族关系问题的偏好,同时也煽动性地夸大了他们的选民对种族合校的恐惧,因此在对待废除种族隔离的问题上展现了极端主义姿态,导致整个南方社会朝着抵制法院判决的方向发展,并且从大环境而言不利于温和主义者表达他们的情绪。②

第三,是与南方白人种族主义者的预期有关,他们仍抱有幻想,希望联邦最高法院最终能够推翻布朗案判决。尽管南方白人没能迫使最高法院否决第一次布朗案判决,或者明确授权联邦地区法院的法官们以社区中的敌对情绪为由延缓种族隔离,但不可否认的是,第二次布朗案判决确实是南方白人的胜利。联邦最高法院支持了渐进式的种族隔离,并且给

① Patterson, James T. *Brown v. Board of Education, a Civil Rights Milestone and its Troubled Legacy*[M]. New York: Oxford University Press, 2001:88—89.

② Klarman, Michael J. *Why Massive Resistance?* [J]. In Clive Webb, ed., *Massive Resistance: Southern Opposition to the Second Reconstruction*[C]. New York: Oxford University Press, 2005:23.

出了含糊不清的指导原则,没有规定种族合校的任务何时开始、何时完成,同时非常慎重地将这一重任委托给联邦地区法院的各位法官。南方的政客们将第二次布朗案判决称作“南方稳操胜券的胜利”,南方各大报纸将其称为“南方观点的明显胜利”。①

然而南方的种族主义者们并没有为第二次布朗案判决的胜利感到欢欣鼓舞,南方各州在法庭辩论中提出的“用渐进的方式废除学校中的种族隔离”只是缓兵之计,他们在本质上反对种族合校。他们还是抱有一丝希望,认为可以通过某种方式维持学校中种族隔离的事实,甚至幻想着重建白人的霸权地位。法官们以渐进主义的策略诱使温和的种族主义者向法院妥协,南方的一部分政客们理解了法院的这个意图,他们看到最高法院“倾向于依赖各州帮助解决这个问题”,“纠正一个令人反感的判决”,“纠正其错误”。许多南方白人支持法官们“温和、合理”的决定,认为应当感激这个决定,并且称赞了第二次布朗案判决的“温和语气”。《诺福克弗吉尼亚向导报》(*Norfolk Virginian Pilot*)将这个判决称为“极好地诉诸南方的领导力、智力和智慧”;《坦帕论坛报》(*Tampa Tribune*)预测说,“在这次判决之后,由第一次布朗案判决所导致的、在南方各州聚集的暴力和混乱的前兆将消散。”不少州议会暂停出台阻止种族合校的法案,其余各州取消了召开特殊立法会议的计划。②

还有一部分南方白人虽然清楚地认识到了最高法院的安抚态度,但认为这说明最高法院出尔反尔,强调了他们自己坚定支持种族隔离制度的决心。佛罗里达州的一名种族主义者认为,最高法院“认识到了5月的判决③是一个错误,正在尽力摆脱它”。得克萨斯州的议员公开宣称,“最高法院手中拿了一个烫手的山芋,不知所措。”一名弗吉尼亚州的政客说,“最高法院没有勇气公开声明第一次布朗案判决有错”。一些南方的观察家们相信,关闭公共学校和暴力抵抗的威胁使得法官们感到害怕,因此他们推论,进一步的压力可能使得最高法院的法官们完全放弃第一次布

① Klarman, Michael J. *From Jim Crow to Civil Rights: The Supreme Court and the Struggle for Racial Equality*[M]. New York: Oxford University Press, 2004: 318.

② *Southern Education Reporting Service. Southern School News*[N]. Nashville, Tennessee, June 1955.

③ 此指1954年作出的第一次布朗案判决。

朗案的决定。一些南方白人预测，只要他们坚持对废除种族隔离进行抵制，这种耐性和态度将说服联邦政府和联邦最高法院放弃南方黑人的利益，就像在重建时期那样。① 正是基于这种推断，他们领导着南方的种族主义者对废除种族隔离的进程进行了不同程度的抵制，并且通过对全国有色人种协进会进行攻击与威胁来发泄他们的不满。

二、大规模抵制的产生

联邦最高法院刚做出第一次布朗案判决的时候，美国南方既没有表现出实质性的抵抗，也没有表现出实质性的服从。美国南方各州并不是一个统一的整体，州与州之间、各州内部本来就存在着极大的差异，存在着错综复杂的关系，法院的判决又使这些关系更为复杂。② 在普遍“黑人恐惧症”的笼罩下，在白人领袖的煽动下，美国南方各州对最高法院判决的大规模抵制最先是从弗吉尼亚州开始的。

（一）弗吉尼亚州第四议会区的抵制情绪

弗吉尼亚州是一个典型的老南方州份，其第四议会区（The Fourth Congressional District）处于弗吉尼亚州的南部，从殖民地时代开始，这一区域一直都是黑人人口最为集中的地方，黑人和白人之间种族矛盾尖锐。此外，由于第四议会区离弗吉尼亚州的首府里士满较近，在本州的各种领导机构中安插了很多代表，远远超过了本区的人口比例，能够轻而易举地向本州的高层领导传递他们的政治观点，因此本区的政治倾向对整个弗吉尼亚州的政策起到了重大的影响作用，对种族问题的影响尤甚。③ 弗吉尼亚州在国会中的代表、对弗吉尼亚的政治具有重大影响力的参议员伯德对布朗案判决也持强硬抵制态度，这也促进了弗吉尼亚州大规模抵制的出现。

布朗案判决之后，弗吉尼亚州率先出现了强烈的抵制情绪。1954 年

① *Southern Education Reporting Service. Southern School News*[N]. Nashville, Tennessee, June 1955; July 1955; August 1955.

② Smith, Bob. *They Closed Their Schools: Prince Edward County, 1951—1964*[M]. Chapel Hill: The University of North Carolina Press, 1965:83.

③ Muse, Benjamin. *Virginia's Massive Resistance*[M]. Bloomington: Indiana University Press, 1961:6.

5 月 24 日,5 名黑人领袖被邀请到州长斯坦利的办公室,但州长和他们谈话的内容并不是共同商讨如何实施布朗案判决,而是要求黑人忘记该判决,在教育领域继续遵守种族隔离制度。① 1954 年 6 月 20 日,第四议会区一群白人领袖在彼得斯堡(Petersburg)的消防车库中集会,宣称他们"坚定不移地反对"废除学校中的种族隔离。参加这个会议的有国会议员沃特金斯·阿比特(Watkins M. Abbitt)以及 18 名在州议会中任职的代表;在同一个星期之内,第四选举区的大量白人直接到州长办公室表达了反对废除种族隔离的态度。在彼得斯堡参加会议的这些人还向弗吉尼亚州所有县的学校委员会分发传单,号召各县抵制最高法院的判决。在接下来的几周中,弗吉尼亚州有 61 个县采取了相应的措施,继续在公共学校中实施种族隔离。6 月 25 日,弗吉尼亚州的州长斯坦利一改支持最高法院判决的态度,指出要运用一切手段维护学校中的种族隔离。他明确指出,"我将使用我可以调配的一切法律手段来继续弗吉尼亚学校中的种族隔离"。这就给了第四选举区产生的抵制活动以行政支持,抵制活动迅速地扩展到了弗吉尼亚州的大部分地区。

布朗案判决之后,弗吉尼亚州陆续出现了各类旨在抵制废除学校中种族隔离的组织,其中一个组织名为"州主权和个人自由捍卫同盟"(Defenders of State Sovereignty and Individual Liberty)。受参议员伯德的影响,该组织主张实施严格的种族隔离,在 20 世纪 50 年代后期成为有力的游说集团。另一个组织是弗吉尼亚州州长斯坦利设立的一个委员会。这个委员会的主席是州参议员加兰·格雷(Garland Gray),该委员会的主要目的是研究布朗案对弗吉尼亚州的影响并探讨相应的对策。少数认同最高法院判决的白人则没有这样的势力和机会公开表达自己的观点,在他们看来,尽管南方各州存在对布朗案的抵制,但还是会随着时间的推移实现种族合校。②

---

① Gates, Robbins L. *The Making of Massive Resistance: Virginia's Politics of Public School Desegregation, 1954—1956*[M]. Chapel Hill: The University of North Carolina Press, 1964: 28.

② Muse, Benjamin. *Virginia's Massive Resistance*[M]. Bloomington: Indiana University Press, 1961:6—7.

（二）格雷计划与抵制团体的产生

以格雷为首的委员会在十四个月之后提交了一份名为“格雷计划”(Gray Plan)的方案，该方案的基本建议有三个：一，对于那些因为逃避种族合校而到私立学校读书的学生，用公共资金给予学费补贴；二，设立由当地进行管理的学生分配计划，基于种族之外的其他标准，使得进入白人学校的黑人学生数量降到最低；三，修改强迫入学法案，指出不能强迫儿童进入种族混合的学校。① 弗吉尼亚州大部分的白人种族主义者都对这一方案表示支持和肯定。格雷计划中的学生分配方案表面上依据的是“学生本人及其同校其他学生的福利”，考虑的是“学校的设施、学生的健康和能力以及学生上学的交通问题”等客观因素，但实质上是借助行政程序阻碍布朗案判决结果的实施。格雷计划一方面规定，对于当时已经在公共学校就读的学生来说，只有在学生提出申请、并且能够证明具备充分理由的情况下，才能转学到其他学校；另一方面，该计划声明，不能强迫任何学生到种族混合的学校上学。② 这一措施事实上就是将布朗案所要求的废除种族隔离变成了一个极为复杂的申请过程，地方学校委员会可以利用其行政权力决定是否批准学生的申请。通过格雷计划，地方学校委员会一方面固定了现有的就学状况，使得黑人学生只能继续留在种族隔离的学校读书；另一方面赋予了白人家长直接和种族合校对抗的权利。弗吉尼亚州政府虽然表面上没有直接反对种族合校，但它借助地方政府部门的裁量权和公民的个人选择权，实质上达到了对抗联邦最高法院裁决、限制种族合校进程的效果。③

格雷计划出台之后，类似的“自由选择计划”在政策支持下风靡整个弗吉尼亚：《里士满新闻导报》(*Richmond News Leader*)的编辑詹姆斯·杰克逊·基尔帕特里克(James Jackson Kilpatrick)支持这一观点；一些顽固

---

① Muse, Benjamin. *Virginia's Massive Resistance*[M]. Bloomington: Indiana University Press, 1961:15.

② Gray Commission(1955, Nov. 11). Report of the Commission to the Governor of Virginia (Gray Commission Report on Public Education). [EB/OL] www.vcdh.virginia.edu/civilrightstv/documents/images/commissionreportonpubliceducation.pdf. 2013—2—26

③ 张冉. 布朗案在执行中受到的抵制——以弗吉尼亚州为例[J]. 北京大学教育评论，2012年1月.

的抵抗者,比如前州长塔克(Tuck)和参议员阿比特进一步提议,可以根据地区公民的投票情况决定种族合校;参议员伯德则在1955年11月表达自己支持此观点,“地方上的公民投票不会与联邦最高法院的决定相悖。我没有发现有谁能够阻止地方上的投票。如果投票的结果是赞成种族合校,种族隔离制度就能够在当地废除;但如果投票的结果是反对种族合校,那么当地可以在州政府的支持下做出最正确的选择”。①

尽管抵制布朗案是南方各州的整体倾向,但所谓的“大规模抵制”从本质上来说是弗吉尼亚州的产物。从最广泛的意义上来说,“大规模抵制”的目的是在前邦联11个州之间建立统一战线,参议员伯德将《南方宣言》称作“大规模抵抗计划的一部分”,并且他预言,“某种形式的行动”可能被“接纳为各州抵制行动的普遍形式”。②

伯德表示支持“格雷计划”之后,各种抵制种族合校的白人团体如雨后春笋般出现在弗吉尼亚州。这些团体请求州议会设法解决白人的异议,并且要求请其他各州一起参与其中。因此弗吉尼亚州于1956年1月进行了一次投票,投票结果决定修改州宪法;几周之后,弗吉尼亚州的州长斯坦利、南卡罗莱纳州的州长蒂莫曼、佐治亚州的州长格里芬以及密西西比州的州长科尔曼进行了会晤,对白人大规模的抵制行为表示了支持。由于弗吉尼亚州阿灵顿县(Alington)的学校委员会发表了支持废除种族隔离的公告,因此此县选举学校委员会的权利就遭到了剥夺。此时南方各州都蠢蠢欲动,企图对布朗案判决提出异议,而各种白人团体都将这项任务作为他们的首要目标。③在1956年前三个月,南方五个州的立法机构(阿拉巴马州、佐治亚州、密西西比州、南卡罗莱纳州和弗吉尼亚州)至少采取了42项支持种族隔离的措施。④ 1956年3月,弗吉尼亚州的宪法大会正式修改了州宪法,规定在本州内,可以用公共资金资助私立学校。此后,随着来自南方的众多国会议员签署《南方宣言》,标志着这场抵制

---

① *Farmville Herald*[N], November 4, 1955.

② Statement Released by Senator Harry F. Byrd, December 18, 1955.

③ Bartley, Numan, V. *The Rise of Massive Resistance: Race and Politics in the South During the 1950's*[M]. Baton Rouge: Louisiana State University Press. 1969:130.

④ Muse, Benjamin. *Ten Years of Prelude: the Story of Integration since the Supreme Court's 1954 Decision*[M]. New York: the Viking Press, 1964:66.

运动在南方各州蔓延,形成了一场抵制涉及南方各州各阶层白人的大规模活动。①

这种抵制情绪从弗吉尼亚州开始逐渐蔓延到美国南方各州,越来越多的南方政客公开表达他们反对布朗案判决、抵制种族合校的情绪。例如佐治亚州的州长格里芬公开宣称,“无论最高法院将这颗炮弹裹上多么厚的糖衣,佐治亚州的人民都不会接受”;佛罗里达州汉密尔顿县的代表麦卡尔平(J. W. McAlpin)说,“无论现在还是将来,我完全反对任何形式的种族混合。我随时乐意自己花钱重返议会,以保持学校中的种族隔离”。②

(三) 弗吉尼亚州长换届与大规模抵制的推进

1957 年 11 月,弗吉尼亚州的州长选举如期举行,伯德及其政治势力试图将它变为对大规模抵制的全民投票。参与此次选举的民主、共和两党候选人都支持在公共学校中实施种族隔离,但在对待大规模抵制的态度上却存在差异。共和党候选人西奥多·R. 道尔顿(Theodore R. Dalton)曾在 1953 年的时候强烈指责大规模抵制是“大规模的怪事”,呼吁出台渐进式的、可控的社会变革,对格雷计划进行修正。在本次选举中,他试图鼓动弗吉尼亚州的温和主义者,希望用“巧妙的手段,守法、有序的方式保持白人学校尽可能全是白人;但在另一方面,也要竭力保障不关闭公共学校”。③ 民主党的候选人是曾任弗吉尼亚州总检察长的林赛·埃尔蒙德,他力主捍卫种族隔离,说他“只要一息尚存,就要根据本州人民的意愿、而非那个在纽约产生的组织④的意愿,为了维护管理本州内部事务的权利而抗争到底”。⑤ 民主党人将州权和公共学校作为他们施政纲领首当其冲的两个原则,指出“我们将尽一切力量维持学校中的种族

---

① Smith, Bob. *They Closed Their Schools: Prince Edward County, 1951—1964* [M]. Chapel Hill: The University of North Carolina Press, 1965:142—143.

② *Southern School News* [N]. June 1955.

③ Robert E. Baker, *Washington Post* [N]. March 24, 1957.

④ 此指全美有色人种协进会。

⑤ *Richmond Times-Dispatch* [N]. April 19, 1957.

隔离,在这一点上不能含糊其辞”。[1]埃尔蒙德在伯德及其组织成员的全票支持下胜出,民主党获得了极大的胜利,既打击了共和党势力在弗吉尼亚州复兴的威胁,也向联邦最高法院和联邦政府表明了弗吉尼亚州不会接受布朗案判决的坚决态度。伯德对这次选举的结果大为满意,认为这场选举会在“整个南方和整个国家地位显赫,因为它表明弗吉尼亚州坚决抵制种族合校”。[2] 当选州长的埃尔蒙德也认为,这场选举“捍卫了弗吉尼亚州固有的州权”。在他的就职演讲中,这位新州长极尽所能地支持了完全反对布朗案判决的计划:“为了反对大规模的进攻,我们必须采取大规模的抵制”,“在弗吉尼亚州任何一处出现的种族合校都意味着我们的全面溃败”。[3] 埃尔蒙德建议在1958年的议会中立即通过额外的种族主义立法,进一步巩固州对学生分配的控制,强化关闭公共学校的职权。[4] 埃尔蒙德还在1958年夏天宣布,“弗吉尼亚州不会出现强制的种族合校”。[5] 与弗吉尼亚州长换届几乎同时,阿肯色州、田纳西州、阿拉巴马州、路易斯安那州纷纷表达了强烈抵制种族合校的态度,并通过相应的州立法措施进行保障。

三、《南方宣言》与大规模抵制的进一步发展

第一次布朗案判决明确指出公共教育领域的种族隔离违背宪法,这一裁决已经引起了美国国会中来自南方的议员们的不满;其中一些议员私下告诉沃伦说,布朗案判决相当于对南方暗下毒手。[6] 他们虽然没有公然发表反对意见,但对哈伦法官的提名时进行拖延,以泄私愤。第二次布朗案判决前后,这些议员纷纷公开表达了对废除南方各州公共学校中

---

① “Virginia Democratic Platform”, in News from the Democratic Campaign Headquaters (Richmond, 1957). See Bartley, Numan, V. *The Rise of Massive Resistance: Race and Politics in the South During the 1950's*[M]. Baton Rouge: Louisiana State University Press. 1969:270.

② by Latimer, *Richmond Times-Dispatch*[N]. November 7,1957.

③ From “Text of Govenor Almond's Inaugural Address”, in *Richmond Times-Dispatch*[N]. January 12, 1958.

④ Bartley, Numan V. *The Rise of Massive Resistance: Race and Politics in the South During the 1950's*[M]. Baton Rouge: Louisiana State University Press. 1969:272—273.

⑤ *Richmond Times-Dispatch*[N]. August 22, 1958.

⑥ Warren, Earl. *The Memoirs of Earl Warren*[M]. Garden City: Doubleday, 1977:4.

的种族隔离的抵制情绪。

最高法院公布第二次布朗案判决意见的五天前，密西西比州的参议员伊斯特兰首先对布朗案判决发难。他就公共学校中的种族隔离问题专门做了一篇演讲，得出的结论是："联邦最高法院审判布朗案理论依据是支持苏联的煽动者、美国政府的反对者的作品和学说。"伊斯特兰要求他的职员将这份演讲稿分发给了大约 30 万人，造成了很大范围的影响。第二次布朗案判决之后，这篇演讲被南方各州的社论和其他发言人反复引用，变成了南方各州拒不执行种族合校命令的最为重要的文件之一。① 伊斯特兰的观点受到了南方各州议员们的纷纷响应，伯德在 1956 年 2 月对南方学校中废除种族隔离的问题做出评论，认为南方人最好应该以"大规模抵抗"的方式回应最高法院的判决。他还指出："如果我们能够组织南方各州对最高法院的判决进行大规模抵抗，人们将明白种族合校在南方各州无法实行。"②

继伊斯特兰首先发难之后，1956 年 3 月 12 日，美国国会中 101 名南方议员（国会参议两院来自南方的议员共有 128 人）联名签署并发布了一份文件，题为"宪法原则的声明"，这份文件在历史上被称为《南方宣言》（*Southern Manifesto*）。这份文件谴责联邦最高法院的决定是"对于司法权力的明显滥用，以联邦司法部门的身份颁布损害国会权威、地方各州及其人民独立权力的立法"，包含了法官们的"个人政治观点和社会观点"，而不是宪法。这份宣言还赞扬了那些"表达决心将以任何合法手段抗拒强制的种族合校的州"，发誓要"撤销布朗案判决"。③ 这些议员试图通过这份文件迫使南方各州犹豫不决的政客们团结起来，共同抵制联邦最高法院的决定；同时还试图激起南方普通民众的反对情绪。这份宣言大体上达到了既定目标：包括温和主义者在内的、来自南方的大部分国会议员

---

① Patterson, James T. *Brown v. Board of Education, a Civil Rights Milestone and its Troubled Legacy*[M]. New York: Oxford University Press, 2001:88—89.

② Lewis, George. *Massive Resistance: The White Response to the Civil Rights Movement*[M]. London: Hodder Arnold, 2006:1.

③ Declaration of Constitutional Principles. *Arkansas Historical Quarterly*. Appendix A. Vol. 55, No. 2(Summer, 1996).

们不得不遵从主流观点在这份宣言上签字。①

这份文件并没有开启公然反抗布朗案判决的运动。正如一名议员所说,"到《南方宣言》出现的时候,南方各州已经开始了相当规模的抵制运动;种族合校在南方腹地不可能成功。"②《南方宣言》在大规模抵制的环境下产生,虽然很不现实地指责联邦最高法院的判决"非法、违宪",但没有指明反对者们能够依赖什么样的法律手段进行抵制。拟定这份宣言的议员们只是给南方各州提供了一个模糊的、有限的承诺,并没有指出为了阻止并扭转废除种族隔离的进程,他们将采取怎样的具体行动,也没有指出其他团体应当采取怎样的行动。此外,这份宣言也没有使用支持种族隔离的任何惯用说辞,包括种族劣等性、种族通婚或者其他与种族相关的言论。这份声明没有为种族隔离制度辩护,而是将注意力集中于批评联邦最高法院在布朗案判决中得出结论的方式欠妥。总而言之,《南方宣言》类似于一份法律概要,集中精力处理了宪法解释、历史事实以及法律先例等问题。③

大约在 1957 年夏秋之际,大规模抵制的情绪达到了顶峰。根据一项盖洛普调查(Gallup Poll)④显示,在 1957 年 8 月之前,美国公民支持布朗案判决的比例呈稳定增长趋势:1954 年 7 月,有 54% 的美国公民认为联邦最高法院废除种族隔离的判决是正确的;这一比例分别于 1955 年初、1956 年初、1957 年 1 月上升至 56%、57%、63%。但 1957 年 8 月,美国舆论研究所(American Institute of Public Opinion)的调查统计员首次发现了布朗案判决的全国支持率出现了下降趋势:1957 年 8 月,有 58% 的受调查人员支持布朗案判决;1957 年 9 月小石城事件之前,这一比例继续下降。南方也出现了同样的趋势。1955 年的一次盖洛普调查发现,波多马克河(Potomac River)以南仅有 20% 的公民支持布朗案判决;这一比例在

① Badger, Tony. *Southerners Who Refused to Sign the Southern Manifesto*[J]. *The Historical Journal*. Vol. 42, No. 2. (June, 1999).

② Goldfield, D. R. *Black, White, and Southern: Race Relations and Southern Culture, 1940 to the Present*[M]. Louisiana University Press, 1990:85.

③ Aucoin, B. J. *The Southern Manifesto and Southern Opposition to Desegregation*[J]. *The Arkansas Historical Quarterly*. Vol. 55, No. 2(Summer, 1996).

④ 以数学家乔治·盖洛普(George Gallup)命名的抽样调查方法。

1956年初、1957年1月分别上升至22%和27%；但到了1957年8月，对布朗案的支持率回降到20%，1957年9月的时候，南方对布朗案的支持率下降至16%。就废除种族隔离本身的必然性而言，1956年2月，有55%的南方白人认为废除种族隔离不可避免，终有一天，黑人和白人"同校上学、在同一个餐馆吃饭、大致上分享同样的公共设施"；1957年8月，持这种观点的南方白人下降到了43%；即使将所有南方人计算在内，1957年8月也只有45%的南方人持这种观点，而全美国持此观点的人也只有54%，人们对布朗案实施结果的预期跌入了低谷。①

在这种抵制态度的作用下，南方各州公共学校中的种族合校行动在1961年之前进展甚微。这些顽固的白人不仅分布在对种族合校进行强烈抵制的南方腹地，而且遍布整个美国。可以说，哪里有黑人，哪里就有这样的白人至上主义者。

第二节 大规模抵制的各种形式

南方白人掀起了对布朗案判决的大规模抵制，主要是通过暴力威胁、在入学政策中设置隐性的种族隔离条款、进行法庭诉讼以及关闭公共学校这几种方式进行的，其中最主要的方式是关闭公共学校。1957年阿肯色州的小石城事件是大规模抵制过程中的一个极端事件，充分体现出南方白人对废除学校中种族隔离的极端抵制态度。

一、暴力威胁

1955年夏天，芝加哥一名14岁的黑人少年埃米特·蒂尔（Emmett Till）到密西西比州探亲，据称，他在一个杂货店前向一名白人女性吹口哨，因此遭到绑架。三天之后，人们在河里发现他被枪杀。尽管受指控的白人供认不讳，全是白人的陪审团还是判其无罪，而且只用了一个小时就草草结束审判。同年，还有4名黑人在密西西比州遭到杀害，其中一起是

---

① Bartley, Numan, V. *The Rise of Massive Resistance: Race and Politics in the South during the 1950's*[M]. Baton Rouge: Louisiana State University Press. 1969:276—277.

光天化日之下在林肯县的政府大楼外的草地上发生的,但法院并没有对凶手进行定罪。① 类似的例子比比皆是。在1954—1959年之间,美国南方各州有官方记载的白人对黑人的暴力事件就有200多起,其中包括6起谋杀、29起持枪攻击、44起殴打以及6起爆炸;《纽约先驱论坛报》报道的白人暴行超过了500起。政府官员和警方都不愿意谈及此类事件,有些官员甚至将这些暴力事件看作与1773年波士顿倾茶事件类似的"和平抗议"。②

这些暴力事件大多数是农村下层白人所为,他们大多数是普通的蓝领工人,几乎没有受过什么教育,而且很少接触新闻报纸、广播、电视和国内杂志等传播媒介;他们居住的地方距离黑人区最近、所从事的体力工作最容易受到来自黑人的竞争、社会地位和黑人最接近,因此他们受到废除种族隔离的影响最为直接,反抗也最为强烈。③ 对于这些生活在社会底层的白人来说,"隔离但不平等"不仅是一项种族政策,还是他们维持自我优越感的依据:这些白人生活贫穷、一无所有,将他们的白皮肤和以黑人作为参照系建立起来的优越感视作一种格外宝贵的财产。④ 在这种恶意的种族环境之下,黑人以法律诉讼的形式挑战学校中种族隔离的现象越来越少了。到20世纪50年代末,密西西比州没有出现任何此类诉讼案件;南卡罗莱纳州只出现了两起;整个南方腹地都很少有黑人进行此类诉讼。⑤

二、入学政策中的隐性种族隔离条款

对于反对布朗案判决的人而言,控制废除种族隔离的最有效的方法就是在必要的时候将各州学生的入学权置于各个学区的学校委员会手

① Bartley, Numan V. *The Rise of Massive Resistance: Race and Politics in the South during the 1950's*[M]. Baton Rouge: Louisiana State University Press. 1969:82—83.

② Telgen, Diane. *Defining Moments: Brown v. Board of Education*[M]. Detroit, MI: Omnigraphics, Inc. 2005:82—83.

③ Peltason, Jack Walter. *Peltason Fifty-eight Lonely Men: Southern Federal Judges and School Desegregation*[M]. New York: Harcourt, Brace & World, Inc. 1961.

④ 左亦鲁.五十年后的一份异议[J].读书.2010年第1期.

⑤ Telgen, Diane. *Defining Moments: Brown v. Board of Education*[M]. Detroit, MI: Omnigraphics, Inc. 2005:82—83.

中。学校委员会将采取一些看似“中立”的标准，来保证事实上几乎不会发生种族合校。直到20世纪60年代早期，希望拖延种族合校的学区几乎都在使用这样的学生入学政策，以便使得废除种族隔离的程度最小化。联邦最高法院之所以采取“审慎的速度”，主要是希望这一政策能够鼓励联邦地区法院采取实质性而非象征性的种族合校行动。但这一政策在实际的执行过程中没有落实。尽管如此，面对学生入学政策以及其他形式的法律逃避行为和抵制，联邦地区法院最后只是接受象征性的种族合校。①

即使是服从布朗案判决的州，两次布朗案判决的实际影响并不总是非常明显。例如，马里兰州的巴尔的摩允许开放入学制度：在名额允许的条件下，白人学生能够到任何白人学校读书，而黑人学生也能够到任何黑人学校读书。一年之后，只有4%的黑人学生到以前的白人学校上学。密苏里州的圣路易斯采取了一个“临近学校计划”（Neighborhood School System），让各个学区的学生按照划分的居住区进入临近的高中就读。这样的入学方案看似没有种族歧视和种族隔离的因素，似乎无可厚非；但是由于黑白人种的经济地位差异而形成了居住区方面的分隔，在两所高中的规定学区内居住的全都是黑人，这就在不违反联邦最高法院命令的前提下将种族合校的比例降到了最低。全国有色人种协进会的成员并没有对这样的结果进行质疑。

在北卡罗莱纳州，州长威廉·乌姆斯特德对种族合校的命令采取了这样的策略：他任命了一个教育委员会为北卡罗莱纳州的种族合校提供可行的建议，这个委员会中包括了三名黑人。乌姆斯特德的继任者卢瑟·霍奇斯（Luther Hodges）听取了这个委员会渐进式废除种族隔离的建议，并且明确指出，“不能试图立刻在公共学校中将两个种族混合起来”。这个委员会提供了一项关于学生入学的建议，并且得到了州立法机构的采纳。这部法案允许学校委员会决定每个学生到哪所学校上学，并且应当考虑“公共学校有序、有效的管理，学生的有效教学，以及学生的健康、安全和总体福祉”。这项法规不仅规定了普通的入学情况，还列举了各种

① Tushnet, Mark V. *Making Civil Rights Law: Thurgood Marshall and the Supreme Court, 1936—1961*[M]. Cary, NC: Oxford University Press, 1994:242.

扩展的入学方式,经常需要进行个人访谈。此外,这项法规还设定了一套上诉程序,如果申请人不能到理想的学校读书,还可以根据这套上诉程序进行申诉,委员会如果发现入学是为了“儿童的最佳利益和最佳发展”,在“不影响学校的正常管理,并且该儿童受到了良好的教育、不会影响其他儿童的健康和安全”的情况下,可以允许该儿童入学。如果学校委员会对入学申请进行拒绝,学生能够在当地的联邦地区法院提起诉讼,若不服判决即可上诉到联邦最高法院。①

北卡罗莱纳州的黑人反对学生分配法案,因为这其实是一部“种族隔离法案”,继续维持事实上的种族隔离教育制度。然而,因为这项法案并没有明确将种族作为入学的标准,因此辩护律师仍然可以说这是与布朗案判决的精神相一致的。当这部法案被采纳的时候,北卡罗莱纳州已经出现了一个案例向北卡罗莱纳州的种族隔离提出挑战,但并没有成功。采取类似的学生分配法律的并不只是北卡罗莱纳州,例如阿拉巴马州就于 1955 年 8 月采取了学生分配法律。与北卡罗莱纳州相似,阿拉巴马州的分配法也没有清晰地指向种族因素。

与此同时,南方所有各州的立法机构都通过了新法律,目的是避免执行最高法院的判决,或者弱化它的影响。除了田纳西州之外,其余各州都以各种方式关闭了公共学校,而不是废除种族隔离。11 个州之中有 7 个自动减少了执行种族合校政策的学区的州教育经费。然而,在南北边界各州,废除种族隔离没有遇到这样的麻烦。②

尽管南方各州出台了各种精心安排的学生安置计划,但并不能使一些极端的白人种族主义者满意。对于他们而言,这样的计划是在“种族隔离违宪”的前提下制订的,因此在某种情况下,一些黑人可能还会与白人学生同校上学。南方的许多白人种族主义者完全不能接受“种族隔离违宪”这样的观点,即使是形式化的废除种族隔离也不能接受。他们发起了另外一套抵制两次布朗案判决的方案,也就是所谓的“大规模抵制”。

这场大规模的抵制运动从弗吉尼亚州开始,然后波及南方各州;在一

---

① Tushnet, Mark V. *Making Civil Rights Law: Thurgood Marshall and the Supreme Court, 1936—1961*[M]. Cary, NC: Oxford University Press, 1994:242.

② Sarratt, Reed. *The Ordeal of Desegregation: The First Decade*[M]. New York: Harper & Row, 1966:85.

些农村代表占据州立法机构的大部分席位,或者顽固的政治家将大规模的抵制看做是另一种维持自身权力的手段的州,这场大规模的抵制运动最为成功。律师们对大规模抵制的挑战是从 1955 年下半年开始的,到 1959 年早期结束,此时,大规模的抵制已经注定要失败。①

三、南方研究生教育中种族隔离案件

最高法院的布朗案判决并没有减少教育领域与种族隔离相关的法律诉讼案件。南方各州仍然有一些顽固分子坚持就学校中的种族隔离问题提起诉讼。在布朗案审理期间,还有一些为黑人争取到白人学校入学的案例悬而未决,等待布朗案的审理结果。布朗案之后,这些案件再次被法院提上日程,到 1956 年中期,南方各州的联邦法院处理了 65 起要求废除种族隔离的案件,以及 30 起相关的案件。② 随着 1950 年的斯威特案和麦克劳林案推翻了研究生教育领域的种族隔离,南方各州大约有 125 所公立和私立的大学、学院允许黑人入学,其中也包括阿拉巴马州的一所学院。到 1955—1956 学年开始的时候,除了 5 个州之外,南方其余各州都允许黑人进入州立大学,这几个例外的州是阿拉巴马、佛罗里达、佐治亚、密西西比和南卡罗莱纳。这些州都属于南方腹地,种族主义活动猖獗。在种族主义者的心目中,州立大学的种族合校与公共学校中的种族合校密切相关,他们准备抵抗到底。③ 在佛罗里达州和阿拉巴马州还出现了与研究生教育领域的种族隔离相关的案件;这些事件的影响一直持续到 20 世纪 60 年代。

以阿拉巴马州为例。1952 年,奥瑟琳·露西(Autherine Lucy)申请进入阿拉巴马大学的研究生院学习,但因种族原因遭到拒绝。1953 年 7 月,她向联邦地区法院提起诉讼。1955 年,地区法院的法官 H. 霍巴特·格鲁姆斯(H. Hobart Grooms)判决阿拉巴马大学接收露西。大学的

---

① Bartley, Numan V. *The Rise of Massive Resistance: Race and Politics in the South during the 1950's*[M]. Baton Rouge: Louisiana State University Press. 1969:17—20.

② Muse, Benjamin. *Ten Years of Prelude: the Story of Integration since the Supreme Court's 1954 Decision*[M]. New York: the Viking Press, 1964:84.

③ Muse, Benjamin. *Ten Years of Prelude: the Story of Integration since the Supreme Court's 1954 Decision*[M]. New York: the Viking Press, 1964:53.

董事会虽然并不抱有胜诉的希望,但还是进行了上诉。1955 年 10 月,上诉法院用一份简短的意见肯定了格鲁姆斯法官的判决;1955 年 10 月,最高法院拒绝复审这个案件。露西再次申请入学,但阿拉巴马大学拒绝了这次申请,因为第一学期的课程注册已经于 10 月 6 日截止。格鲁姆斯法官认为可以接受这个理由,因为它并不是以种族为由拒绝露西入学。然后露西又申请在第二学期到研究生院读书,这次学校再也没有理由拒绝了。当她在 1956 年 1 月底到学校注册时,一群暴徒试图恐吓她,她在学校的时候被一群警察保护了起来。到 2 月 6 日,这群暴徒几乎已经失去控制,以恐吓、集会等形式抗议露西在本校就读。这群暴徒里有阿拉巴马州立大学的学生,也有附近的高中生、工人。阿拉巴马州警方将露西带离校园保护了起来;当天,学校委员会以保护露西的生命安全为由,取消了露西的入学资格,并且开除了这群暴徒中的一个为首分子。①

四、关闭公共学校

弗吉尼亚州的爱德华王子县是布朗案的组成案件之一——戴维斯诉爱德华王子县学校委员会案的发生地,在第一次布朗案判决出台的当晚,爱德华王子县就有几百名白人在县政府大楼举行集会,表示强烈反对这一判决。在两次布朗案判决的一年中,爱德华王子县的人们情绪都很复杂,他们不相信这个判决是真的,总是怀有一丝期望,其中白人更是认为废除学校中的种族隔离是天方夜谭,不可能实现。②

最高法院于 1955 年 5 月 31 日颁布了第二次布朗案的判决意见,这天正好是弗吉尼亚州进行下个年度财政预算的最后一天。在最高法院的命令公布几小时后,爱德华王子县的监事会就召开了一次会议。好几百名愤怒的白人要求监事会不要通过对学校进行拨款的财政预算,要求监事会放弃公共教育,而不是开始进行种族合校。通过投票,监事会的委员们一致同意扣押运营公共学校的所有资金。对此,爱德华王子县的公共设施主管道尔·霍华德(Dowell Howard)认为,“如果可以平息众怒,我们

---

① Muse, Benjamin. *Ten Years of Prelude: the Story of Integration since the Supreme Court's 1954 Decision*[M]. New York: the Viking Press, 1964:53—54.

② Muse, Benjamin. *Virginia's Massive Resistance* [M]. Bloomington: Indiana University Press, 1961:12—13.

可以这样做。”这个消息传遍整个美国，爱德华王子县瞬间就成了在不可能的情况下运用最高法院判决的“典范”，也是对最高法院命令早期的抵抗形式。6 月 7 日，爱德华王子县举行了一次由 1300 名公民参加的大规模会议，会上称赞了县监事会的做法，并且开始成立组织、募集资金，使本县的白人儿童到私立学校读书。最初的目标是筹集 212830 美元，支付 63 名白人教师下一学年的工资；短短几周之后，已经筹集到这个数目的四分之三。该县的行为传递了这样一个信息：他们宁愿废除学校，也不想废除学校中的种族隔离。虽然爱德华王子县关闭公共学校的时间很短，但它的态度使得弗吉尼亚州的抵制情绪从整体上变得更为强硬和具体化。在种族主义者的煽动之下，许多白人心中都留下这样的印象：最高法院如同一位极为严厉的执政官，要求立刻废除南方各州的种族隔离。白人因此才产生了如此强烈的敌意。①

随着南方各州大规模抵制运动的兴起，1959 年，关闭公共学校的抵制行为出现在弗吉尼亚州的另外三个县：沃伦县（Warren County）、夏洛茨维尔县（Charlottesville County）和诺福克县（Norfolk County）。沃伦县是最先关闭公共学校的，虽然对其具体的过程并没有十分详细的报道和评论，但《里士满新闻导报》（*Richmond News Leader*）上的一段评论可以反映出弗吉尼亚人对该事件的态度。该报认为，关闭公共学校的事情在各处都可能发生，弗吉尼亚人不用对此大惊小怪。现在应该做的是建立一个资金运转良好、管理科学、真正可行的私立学校系统。如果白人希望自己的子女在一个没有种族混合的环境中学习的话，就要自己创造这样的环境。无论哪里受到了种族合校的威胁，都应该尽快建立私立学校系统。对此，新上任的州长埃尔蒙德抓住时机指出：“我曾反复强调，我们并不是反抗法院命令。各州运行何种学校，不受任何联邦法院的强迫。我们走投无路才放弃公共学校，但我们并没有违抗联邦的权威。”②

诺福克县和夏洛茨维尔县关闭公共学校的过程略有不同。1959 年，诺福克县的学校委员会批准 17 名黑人学生到白人学校读书，一些极端主

① Muse, Benjamin. *Virginia's Massive Resistance*[M]. Bloomington: Indiana University Press, 1961:12—14.

② Muse, Benjamin. *Virginia's Massive Resistance*[M]. Bloomington: Indiana University Press, 1961:71—72.

义者认为学校委员会过于轻易地向联邦法院的压力屈服。尽管学校委员会向法院申请将黑人的入学时间再推迟一年,但州“主权和个人自由捍卫同盟”已然不能容忍种族合校的可能性存在,因此举行了一个特别会议,呼吁州长“否定并扭转”这一行为,认为分配学生入学的权力已经从学校委员会转移到了州学生安置委员会手中。夏洛茨维尔县的情况也与此类似。诺福克和夏洛茨维尔县接到了州法院的命令,禁止他们进行任何形式的学生分配。9 月 4 日,埃尔蒙德州长向包括诺福克县、夏洛茨维尔县、阿灵顿县和爱德华王子县在内的四个学校委员会发出了警告,不许他们进行学生分配,因为这样做就等于是学校委员会的自发行为,附带着可能引发各种事端的责任。①

在诺福克县和夏洛茨维尔县,法院不顾大规模抵制的存在,强制推行种族合校政策;州长于9 月 19 日关闭了夏洛茨维尔县两所公共学校,9 月 27 日关闭了诺福克县 6 所公共学校。截至 9 月底,12700 名弗吉尼亚的儿童不能到公共学校上课:其中大约有 2000 人随即进入私立学校或者辅导小组学习,还有几百人到其他学区的公共学校临时就读,剩下的学生只能辍学在家,等待学校重新运行。可叹的是,大部分弗吉尼亚人对这个事件毫无反应,而且黑人方面也没有直接的抵抗。②

弗吉尼亚州的抵制行为迅速得到了阿拉巴马州、密西西比州、路易斯安那州、佐治亚州等地的支持与相应,南方腹地各州纷纷关闭黑人密集区的公共学校。关闭公共学校成为南方各州,尤其是南方腹地各州反对布朗案判决最主要的一种形式。

五、小石城事件

1957 年,阿肯色州小石城出现了因为种族合校而导致的极端冲突,这是布朗案之后白人抵制情绪的一次大爆发。

(一) 小石城事件的起因

1954 年布朗案判决之后,阿肯色州有好几个县开始制定自愿废除学

---

① Muse, Benjamin. *Virginia's Massive Resistance*[M]. Bloomington: Indiana University Press, 1961:73—74.

② 同①,74—75.

校中种族隔离的计划,其中就包括小石城。该县的学校委员会一致决定分三步废除学校中的种族隔离,其中第一步就是在公共高中实施种族合校。然而,阿肯色州当地的全国有色人种协进会分会认为,这样进行种族合校速度过慢。

1957年,位于小石城的联邦地区法院和位于圣路易斯的美国第八上诉法院支持小石城学校委员会开始废除学校中的种族隔离,命令从1957年的秋季学期就开始执行这一命令,并且从小石城中心高中率先开始实施这一决定。法院的决定在执行之前就受到了很多白人的质疑和反对。小石城中心高中原来是一所全白人的高中,在此就学的以居住在附近的蓝领工人子女居多。就在小石城中心高中开学的5天前,司法官默里·里德(Murray Reed)命令这所学校不得开始废除种族隔离,并声称其决定参照了阿肯色州州长奥威尔·福布斯(Orval Faubus)和小石城中心高中家长联合会的意见。里德指出,如果现在就开始进行种族合校,那么势必会带来暴乱。① 福布斯州长公开宣称,在中心高中实施种族合校将会带来麻烦。佐治亚州州长格里芬在访问阿肯色时也做了一次激情澎湃的演讲,鼓励人们抵制种族合校。②

大约有60名黑人学生申请进入小石城中心高中,其中17名学生获得了学校管理方的许可,但只有9名学生注册了课程。就在中心高中开学的前一天也就是9月2日傍晚,福布斯州长借口大量白人种族主义者从全州纷纷赶赴小石城,因此派阿肯色州的国民护卫队(National Guard)③包围了该校;然后他又宣布小石城中心高中不对黑人开放,而当地一所黑人高中——贺拉斯·曼高中也不对白人开放。在当晚福布斯的电视讲话中,他提到,派遣国民护卫队包围中心高中是为了"维持秩序",护卫队会保持中立,不倾向于任何一方;但是,如果出现"强制废除种族隔

---

① Bates, Daisy. *The Long Shadow of Little Rock: A Memori*[M]. Fayetteville: the University of Arkansas Press, 1986:57—58.

② Telgen, Diane. *Defining Moments: Brown v. Board of Education*[M]. Detroit, MI: Omnigraphics, Inc. 2005:85.

③ 国民护卫队主要受联邦政府的财政支持,但和平时期作为各州的军事力量,受州长调配,是美国军队的储备力量;而各州州长也只是在公共秩序受到严重威胁的关键时刻才动用国民护卫队。

离”,那么将无法保障和平,“学校必须按照以往的秩序运行”。① 如果 9 月 3 日黑人学生进入中心高中的话,那么将“血流成河”。②

(二) 冲突的产生

福布斯的言行使得小石城成为全美国关注的焦点,与小石城有关的新闻频频出现在全世界各大报纸的报道中,新闻记者们蜂拥而至。福布斯的言行惹恼了小石城的市长伍德罗·曼(Woodrow W. Mann),他认为州长的这种行为是将小石城作为政治棋子,以实现他自己的政治目标。州长在这样做之前并没有与其他负责小石城安全和秩序的官员打招呼,贸然行事只会无事生非、制造不安定因素。即使是在小石城事件一星期之后,小石城警方也没有接到一起有关种族之间暴力事件的报案,由此可知,州长召集国民护卫队的理由仅仅是一个骗局。③ 9 月 3 日早上,中心高中的门口不仅被国民护卫队所包围,还聚集了大批附近的白人居民。白人学生穿过护卫队顺利进入学校;而黑人学生及其家长在福布斯讲话的影响下担惊受怕,犹豫不决。小石城全国有色人种协进会分会的负责人决定让这 9 名学生 9 月 4 日到离学校两个街区的地方集合,然后让他们一起在警察的保护下前往学校。其中一名黑人学生伊丽莎白·埃克福德(Elizabeth Eckford)没能联系到,她在 9 月 4 日的早上独自一人进入了小石城中心高中。埃克福德不仅受到国民护卫队的阻拦,还受到白人学生的辱骂、恐吓和威胁,而国民护卫队却任由白人暴民踢打这个黑人女孩。虽然埃克福德被有同情心者所救,但全国有色人种协进会分会最终还是放弃了这一天的入学计划。④

黑人学生及其家长上诉至美国律师协会,在司法部的支持下,全国有色人种协进会要求联邦法院颁布禁令,禁止福布斯州长以及国民护卫队的阻挠行为。在法院的干预下,福布斯于 9 月 20 日撤回国民护卫队,但

① *Southern Education Reporting Service. Southern School News*[N]. Nashville, Tennessee, October 1957.

② Bates, Daisy. *The Long Shadow of Little Rock: A Memori*[M]. Fayetteville: the University of Arkansas Press, 1986:61.

③ *Southern School News*[N], October 1957.

④ Muse, Benjamin. *Ten Years of Prelude: the Story of Integration since the Supreme Court's 1954 Decision*[M]. New York: the Viking Press, 1964:126—129.

小石城的暴乱并未到此终止。9 月 23 日,9 名黑人学生试图再次到小石城中心高中上课;在警察的保护下,他们悄悄入校,但这个消息还是不胫而走,一大群白人暴民又将学校包围了起来。为了避免暴民袭击,黑人学生不得不在午餐时间刚过就离开学校。当天傍晚,小石城警方发现一辆装满了各种炸药和枪支的大篷车开往全国有色人种协进会分会的负责人黛西·贝茨(Daisy Bates)的住所;在整个学年中,好几次都有人试图通过枪击或者放炸弹等方式谋杀贝茨;也有人试图谋杀市长、学校委员会成员。①

当 9 名黑人学生在 9 月 23 日遭到驱逐后,四面八方的人们都向小石城聚集,暴民手持枪械,摩拳擦掌;局势已经超出了可控范围,警察也无法使人群散开。市长伍德罗·曼感到情势不妙,于 9 月 24 日向艾森豪威尔总统发去电报,请求总统为了"人道主义、法律、秩序和民主",在几小时之内尽快提供联邦军队支援。艾森豪威尔已经厌倦了与废除学校中种族隔离有关的案子,但他也意识到了问题的严重性,不能对小石城目无法纪的事态听之任之。尤其是当联邦调查局告诉他福布斯州长故意妨碍法庭判决、动用国民护卫队阻止黑人学生入学的情况后,艾森豪威尔立刻从美军第 101 空降师调集了 1100 人,到小石城保障种族合校的顺利进行。9 月 25 日,9 名黑人学生在联邦军队的保护下最终顺利入校上课。后来随着白人的阻挠逐渐减弱、暴乱基本上平息,艾森豪威尔于 11 月 27 日撤走了联邦军队。然后,艾森豪威尔将阿肯色州的国民护卫队置于联邦的管辖之下,命令他们作为 9 名黑人学生的保镖,一直在中心高中附近守卫了一年。②

尽管联邦政府用军队保障了黑人学生入学,但无法保障他们在学校里受到白人学生的友好对待,这 9 名黑人学生在中心高中度过了痛苦的一年。最初,许多白人学生还乐于接纳他们;但迫于来自白人家长、种族主义者和校友的压力,这种友好的关系渐渐受损,很少有白人学生愿意冒着众叛亲离的危险对黑人学生表示友好。白人学生几乎每天都对这几名

① Telgen, Diane. *Defining Moments: Brown v. Board of Education*[M]. Detroit, MI: Omnigraphics, Inc. 2005:84—87.

② Muse, Benjamin. *Ten Years of Prelude: the Story of Integration since the Supreme Court's 1954 Decision*[M]. New York: the Viking Press, 1964:138—145.

黑人学生拳打脚踢,朝他们扔杂物、洒墨水,偷走或损毁他们的课本;更有甚者,一名白人学生朝一名黑人女孩梅尔巴·帕蒂罗(Melba Pattillo)脸上泼酸,幸亏负责保护她的联邦军人反应及时,这名黑人女孩才没有失明。① 其中一名学生米尼金·布朗(Minnijean Brown)受不了各种不断的人身攻击,1958 年 2 月,她在与一名白人女孩相互辱骂之后被学校开除,剩下的 8 名学生坚持读完了一学年。②

(三) 小石城事件的影响

这一学年结束之后,小石城学校委员会到法院请求暂缓他们的种族合校计划,理由是:他们需要时间获取社区的支持,这样才能和平地进行种族合校。学校委员会认为,"如果没有州和社区的积极配合,联邦政府又像去年一样虚情假意,将废除种族隔离的所有任务都推给学校,那么我们无法保证任何族裔儿童在学校期间的安全"。地区法院同意了这个要求。然而,第八上诉法院驳回了这一裁决;小石城学校委员会不服,上诉至联邦最高法院,但联邦最高法院还是维持了上诉法院的裁决,规定各州受法院判决的约束;即使存在异议,各州也必须执行法院的判决。这就是库珀诉亚伦案(Copper v. Aaron,358 U. S. 1,1958)。库珀诉亚伦案之后,联邦最高法院再次颁布命令,继续执行种族合校计划。但福布斯州长还是在小石城举行了一场特殊的选举——要求居民就一项关闭公共高中、将其租借给私人公司的计划进行投票。很明显,这项计划是种族主义者的主意,通过将公共高中变为私有,就能维持学校中的种族隔离。通过投票,小石城的居民以 19000 比 7500 的票数支持该计划。尽管有法庭判例规定,将公共学校租借给私立公司无效,但小石城的高中在 1958—1959 整个学年一直都处于关闭状态。③

在小石城的公共高中关闭期间,小石城普通民众的态度出现了显著的变化。由于暴力抵抗给商人的经济效益带来了负面影响,因此大部分

① Walker, Paul Robert. *Remember Little Rock: The Time, the People, the Stories* [M]. Washington: National Geographic Society,2009:47.

② Telgen, Diane. *Defining Moments: Brown v. Board of Education* [M]. Detroit, MI: Omnigraphics, Inc. 2005:87—89,92.

③ Telgen, Diane. *Defining Moments: Brown v. Board of Education* [M]. Detroit, MI: Omnigraphics, Inc. 2005:92—94.

温和的商人对这场种族冲突感到厌倦;越来越多的普通市民也逐渐接受种族合校的现实,希望回归到平常的生活状态。1957 年,重新选举后的小石城市政委员会打破了种族主义者一统天下的局面;两年之后,新当选的学校委员会成员大部分都支持种族合校。当小石城的公共高中在 1959 年重新开门的时候,少量的黑人学生来到中心高中和霍尔高中就读。①

小石城事件的进展受到了全美国和整个世界的关注,通过电视、报纸等媒介,小石城种族冲突的图片和消息进入了美国的千家万户。许多美国人对这种赤裸裸的种族仇恨感到羞愧,对 9 名黑人学生的勇敢和坚忍不拔表示敬佩。在小石城事件中,受害最大的还是公共学校中的黑人学生:小石城 1958—1959 年关闭了公共学校,共有 2915 名白人学生、750 名黑人学生受到了影响。在白人学生中,有 30%(877 名)转学到阿肯色州内其他公共学校,14%(405 名)通过函授课程学习,9%(275 名)转到阿肯色州以外的学校读书,38%(1120 名)到私立学校读书,8%(238 名)无学可上。而就黑人学生而言,38%(283 名)转学到阿肯色州内其他公共学校,5%(35 名)通过函授课程学习,12%(81 名)转到阿肯色州以外的学校读书,没有人到私立学校读书,45%(341 名)黑人学生无学可上。②

种族主义者希望通过暴力抵制使联邦当局确信,最高法院的布朗案判决不能被强制执行,他们试图通过这种方式回到过去种族隔离的时代。而当时的民权运动方兴未艾,小石城冲突使得更多的活跃分子参与到种族平等的事业中,为民权运动平添了动力,拓宽了其政治支持面。正如全国有色人种协进会的律师杰克·格林伯格所说,小石城事件中最为重要的就是,艾森豪威尔总统决定使用联邦军队保障中心高中的种族合校进程,这一点清晰地表明了联邦政府不能容忍各州对布朗案判决结果的背叛。③ 小石城事件标志着吉姆·克罗法在最后的挣扎中逐渐走向衰亡。

---

① Telgen, Diane. *Defining Moments: Brown v. Board of Education*[M]. Detroit, MI: Omnigraphics, Inc. 2005:94.

② *Report of the United States Commission on Civil Rights*[R]. United States Commission on Civil Rights, 1959.

③ Greenberg, Jack. *Crusaders in the Courts: How a Dedicated Band of Lawyers Fought for the Civil Rights Revolution*[M]. New York: Basic Books, 1994:366.

第三节　大规模抵制的衰落

在南方白人大规模的抵制之下,南方公共学校中废除种族隔离的进程可谓举步维艰。就南方整体而言,1955—1956 学年,大约有 0.12% 的黑人学龄儿童和白人同校上学;1958—1959 学年,这一比例仅上升到 0.13% 。[①] 1962 年 5 月 17 日是布朗案判决 8 周年纪念日,一些观察家在这个时间前后做了一项预计:如果不考虑种族合校速度的加快,将得出一个令人忧虑的结论:完成种族合校的任务需要几千年的时间。詹姆斯·格雷厄姆·库克(James Graham Cook)在他的著作《种族隔离主义者》(*Segregationists*)中,以这样的题目作为他的导言:"7288 年的合校计划"。库克指出,如果按以往 8 年的年平均废除种族隔离率来计算,将需要 7288 年的时间才能完成十个州 2482170 名黑人学生与白人学生合校的工作。[②] 进入 20 世纪 60 年代之后,尽管美国南方废除公共学校中种族隔离的比率还非常低,但也有几千名六、七年级的黑人学生已经与白人学生同校上学了,并不像库克所说的那么悲观。

一、积极抵制的衰落与种族合校的进展

1959 年前后,大规模抵制在南方逐渐失去了政治推动力。阿肯色州和弗吉尼亚州关闭公共学校的抵制活动使南方各州陷入了困境:他们一方面希望促进本州经济和技术的发展,另外一方面试图维持过去的习俗。在联邦最高法院不愿屈服于南方的抵制、联邦政府不允许各州政府忽视法院判决的情况下,南方各州的官员们只得以明目张胆关闭公共学校的方式表达他们对废除种族隔离的抗议。然而这种有预谋地制造混乱的政策干扰了南方公共教育的发展,损害了南方教育机构的合法权益,威胁到了南方社会的整体架构以及本地区的经济发展。因此,人们所关心的中

---

① Rosenberg, Gerald N. *The Hollow Hope: Can Courts Bring About Social Changes?* [M] Chicago: University of Chicago Press, secod edition, 2008:50.

② Cook, James Graham. *The Segregationists*[M]. New York: Appleton-Century-Crofts, 1962: Introduction.

心问题不再是种族隔离或者废除种族隔离,而是公共教育的未来、行政过程的稳定,这一背景导致了从大规模抵制的衰落和转型。① 在这种情况下,城市中越来越多的白人中产阶级开始反对"公民委员会"以及其他相关的抵制团体,发起了名为"拯救学校"(Save-the-Schools)的公民运动。与此同时,学校工作人员开始呼吁人们考虑公共教育的完整性,商业领袖也站出来小心谨慎地反对大规模抵制。这些变化为持温和主义观点的政客们获得广泛支持提供了广泛的基础。

由于弗吉尼亚州具有强烈的保守主义传统,它对废除学校中种族隔离的态度"对其他地区种族合校的发展模式具有重要的决定意义"②。和其兴起一样,大规模抵制的衰落也是从弗吉尼亚州开始的。1958 年 10 月,弗吉尼亚州教师家长联合会(Virginia Congress of Parent Teacher Association)在其年度大会上的投票结果是 557 比 557,反对和支持大规模抵制的票数相等;第二次投票的结果是 515 比 513,联合会因此号召弗吉尼亚州的白人家长们放弃大规模抵制,允许当地可以自由选择是否进行种族合校。③ 弗吉尼亚教育联合会(Virginia Education Association)的代表们后来通过了一项解决方案,希望通过特殊的立法会议进行立法,以防公共教育进程遭到破坏。④ 紧接着,新闻媒体也逐渐放弃了抵制的态度:1958 年 11 月 11 日,《里士满新闻导报》的编辑詹姆斯·杰克逊·基尔帕特里克在一次午餐会上号召人们对弗吉尼亚州反对种族合校的态度进行反思,建议回归到格雷委员会一开始制订的计划中。⑤ 第二天,《里士满时讯报》(*Richmond Times-Dispatch*)发表社论,呼吁社会各界以灵活的方式应对社会变革。⑥ 在这之后,弗吉尼亚州其他城市的报纸也对本州的抵制政策纷纷发表此类声明。⑦ 不仅如此,弗吉尼亚州各城市的各种民

---

① Bartley, Numan, V. *The Rise of Massive Resistance*: *Race and Politics in the South during the 1950's*[M]. Baton Rouge: Louisiana State University Press. 1969:320.

② Ely, James W. *The Crisis of Conservative Virginia*: *The Byrd Organization and the Politics of Massive Resistance*[M]. Knoxville: The University of Tennessee Press, 1976:vi.

③ *New York Times*[N], October 21—23, 1958.

④ *Richmond Times-Dispatch*[N], October 29—31, 1958.

⑤ *Richmond News Leader*[N], November 11, 1958.

⑥ *Richmond Times-Dispatch*[N], November 12,1958.

⑦ John D. Morris, In *New York Times*[N], November 16, 1958.

间组织,包括牧师联合会、妇女权利组织、教师家长联合会等,都公开表达了对关闭公共学校行为的批评。① 此外,在阿灵顿形成的一个公共学校委员会(Committee for Public Schools)避免谈论种族问题,只是支持公共学校以及各地的选择权,这一组织的势力扩大到弗吉尼亚州的其他城市,1958 年的时候在里士满建立了该组织的办事机构。这个组织成员众多,并且大部分成员属于城市专业人员、白领阶层,他们形成了一个相当大的政治压力集团,反对大规模抵制。② 最后,商人也加入到积极捍卫公共学校的行列当中,例如弗吉尼亚州 29 名商业大亨私下和埃尔蒙德州长会见,希望政府能够放弃抵制的态度。③

而在弗吉尼亚州政治氛围逐渐变化的另一面是伯德连任,他再次强调了对大规模抵制的支持,并且号召南方各州继续反对联邦最高法院的判决。④ 在伯德看来,弗吉尼亚州是"为美国永恒的自由而战的誓师之地",因此弗吉尼亚必须坚守阵地,"不能退缩、不能屈服"。⑤ 伯德及其支持者要求埃尔蒙德州长继续捍卫白人霸权。

埃尔蒙德在这两种态度之间进退两难:他本人并不是一个极端的种族主义者,但在民主党积极抵制的政治纲领下,他不得不以支持大规模抵制的姿态获选州长,并且必须维持原有的论调。至于是继续积极抵制,还是放弃原有立场,他寄希望于公众的意见:"我反复提到,弗吉尼亚州的人民必须自己决定这个重大的问题。"⑥在 1958 年关闭公共学校期间,埃尔蒙德等待弗吉尼亚人自己在白人霸权和公共教育之间做出权衡;与此同时,他策划了一场诉讼,想看一看联邦法院对弗吉尼亚州关闭公共学校的态度。法院认为关闭公共学校有违宪法,但弗吉尼亚州的公民并没有形成一致意见。在多次犹豫之后,埃尔蒙德在一次州议会中号召弗吉尼亚州放缓抵制的态度,重新开放公共学校;但他同时也要求实施新的拨款制

---

① *Southern School News*[N]. October 1958—January 1959.

② Muse, Benjamin. *Virginia's Massive Resistance*[M]. Bloomington: Indiana University Press, 1961:56—58, 89—94.

③ Muse, Benjamin. *Virginia's Massive Resistance*[M]. Bloomington: Indiana University Press, 1961:109—110.

④ John D. Morris, In *New York Times*[N]. November 14, 1958.

⑤ *Richmond Times-Dispatch*[N]. December 4, 1958.

⑥ *Washington Post*[N]. October 5,1958.

度,并且废除强迫入学法案。① 尽管以伯德为代表的积极抵制者并不赞同埃尔蒙德的态度,伯德表示“永远不会饶恕州长及其同伙的背叛行为”,但是,以第四议会区为主的支持大规模抵制的力量也开始放弃抵制,弗吉尼亚州关闭公共学校的浪潮逐渐退去了。

在阿肯色州、阿拉巴马州、佐治亚州、路易斯安那州等地也出现了类似的情况,由白人中产阶级构成的温和主义者构成了反对极端抵制行为的主力。20 世纪 60 年代初期,南方各州的种族冲突和静坐示威运动、自由乘客运动相冲撞;大规模抵制的本意在于维持社会原有的秩序和稳定,但在民权运动的大潮之下逐渐演化成了对社会稳定性的严重威胁,甚至成为对南方经济进步的威胁,比象征性的种族合校危害更大。在这种情境下,南方社会开始逐渐排斥狂热的大规模抵制。

1960 年是美国的总统大选年,为了争夺黑人选票,民主和共和两党都承诺积极支持废除南方公共学校中的种族隔离:虽然遭到了南方白人的强烈反对,但民主党还是在自身的纲领中添加了反对种族隔离的条目。共和党也不示弱,在共和党的全国大会上,其常委会建议用一种较为温和的态度对待种族合校的问题,但在副总统尼克松和纽约州州长尼尔森·洛克菲勒(Nelson Rockefeller)的大力支持下,共和党也对种族合校采取了强硬的态度。每个党都表达了废除公共学校中种族隔离的决心:一方面授权各州的总检察长开始着手处理与废除学校中种族隔离相关的案件;另一方面将黑人学生的静坐活动归类为“和平示威”,以此表达对这种行为的许可和接纳。②

参议员约翰·F. 肯尼迪(John F. Kennedy)和副总统尼克松作为民主、共和两党的候选人竞选总统,他们两人以及共和党的副总统候选人——亨利·卡波特·洛奇(Henry Cabot Lodge)都在随后的竞选活动中就种族合校问题采取了积极的自由主义立场。约翰·肯尼迪的竞选伙伴——林登·约翰逊(Lyndon Johnson)也是一名南方人,他在这个问题上更为慎重。尽管黑人厌恶在南方占据统治地位的民主党政客们,但从整

---

① Bartley, Numan, V. *The Rise of Massive Resistance: Race and Politics in the South during the 1950's*[M]. Baton Rouge: Louisiana State University Press, 1969:324.

② Muse, Benjamin. *Ten Years of Prelude: the Story of Integration since the Supreme Court's 1954 Decision*[M]. New York: the Viking Press, 1964:211—212.

体上而言,出于对民主党自由主义以及候选人的信任,多数的黑人把选票投给了肯尼迪。

1957 年的民权法案是自从重建时代以来第一部考虑黑人权利的法案;第二部类似的法案在 1960 年通过。虽然这两部法案都仅仅涉及了黑人的投票权问题,并且由于南方顽固分子的反对,这两部法案在通过之前就受到了进一步的削弱;但这毕竟表示联邦政府开始重视黑人的权利,逐渐将其提上联邦立法的议程。1960 年,黑人权利问题成了国会从 2 月 15 日到 4 月 8 日最终通过期间的唯一议题,南方的参议员们持续 125 小时反对这一议案的通过。① 尽管南方白人政客们反对,这两部法案还是获得了通过,并且对美国南方各州种族合校的进程起到了促进作用。南方虽然还有抵制种族合校的事件产生,例如得克萨斯州、路易斯安那州和密西西比州都产生了抵制种族合校的活动,但有数据显示,从 1960 年开始,美国南方逐渐以“审慎的速度”走上了种族合校的进程。1960—1961 学年,得克萨斯州和白人同校上学的黑人数量迅速地从 3300 人增加到 5000 人;在南方的另外十个州,这个数字从少于 350 人增加到多于 2600 人,废除种族隔离的学区也有所增加,从 26 个增加到 60 个。②

1960 至 1961 年期间,南方各州抵制态度的瓦解比合校人数的计算更加引人注目。随着时间的推移和法院措施的推行,种族隔离之墙在好几个州倒塌,只剩下阿拉巴马州、密西西比州、南卡罗莱纳州负隅顽抗。在南方各州的中心城市,各种象征性的调整正在快速地出现。南方各州最大的六个城市中,休斯敦、新奥尔良在 1960 年首次允许黑人和白人同校上学;达拉斯、亚特兰大、孟菲斯在 1961 年执行这一政策;圣安东尼奥在 1955 年允许 200 名黑人学生进入以前全是白人的学校。而其他一些人口众多的城市,例如迈阿密、伯明翰(Birmingham)、诺克斯维尔(Knoxville),也都先后开始了废除学校中种族隔离的进程。然而令人印象最为深刻的是,人们越来越清晰地认识到广义上的种族关系将会不可避免地发生变化。1958 年,一项盖洛普调查中问了一个这样的问题:“你

① Muse, Benjamin. *Ten Years of Prelude: the Story of Integration since the Supreme Court's 1954 Decision*[M]. New York: the Viking Press, 1964:212—214.

② *Southern School News*[N]. October 1959; December 1961; November 1962.

认为在将来的某一天,南方各州是否会出现白人和黑人同校上学、在一个餐馆吃饭、并且大致上而言分享同样的公共设施的情况?”在受到询问的南方白人中,只有53%回答了“是”;当在1961年1月的时候用同样的问题问南方人,76%的人回答“是”。①

从1962年开始,美国南方公共学校废除种族隔离的范围有所扩大,种族合校的进程也有所加快。在得克萨斯州,和白人学生一起上课的黑人学生数量增加了大约1700人,总数达到6700人;在南方其余10个州中,和白人学生同校读书的黑人学生数量几乎翻倍,从2603人上升到5517人。尽管在废除种族隔离的过程中白人的威胁和抵制从来没有停止过,但1962年并没有因为种族合校而产生重大的公共冲突。②

此外,在原来参加南方邦联的11个州中,除了阿拉巴马州、密西西比州和南卡罗莱纳州之外,其他8个州都已经开始朝着种族合校的方向进行了努力。在这些州,大规模抵制的政策已经逐渐瓦解,州长和议员们也很少公开抵制种族合校,联邦法院也宣布一系列反对种族合校的法规无效。尽管弗吉尼亚州的学生分配委员会仍在运行中,但弗吉尼亚的学区事实上已经不受州政府的约束,可以自行处理种族合校的问题。各地的学校虽然主管希望尽量拖延,并且希望和白人一起读书的黑人儿童越少越好,但他们不再直截了当地反对这项变革。大体上而言,公众也已经在某种程度上适应了种族合校,黑人和白人同校上学也不再是挑起事端的由头。每年都有零星的黑人儿童到以前全是白人的学校读书,种族合校开始平稳地推进。③

二、变相抵制:种族合校中的妥协

尽管南方各州的种族合校取得了明显的进展,但值得注意的是,种族主义者仍然控制着南方各州的立法权和行政权,不仅延续着种族主义者

① Muse, Benjamin. *Ten Years of Prelude: the Story of Integration since the Supreme Court's 1954 Decision*[M]. New York: the Viking Press, 1964:211.

② Muse, Benjamin. *Ten Years of Prelude: the Story of Integration since the Supreme Court's 1954 Decision*[M]. New York: the Viking Press, 1964:228.

③ Muse, Benjamin. *Ten Years of Prelude: the Story of Integration since the Supreme Court's 1954 Decision*[M]. New York: the Viking Press, 1964:231.

在20世纪50年代通过的各项旨在抵制种族合校的法律、法案,而且当政者将抵制布朗案判决的态度公开化,大规模抵制在事实上变成了某些州,尤其是南方腹地各州公开倡导的一场活动;在南方的农村、城镇和城市,对种族合校的日常抵制活动一直没有间断。① 此外,虽然白人存在对大规模抵制的不同态度,但也只是温和与激进之分,他们从根本上都反对种族合校。

（一）种族合校与男女分校

在对布朗案判决相关问题的早期全国性讨论中,有一种流行的观点,即建议在废除南方公共学校的种族隔离之后,使不同性别的学生分别进入不同的学校。南方白人对种族合校最大的担忧之一就是唯恐导致不同种族之间的恋爱和婚姻,人们相信,男女分校将在很大程度上缓解这种担忧,富兰克林·罗斯福总统的夫人——埃莉诺·罗斯福(Mrs. Eleanor Roosevelt)也赞成男女分校。虽然在边界各州,白人对种族通婚的担忧并不是非常强烈,也没有考虑过男女分校;但南方腹地和老南方好几个州的议会都提出了类似的法案,佛罗里达州议会甚至通过了一个这样的法案。很显然的是,男女分校将极大地增加公共学校的花销,新奥尔良的学监佩里·沃克(O. Perry Walker)在1963年2月递交给州议会的一份报告中就指出了这个问题。这份报告指出,他所在的教区有30所高中,男女分校将会使学区数目翻倍,并且会增加交通问题。如果实施男女分校,就要按照某一性别学生的喜好重新组织课程;当人数太少而无法开课时,就需要超过600名教师巡回教学。学校中各类结构性的变化大约需要花费25万美元。沃克的研究显示,全美国有25000所高中,其中只有24所高中招收单一性别的学生,这样的学校没有一所设在南方。新奥尔良在第一年实施种族合校时也考虑过男女分校,但由于一年级新生数量过少而无法实行。当废除学校中种族隔离的进程开始之后,白人主要关心的是将种族合校控制在尽量小的范围内;在与黑人学生同校上学几年之后,害怕导致种族之间通婚的担忧逐渐减弱。②

---

① Lewis, George. *Massive Resistance: The White Response to the Civil Rights Movement*[M]. London: Hodder Arnold, 2006:113—114.

② Muse, Benjamin. *Ten Years of Prelude: the Story of Integration since the Supreme Court's 1954 Decision*[M]. New York: the Viking Press, 1964:228,232—233.

（二）种族合校中的形式主义

总的来说，这一时期的种族合校仅仅是在微观的层面取得了一些进展，并没有出现本质上的变化。联邦最高法院在布朗案判决中要求的是废除南方各州公共教育中的种族隔离制度，将2803882名在种族隔离的学校中读书的黑人学生与白人学生合校；然而在南方各州废除公共学校中种族隔离的实际进程中，形式主义的废除种族隔离逐渐产生。从1954年到1957年，形式主义的种族合校扩展到德克萨斯州、阿肯色州和田纳西州的一些地区[①]；布朗案判决9年之后，南方各州只有不到13000名黑人和白人同校上学，这其实是对最高法院命令的软磨软抗。如果说种族合校的速度有所加快，那只能说是从蜗牛的速度变成了乌龟的速度。事实上，许多南方白人发现完全回归过去的制度、实施完全的种族隔离已不再可能，于是就进行妥协，以形式化的种族合校、无限期地拖延作为应付最高法院命令的方法。自由主义者们认为，与渐进式的服从布朗案判决相比，形式主义的种族合校是一个更大的失败。[②]

例如，在路易斯安那州新奥尔良市的杰斐逊（Jefferson）教区，零零星星的抵制运动使得该教区的入学人数减少了1100人；而在比勒斯（Buras）镇的一所学校，当5名黑人学生入学之后，原有的340名白人学生就走得一个都不剩了。[③] 直到1961年11月，密西西比州、阿拉巴马州和南卡罗莱纳州的公共学校仍然完全是种族隔离的，这三个州的黑人比例最高，仅黑人学生就有8000名，占了南方各州黑人学生总数的四分之一。[④] 1962年，南卡罗莱纳州不惜一切代价全力抵制种族合校的决心终于出现了缓和的趋势；但是密西西比州和阿拉巴马州的抵制运动受到政

① Bartley, Numan, V. *The Rise of Massive Resistance: Race and Politics in the South during the 1950's*[M]. Baton Rouge: Louisiana State University Press. 1969:270.

② Morland, J. Kenneth. *Token Desegregation*[M]. Atlanta: Southern Regional Council, 1963. Pamphlet.

③ Muse, Benjamin. *Ten Years of Prelude: the Story of Integration since the Supreme Court's 1954 Decision*[M]. New York: the Viking Press, 1964:230.

④ *Southern Education Reporting Service. A Statistical Summary, State by State, of Segregation-Desegregation Activity Affecting Southern Schools from 1954 to Present, Together with Pertinent Data on Enrollment, Teachers, Colleges, Litigation and Legislation*[R]. Nashville, Tenn. : Southern Education Reporting Service, 1961.

治领袖以及所有公共行政机关的大力支持，仍然声势高涨。虽然废除南方公共学校中的种族隔离仍然形势严峻，但在60年代的种族关系领域，它已经不是黑人领袖或者全体美国人关注的焦点了。现在人们更为关注的是正在不断升温的民权运动，是黑人为争取投票选举、公共交通、就业等领域的平等权利而进行的斗争。①

三、从积极到消极：大规模抵制的衰落

在美国三权分立的政治制度下，联邦最高法院只拥有司法权，并没有立法权和行政权，即使判决公共教育中的种族隔离制度违宪，也不能出面干涉各地种族合校的具体进程，只能委派联邦地区法院督促各地政府落实布朗案判决。南方各州种族合校的程度与速度更多地因州而异——与各州的黑人数量、种族关系、地理位置、白人态度等诸多问题相关。

以1963—1964学年作为一个节点来看，在南北方边界的州份和南方边缘孤立的城市中，布朗案判决在废除学校中种族隔离方面起到了相当明显、直接的效果；而在南方其余各州，布朗案判决几乎没有产生任何实质性的影响。例如在肯塔基州，1954年布朗案刚刚宣判时没有黑人和白人一起上学，到1957—1958学年的时候，有28.4%的黑人进入了种族混合的学校，1963—1964学年，这一比例达到了54.4%。俄克拉荷马州的情况也和肯塔基州类似，1954年还没有混合学校出现，1957—1958学年有18.2%的黑人和白人同校上学，1963—1964学年，这一比例达到了28.0%。1957年，得克萨斯州西部有75个学区、阿肯色州西北部有10个学区废除了种族隔离，但由于这些地区黑人数量很少，因此得克萨斯州和阿肯色州整体的种族合校率仍然很低：在1957—1958学年，阿肯色州只有0.09%的黑人进入混合学校，这个比例在得克萨斯州也只有1.4%。在北卡罗莱纳州，1959—1960学年只有0.1%的黑人进入种族混合的公共学校，到1963—1964学年，这一比例仅上升至0.54%；在南方腹地各州，这个比例就更是低得可怜，密西西比州直到1964—1965学年才有0.02%的黑人（57名）与白人同校上学，阿拉巴马州也只是到1963—1964

① Muse, Benjamin. *Ten Years of Prelude: the Story of Integration since the Supreme Court's 1954 Decision*[M]. New York: the Viking Press, 1964:228,231.

学年才有 0.0007% 的黑人(21 名)与白人同校读书。[①] 因此对于废除种族隔离的具体进程而言,联邦最高法院的判决意见就像一尊高高在上的神像,虽然受到人们的敬仰,但如果与各州当权者的利益不符,还是无人理会。直到 1964 年的民权法要停止资助实施种族歧视的学校时,南方各州废除种族隔离的进程才开始加快。

1964 年的民权法标志着联邦政府开始积极干预南方各地废除种族隔离的进程。这部法案在教育领域的基本目标是实现废除种族隔离,其中有许多条款都与解决教育中的种族隔离问题相关,比如司法部有权提起民事诉讼、授权民权委员会对种族问题进行研究和监督、为学校废除种族隔离提供技术援助和教师培训、建立公共服务机构帮助处理和调节种族问题等,但最重要的还是第六条,即联邦将停止资助实施种族歧视的学校。这样就使得联邦政府能够积极控制南方各地废除学校中种族隔离的进程,将分发联邦资助的行政机构变成了南方各地种族合校进程的监督者。此后,教育、健康与福利部(Department of Health, Education and Welfare,简称为 HEW)又于 1966 年颁布了废除种族隔离的指导方针,要求南方各州每年取消种族隔离的实际水平要有所上升,并且要求各学区的种族合校水平到 1966 年夏天的时候要翻两倍或者三倍;1968 年,HEW 再次颁布"废除种族隔离指南",要求南方各州在 1969 年秋天完全实现种族合校。[②]在这些行政力量的制约之下,南方各州公共学校中与白人同校读书的黑人数量才快速增长,1965—1966 学年有 6.1% 的黑人学生和白人学生同校读书;这一比例在 1968—1969 学年达到 32.0%,在 1972—1973 学年达到 91.3%。[③]

尽管南方白人渐渐地习惯了黑人儿童和白人儿童同校上学,但他们对黑人的成见并没有随着 1964 年的民权法的颁布而消除,他们还是不愿

---

① Rosenberg, Gerald N. *The Hollow Hope: Can Courts Bring About Social Changes?* [M] Chicago: University of Chicago Press, secod edition, 2008: Appendix 1; Klarman, Michael J. *How Brown Changed Race Relations: The Backlash Thesis* [J]. *The Journal of American History*. Vol. 81. No. 1 (1994).

② 郝艳萍. 1964 年民权法案对美国教育的影响[J]. 内蒙古师范大学学报(教育科学版). 2009 年 4 月.

③ Rosenberg, Gerald N. *The Hollow Hope: Can Courts Bring About Social Changes?* [M] Chicago: University of Chicago Press, secod edition, 2008: 50.

意让自己的孩子整天与黑人学生接触。为了尽可能远离黑人学生,富裕的白人纷纷搬到郊外居住,将其子女送入附近昂贵的私立学校读书;而黑人由于经济原因无法到私立学校读书,因此被重新隔离在内城的公共学校中。1968 年,联邦最高法院在“格林诉新肯特县学校委员会案”中宣布,“自由选择”计划并没有实现布朗案判决中规定的种族合校,因此违反了布朗案判决所确立的原则,属于违宪行为。从此,为了使得某学区内的黑人学生和白人学生之间达到某一特定的比例范围,许多白人儿童和黑人儿童都要舍近求远,乘坐校车到离家很远的公共学校上学。

然而这些行动似乎并没有提高黑人学生的学业成绩,也没有明显缓和白人学生和黑人学生之间的关系。20 世纪 90 年代,南卡罗莱纳州萨默顿(Summerton)第一学区的黑人比例远远高出其他学区,尽管该学区从州政府获得的生均资助高于南卡罗莱纳的平均水平,但是这一学区黑人学生的学业成绩仍然相当落后。该地的大多数白人学生要么到全是白人的私立学校读书,要么到附近曼宁县(Manning)白人居多的公共学校读书,很少有白人在萨默顿就读公共学校。曼宁的公共学校中的种族关系虽说还算缓和,但普遍存在学术分轨,极少有黑人学生进入大学预备课程,而且黑人学生和白人学生之间几乎从不交往。在南卡罗莱纳州以及南方腹地各州,这种自动隔离的现象非常普遍。①

20 世纪 90 年代初,纽约大学的黑人法学教授德里克·贝尔(Derrick A. Bell, Jr.)曾在多个场合给人们讲过这样一个故事:一群外星人来到美国,答应给美国白人提供足以抵消国债的黄金、可以消除污染的新型化学物质以及安全的核能源,但交换条件是要带走美国所有的黑人。贝尔说,黑人听众认为白人肯定接受这个交换条件,甚至有很多人认为,白人可能将黑人无偿送给外星人。② 即使是一直为黑人权利而战的全国有色人种协进会有时也对其使命产生怀疑,该组织甚至在 1997 年举行了一场正式辩论,讨论黑人究竟在怎样的学校中才能得到更好的教育,是种族混合的学校还是种族隔离的黑人学校。与此同时,一次盖洛普调查显示,

① *Atalanta Constitution*[N]. May 17, 1994; *Newsweek*[N]. May 16, 1994.

② Bell, Derrick. *Remembrance of Racism Past: Getting Beyond the Civil Rights Decline*[A]. In Herbert Hill and James Jones, Jr. ed., *Race in America: the Struggle for Equality*[C]. Madison: University of Wisconsin Press, 1993: 74.

76%的黑人大学毕业生认为种族问题将是美国的一大症结所在；在没有上过大学的黑人中，有56%的人也持此观点。就种族关系而言，年轻一代的黑人比上一代更为悲观，只有65%认为种族问题能够得到解决。① 直至20世纪90年代，黑人仍然认同他们具有无法调和的双重人格：他们既是一个美国人，也是一名黑人。②

当布朗案判决50周年纪念日即将来临的时候，耶鲁大学法学教授杰克·巴尔金（Jack M. Balkin）邀请了美国9位著名的宪法学者组成一个模拟法庭，向他们提出了一个相同的问题："如果你是布朗案判决时的9名法官之一，并且知道美国历史的后续发展以及种族关系近半个世纪以来的进程的话，你将怎样判决这个案件？"巴尔金要求这些学者只能使用1954年时可以获得的材料。③ 1954年的判决结果是九位法官一致赞成废除学校中的种族隔离，但大约半个世纪后的这次模拟结果却有所不同：八票赞成一票反对，这位投反对票的学者就是德里克·贝尔。

贝尔曾是全国有色人种协进会的律师，在民权运动中不怕危险、深入南方，只身一人接手过有关学校中种族隔离的许多案子，为废除种族之间的隔离、实现种族之间的平等进行了不懈的努力。就是这样一位民权斗士，他在反思布朗案的时候提出了这样一个问题："在废除种族隔离的问题上，为什么布朗案承诺的很多，但实现的却非常少？"贝尔的答案是，因为联邦最高法院从审理布朗案的一开始就迷失了方向。在对布朗案进行判决的时候，沃伦法院做了一个巧妙的置换，用表面的"隔离"掩盖了事实上的"不平等"，从而掩盖了黑人与白人之间问题的本质。法院既没有将矛头指向最基本的"教育"，也没有将矛头指向核心的"平等"，而是高不成低不就地指向了表面的"隔离"。如果法院一开始就支持普莱西案的判决并坚决彻底实施的话，也许，黑人在隔离的学校中也能得到平等的教育。而维持二元制的教育系统将给美国社会带来极高的运行成本，在

---

① Patterson, James T. *Brown v. Board of Education, a Civil Rights Milestone and its Troubled Legacy*[M]. New York, Oxford University Press, 2001:192.

② Wilson, James Q. *The Closing of the American City*[N]. *New Republic*. May 11, 1998.

③ Balkin, Jack M. ed. *What Brown v. Board of Education Should have Said: The Nation's Top Legal Experts Rewrite America's Landmark Civil Rights Decision*[M]. New York: New York University Press, 2001:preface.

这种情况下，各学区教育委员会可能主动、自发地要求废除种族隔离。①贝尔认为在当时的历史条件下，黑人的利益是否得到提升，起决定作用的因素并不是黑人本身，而是要看提升黑人的利益是否有助于协调白人内部各阶级、各群体和各方力量之间的关系，是否有助于提升整个美国的利益。②

① Balkin, Jack M. ed. *What Brown v. Board of Education Should have Said*: *The Nation's Top Legal Experts Rewrite America's Landmark Civil Rights Decision*[M]. New York: New York University Press, 2001:185—199. 左亦鲁. 五十年后的一份异议[J]. 读书，2010 年第 1 期.

② Bell, Derrick. *Silent Covenants*: *Brown v. Board of Education and the Unfulfilled Hopes for Racial Reform*[M]. New York: Oxford University, 2004:194—201.

结　语

谈到美国教育中的种族关系问题，就无法回避布朗案。美国黑人和白人之间种族隔离制度的形成植根于美国两百多年的历史、文化和习俗，公共教育领域的种族隔离一方面顺应了当时"隔离但不平等"的社会环境，另一方面也通过这种不平等的教育复制、再生产着不平等的社会关系。在各方力量激烈的角逐之下，布朗案最终判决公共教育领域的种族隔离制度违宪，从法律上保障了黑人和白人拥有平等的教育权利和均等的教育机会，黑人争取平等教育权利的大门终于缓缓打开。这扇大门的开启颠覆了南方白人由来已久的种族主义观念，否定了美国南方存在半个多世纪的种族隔离制度。公共学校种族隔离合法性的终结并不意味着黑人完全获得了与白人平等的教育权利，但仍然是值得肯定的第一步。在这之后，与种族关系相关的更多教育问题陆续浮出水面，受到人们热议，这些问题是对布朗案相关问题的深化，都值得我们进一步深入思考。

一、从"有学上"到"一起上学"：普莱西案到布朗案的巨大进步

虽然布朗案判决没有使黑人从根本上获得和白人平等的教育权利，没有完全实现黑人的期望，但布朗案的历史地位仍然不可否认，它在争取黑人平等权利的路上迈出了值得肯定的一步。

在共和党人的控制下，美国国会于 1865 年 1 月通过了宪法第十三条修正案。该修正案与《解放黑奴宣言》相呼应，保障了黑奴的自由，避免一些人将《解放黑奴宣言》解读为一份违宪的战时命令；1865 年 12 月，第 39 届国会通过了宪法第十四条修正案，规定美国的"所有合法居住者都是美国公民"，所有的公民享有平等的被保护权；1869 年，国会又通过宪

法第十五条修正案,禁止联邦政府和州政府以种族、肤色、以前的奴隶身份为由,剥夺公民的选举权。① 这就以宪法修正案的形式赋予了黑人公民的身份以及选举的权利。但由于南方民主党势力的逐渐恢复以及共和党的妥协,这些修正案几乎从来就没有用于保护黑人的权利。

随着重建时代的结束,白人在南方各州逐渐推行种族隔离制度,其中也包括公共教育领域的种族隔离。刚刚摆脱奴隶身份的黑人又被种族隔离制度禁锢在"二等公民"的地位上。从本质上而言,1896 年的普莱西案判决是在考察种族隔离是否符合美国宪法的规定。② 联邦最高法院在这次判决中规定,不同种族之间虽然"隔离"但是"平等",种族隔离是符合宪法的。这一判决虽然强化了美国南方各州实施种族隔离制度的依据,为南方各州在公共教育领域对黑人和白人进行隔离提供了法律原则,即黑人必须在种族隔离的公共学校中接受教育,强化了黑人和白人之间教育权利的不平等,但不能一味地否定这一判决。当时的南方白人极度歧视黑人,认为他们只是"半人半兽的劣等生物",普莱西案在这样一种历史环境下,从联邦最高法院的角度肯定了黑人的公民地位,肯定了他们拥有受教育的权利,即使这种教育是必须和白人分开进行的。美国黑人从没有权利接受教育的黑奴成为有权进入隔离学校的公民。

布朗案判决指出,黑人学生可以、并且应该和白人学生同校上学,这就从联邦最高法院的角度肯定了黑人与白人在教育领域具有平等的地位,黑人的教育权利得到了提升。在第一次布朗案判决中,联邦最高法院指出:随着时代的变迁和社会的进步,法院必须在 20 世纪 50 年代的社会背景下考虑公共教育的地位、影响和发展状况,而不是依据 1868 年通过第十四条修正案时,或者 1896 年做出普莱西案判决时的社会现状审判这一案件。

在"二战"后剧烈变革的年代,黑人的社会地位比半个世纪前有了显著的提高,教育在塑造良好公民、促进民主社会发展的过程中发挥着越来越重要的作用,因此,保障黑人儿童的教育平等权利势在必行。教育中的

① 刘绪贻,杨生茂. 美国通史(第 3 卷)[M]. 北京:人民出版社,2002:33,49.

② 李晓兵. 从"普莱西案"到"布朗案"——论美国联邦最高法院与受教育权平等保护的实现[J]. 国家教育行政学院学报, 2004(6).

种族隔离制度本身就是一种"劣等"的象征,黑人学生在这样的教育过程中会产生自卑和自憎,不仅不认同自己的肤色,而且还会放任自流、不求上进,这就使得他们更难取得良好的学业成绩,更难获得体面的社会地位。此外,外在力量也一直侵蚀着教育领域的种族隔离制度,在布朗案判决中废除这一制度也是大势所趋。审理布朗案的首席大法官沃伦在布朗案判决 20 年后回忆说,"多年来,各式各样的判决结果在逐渐侵蚀着作为标准的普莱西案;它们仅仅是蚕食,没有对其进行正面挑战。如果稍微回顾一下历史就会发现,从盖恩斯案、斯威特案,到一部分州际贸易的案件,'隔离但平等'的原则在不断受到侵蚀,只有隔离本身被忽略。无论从是非曲直的、逻辑的、中立的抑或实践的任何一个角度来讲,这个案件应该怎样审判都是很清楚的,唯一的问题就是如何得到这样一个结论"。①

虽然联邦最高法院的九位大法官对布朗案持不同意见,但引人深思的是,他们的理由都有道理。在第一次布朗案讨论会上,布莱克法官、道格拉斯法官、明顿法官、伯顿法官和首席大法官沃伦都坚定地支持废除公共学校中的种族隔离,因为他们将自由主义、人道主义放在首位,更多地考虑了黑人学生应该受到平等的对待,不必在时过境迁之后死守普莱西案的规定;反对废除公共学校中种族隔离的克拉克法官和里德法官则更多谈及种族合校将会使南方各州产生过激反应,仅凭法院的一纸判决几乎不可能从根本上解决问题;态度不甚明朗的法兰克福特法官和杰克逊法官内心充满了对判例法传统的尊崇,看到了这一案件在南方可能引起的社会动荡,但同时也充满对黑人的同情,因此处于矛盾之中。尽管这九位法官的意见不一,但他们都认识到种族隔离制度在美国南方的根本性以及教育在社会生活中的关键性。对于如此重大和关键的案件,联邦最高法院的判决必须慎之又慎,不可操之过急。在这种谨慎的态度下,联邦最高法院在第二次布朗案判决中规定以"审慎的速度"废除南方公共学校中的种族隔离。与第一次布朗案判决明朗、坚定的态度相比,第二次布朗案判决多少显得有些吞吞吐吐,联邦最高法院似乎失去了废除种族隔

① Kluger, Richard. *Simple Justice: the History of Brown v. Board of Education and Black America's Struggle for Equality*[M]. New York: Oxford University Press, 1978:678.

离制度的决心，黑人也普遍对此感到失望。然而以自由、激进著称①的沃伦法院并非面对社会改革畏首畏尾，而是在多方调查之后运用他们的政治智慧，在维持社会稳定的基础上进行社会的变革。

既然黑人和白人在教育领域可以拥有平等的权利，那么美国社会其他领域的种族隔离制度又是否违宪呢？鉴于种族隔离制度的广泛性、复杂性和深刻性，联邦最高法院在布朗案判决词中很巧妙地回避了这一问题，将废除种族隔离制度仅限于美国南方的公共学校中。尽管如此，布朗案还是给南方黑人提供了精神动力，鼓舞他们积极争取平等的权利，促进各领域的社会变革。在布朗案判决的一年半之后，蒙哥马利市爆发了抵制公共汽车上种族隔离的运动，在马丁·路德·金等人的领导下发展成为了轰轰烈烈的民权运动，将废除种族隔离与歧视的运动推向了高潮，把争取黑人平等权利的诉求扩展到社会生活的各个方面。

在半个世纪之后的今天，我们必须承认布朗案给美国黑人的教育带来了史无前例的进步，为他们提高受教育水平、获得更高的社会地位做出了不可忽视的贡献。但是，布朗案所牵涉的问题过于复杂，涵盖了美国的政治、历史、教育和种族关系等多个方面，而且在当时的美国南方各州，对黑人的歧视与不公积弊已深，教育领域的种族隔离是南方的白人当权者已然认定的世界图景，没有对错可言，没有更改的可能。因此这些问题不可能仅仅通过法院的一纸判决就立刻从根本上得到解决。法院判决可以宣布教育中的种族隔离制度违宪，但是无法立刻改变人们的种族态度，无法立刻消除两个种族之间在经济和社会地位上的差距，这种差距只能通过时间来慢慢消除。

布朗案判决在南方引起轩然大波，种族主义者认为“黑白儿童同校上学将导致不同种族之间通婚，进而导致出现混种的婚姻和混血的人种”②，颠覆了他们已有的世界观，损害了他们在隔离社会中的既得利益和优越感。因此南方各州的种族主义者不仅拒不执行法院的判决，反而在消极等待联邦最高法院进一步行动的同时，通过关闭公立学校、到私立学校就读等方式对种族合校进行软磨硬顶；而且许多黑人家长因为害怕

---

① 白雪峰. 沃伦法院述评[J]. 南京大学学报，2005(4).

② *Bloodstains On White Marble Steps*[N]. *Jackson Daily News*, May 18, 1954.

自己的孩子在种族混合的学校里受到欺负和威胁，仍然“自愿”隔离在黑人学校里。因此，南方公立学校中的种族隔离“从1954到1964年的10年中，实际上依然一切如故”①，除了临近北方的边缘各州之外，南方其余各州基本上没有明确的废除种族隔离的行动，到1963—1964学年结束的时候，密西西比州还没有开始废除公共学校中的种族隔离。②

正视布朗案判决在历史和现实中的局限性，并不意味着悲观地否定布朗案判决的历史功绩，更不是否认布朗案判决的必要性。最起码的是，布朗案判决从法律上规定了教育中种族隔离的违宪性，如果没有这样一次历史性的判决，黑人争取教育平等权利的道路也许更漫长、更艰难。对布朗案判决进行历史和现实的反思，目的是要客观地对其进行评价，以期更好地实现布朗案判决的最终目标，更好地实现不同种族之间教育权利的平等。

二、究竟应该怎样实施种族合校

布朗案判决之后，南方一些州就将各种类型的“学生安置计划”作为抵制最高法院命令的巧妙方法：教育委员会表面上允许所有学生按照自己的意愿选择学校，但实质上为这个“选择”附加了各种条件。比如弗吉尼亚州出台的一份学生安置计划规定，教育委员会应该根据“学生本人及其同校其他学生的福利”，考虑“学校的设施、学生的健康和能力以及学生上学的交通问题”等客观因素，分配学生进入公共学校读书；但实质上是尽量维持公共学校中的种族隔离。该计划指出，学生只有在提出申请、并且能够证明具备充分理由的情况下，才能转学到其他学校；另一方面又声明，不能强迫任何学生到种族混合的学校上学。③ 这一措施事实上就是将布朗案所要求的废除种族隔离变成了一个极为复杂的申请过程，地

---

① Rosenberg, Gerald N. *The Hollow Hope: Can Courts Bring About Social Changes?* [M]. Chicago: University of Chicago Press, 1993.

② Rosenberg, Gerald N. *The Hollow Hope: Can Courts Bring About Social Changes?* [M]. Chicago: University of Chicago Press, 1993: Appendix 1.

③ *Gray Commission*. (1955, Nov. 11). Report of the Commission to the Governor of Virginia (Gray Commission Report on Public Education). [EB/OL] www. vcdh. virginia. edu/civilrightstv/documents/images/commissionreportonpubliceducation. pdf. 2013—2—26

方学校委员会可以利用其行政权力决定是否批准学生的申请。其他州也相继通过了类似的方案。这样,南方各地的教育委员会一方面固定了现有的就学状况,使得黑人学生只能继续留在种族隔离的学校读书;另一方面赋予了白人家长直接和种族合校相对抗的权利。

1964 年的民权法以停止资助相威胁,才使得南方公共学校废除种族隔离的进程大幅度加快;教育、健康与福利部又于 1966 年颁布了废除种族隔离的指导方针,为废除种族隔离提供了三种可选择的方式:自由选择计划、就近入学原则或者两者的混合。1964—1968 年间,自由选择计划逐渐取代学生安置计划,学生拥有了选择学校的权利。但这个选择的结果却和联邦政府的意愿相反:在学校委员会设置的重重障碍下,成功转学的学生非常少;即使有少数黑人转学成功,也是转回原先的隔离学校。①

布朗案之后,仍有不少关于南方公共学校中种族隔离的案件上诉至联邦最高法院:1963 年联邦最高法院审理了麦克尼斯诉学校委员会案(McNeese v. Board of Education, 373 U. S. 668, 1963)和高斯诉学校委员会案(Goss v. Board of Education, 373 U. S. 683, 1963),对这两个案件均作出了有利于种族合校的判决;1968 年,与学校中种族隔离相关的案件再次出现在联邦最高法院,这次的案件是来自弗吉尼亚州的格林诉新肯特学校委员会案。在此案的审理中,联邦最高法院不仅判决"自由选择计划"违宪,与布朗案判决的原则相抵触;还为种族合校制定了标准,也就是"格林要素":重新划分范围很大的学区,学生必须在本学区就学,各校的黑人学生必须占到一定的比例;在教师和教职员工中要实现种族的多元化;各学区的教学设施要一致;提供校车以保障学校中黑人学生和白人学生的比例平衡;少数族裔学生要多参加课外活动。② 格林要素和校车计划的展开确实有利于种族合校进程的加快,到 1970—1971 学年结束时,南方各州的种族合校进程都大幅度提高,其中阿拉巴马州有 80.0% 的黑人学生和白人学生同校上学,这一比例在密西西比州达到 89.1%,在南卡罗来纳州达到 92.9%。③

---

① 甘永涛,刘宁. 格林要素:美国种族同校的评判标准[J]. 中国民族教育,2011(4).

② 甘永涛,刘宁. 格林要素:美国种族同校的评判标准[J]. 中国民族教育,2011(4).

③ Rosenberg, Gerald N. *The Hollow Hope: Can Courts Bring About Social Changes?* [M]. Chicago: University of Chicago Press,1993:Appendix 1.

然而校车计划的实施也带来了一些弊端:为了达到各个学校不同种族学生之间的比例平衡,许多孩子不得不乘坐校车去很远的地方上学。家校之间的长距离不仅加重了学生的负担,淡化了学生关于社区邻里的概念,也使得他们的家长不方便参与学校的家校合作事务。即使在这样强制进行种族混合的学校里,黑人学生的学业成绩并没有得到显著的提升。学校往往依据学业测试成绩、学术能力等将学生分班,极少有黑人学生进入快班并修读大学预备课程;白人学生和黑人学生之间几乎从不交往。① 鉴于此种情况,一些经济条件殷实的家庭纷纷将其子女送入郊区昂贵的私立学校中。1994 年时,勇敢地进入阿肯色州小石城中心高中的九位黑人学生之一——伊丽莎白·埃克福德也对往事进行了完全的否定。为了达到本学区内学生的种族平衡,她最大的孩子不得不每天坐校车到 10 英里之外的学校去上学。她说,"我曾经认为,种族合校是我最向往的事情……我现在更倾向于黑人的民族性"。② 从 20 世纪 60 年代末到 20 世纪 70 年代,随着大量黑人从南方迁往北方和西部,人们也逐渐关注南方以外地区黑人与白人之间由于居住区而造成的事实上的种族隔离,废除公共学校中种族隔离的范围也从南方各州扩展到全美国,校车计划也被推广到南方以外地区种族合校的过程中。校车计划带来的弊端同样出现在北方和西部,在丹佛和波士顿两地还出现了对校车的大规模抵制,大批学生纷纷退学。③ 人们逐渐对这种形式重于内容的种族合校产生厌倦。1971 年的一项盖洛普调查显示,76% 的美国人反对校车制;黑人中反对校车制的有 47%,而支持校车制的只有 45%。④ 20 世纪 90 年代以后,就近入学成为众望所归,各地强制的校车计划在 20 世纪 90 年代末逐渐被废除。

1994 年 5 月 17 日是布朗案判决胜利 40 周年纪念日,有人对当年布

---

① *Atalanta Constitution*[N]. May 17, 1994; *Newsweek*[N]. May 16, 1994.

② Freeman, Damon. *Reexamining Central High: American Memory and Social Reality*[J]. *Organization of American History Newsletter*, February 2000.

③ Nathan, Glazer. *Affirmative Discrimination: Ethnic Inequality and Public Policy*[M]. New York: Basic Books, 1975: 121—122.

④ Nathan, Glazer. *Affirmative Discrimination: Ethnic Inequality and Public Policy*[M]. New York: Basic Books, 1975: 84.

朗案的亲历者们进行了采访，这些亲身经历布朗案的人们也对他们当年的努力产生了怀疑。布朗诉托皮卡教育委员会案中当事人之一——当年7岁的黑人小女孩琳达·布朗此时已经身为人母,而她的孩子仍然在黑人学校上学。她说:“有时候我在想,当年我们将这个案件告上联邦最高法院,是否真的为黑人儿童以及这个国家做了一件好事。就当时的情况而言,我父亲和其他家长这样做是对的;但将近40年后,我们发现联邦最高法院的判决仍未得到贯彻。”①如今,美国黑人和白人之间的种族矛盾虽然早已没有20世纪上半叶那么尖锐,但种族问题仍是美国社会的一大顽疾。现在的美国虽然不存在机构性、结构性、法律性的种族隔离,但仍然存在因社会、心理和人际关系原因导致的种族歧视,各族裔的人群也在生活、居住等方面倾向于和同族的人聚在一起,自觉地和其他族群区隔开来。②

由于黑人的收入整体上低于白人,因此多聚居在较差的社区,而这些地方的房产税较低,因此依靠税收支持的公共学校的质量也就偏差。这样一来,黑人儿童大多数集中在黑人区附近质量偏差的公共学校中,而白人儿童则大部分在白人区质量较好的公共学校就读。此外,一些房地产商为了保证本区域的房产能够卖更高的价钱,就承诺不将此区域的房子卖给黑人,即使一些富裕的黑人也无法跻身较好的社区,无法将其子女送入质量较好的公共学校读书。这样一来就加剧了黑人和白人之间所受教育的差距。

据美国2009年“全国教育进步评估”的有关统计数据显示:在四年级的白人男生中,达到阅读熟练水平的有38%,达到数学熟练水平的有44%;而四年级的黑人男生中只有12%达到阅读熟练水平,12%达到数学熟练水平。在数学测试中,黑人男生的平均成绩比白人至少低30分,相当于三个年级的水平差距。黑人高中生的辍学率是白人高中生的两倍;黑人占了全美人口的12%,而黑人大学生的比重只占美国大学生总数的5%。③ 较差的教育、种族歧视等问题导致黑人学生在就业方面处于

---

① *Newsday*[N]. May 15, 1994.

② 陈致远.多元化的现代美国[M].成都:四川人民出版社,2003.

③ 美教育研究报告:黑人学生学业差距比想象更大[EB/OL]. http://www.jyb.cn/world/gjsx/201011/t20101113_399354.html,2013—3—1

劣势，工作后的收入普遍低于白人。他们还是只能到较差的社区购房，其子女又在较差的公共学校读书——如此恶性循环，黑人就被限制在一个相对固定的社会等级中，他们的社会地位与经济状况被不断地复制和再生产。

当年，全国有色人种协进会的律师们试图通过法庭判决来推翻种族隔离制度，以获取平等的教育权利为切入点为黑人争取更多的权利，但这一梦想似乎至今也没有完全实现。仅仅依靠法庭判决这样一种外在的强制力，很难一下子根除由社会结构、文化心理、经济条件等多种因素造成的种族区隔。要完全实现不同族裔教育权利的平等，还需要很长的时间，也需要更多的努力。

三、平等的教育权利以何为界

作为权利平等的个体，黑人固然应该获得和白人平等的教育权利；但也不能因为重视黑人的教育权利而忽视了白人的教育权利，权利的天平不应该偏向任何一方。究竟应该怎样来衡量不同种族之间是否获得了平等的教育权利？这其中是否有一个界限？

20 世纪 60 年代以来，鉴于少数族裔、妇女在美国社会生活各方面的劣势地位，联邦政府出台了一项称为“肯定性行动计划”（Affirmative Action Program）的补偿措施，在就业、教育等领域给予他们一定的优惠和照顾。1965 年 9 月 24 日，林登·约翰逊总统签署第 11246 号总统令，标志着肯定性行动计划正式出台，其重要内容之一就是在入学方面为黑人配给一定比例的名额，以保障黑人有机会和白人享有平等的教育权利。① 在肯定性行动计划的政策扶持下，进入高等教育阶段的黑人数量不断增多，他们的知识技能也有了显著的提高。但 20 世纪 70 年代以来出现的好几例诉讼案件，使肯定性行动计划再次受到人们的热议。

1974 年，白人学生马科·德弗尼斯（Marco Defunis）申请到华盛顿大学法学院读书，尽管他的成绩高于所有获准入学的黑人学生，但学校还是拒绝了他的申请。德弗尼斯认为，学校这一行为属于对白人学生的“反向歧视”，为了追求学校中黑人学生和白人学生的比例平衡而降低了学校的

---

① 张爱民. 美国“肯定性行动计划”述评[J]. 南开学报，2000(3).

入学标准。德弗尼斯将华盛顿大学告上法庭并上诉至联邦最高法院，该案件定名为“德弗尼斯诉奥迪加德案”（Defunis v. Odegaard, 416 U. S. 312, 1974）。然而在该案的待决期间，德弗尼斯获得了华盛顿大学的临时准入资格，该案因此变成无效案件，并没有一个最终的结论；但另一个类似的案件却引起了全美国对肯定性行动计划的再次广泛关注。①

白人学生艾伦·巴基（Allen Bakke）分别于 1973 年和 1974 年两次申请到加利福尼亚大学戴维斯分校医学院就读，但均没有得到学校批准。巴基发现，该校每年 100 个入学名额中，有 16 个是预留给少数族裔学生的。而在依靠这些预留名额获准入学的少数族裔学生中，有些人的“医学院入学考试”（Medical College Admission Test, MCAT）成绩明显低于巴基。巴基将加州大学告上法庭，初审法院判决加州大学的做法违反了联邦宪法和州宪法，但是并没有命令加州大学录取巴基。加州大学和巴基都对此判决不服，此案上诉至联邦最高法院，定名为“加州大学董事会诉巴基案”（Regents of University of California v. Bakke, 438 U. S. 265, 1978）。②

巴基案引发了全美国对于肯定性行动计划的争论。一部分人支持该计划，认为少数族裔由于各种历史原因长期处于落后地位，对他们进行适当的照顾是合理的，该计划的实施有利于民族之间的融合；但也有不少人认为该计划在种族问题上对少数族裔进行了过分的倾斜，是对白人的“反向歧视”。这批反对者主要来自上层白人社会，他们从四个方面向肯定性行动计划照顾少数族裔的政策进行发难。首先，肯定性行动计划有违《独立宣言》和《公民权利法》所规定的“人人平等”原则：人们不论种族、性别、血统、信仰有何不同，均具有平等的权利。歧视少数族裔是错误的，对白人的反向歧视也是错误的。其次，肯定性行动计划有违“美国梦”的基本精神。“美国梦”的基本价值取向是，每个人都应该依靠自己的能力和努力获取成功，而肯定性行动计划以种族为依据录取学生的行为显然与这一价值取向相悖。依靠种族而非能力入选的学生有可能不是最优秀、

① Karabel, Jerome. *The Chosen: The Hidden History of Admission and Exclusion at Harvard, Yale, and Princeton*[M]. Boston: Mifflin, 2005.

② Dreyfuss, Joel. *The Bakke Case: the Politics of Inequality*[M]. New York: Harcourt Brace Jovanovich, 1979: 1—16.

能力最强的,在入学、选拔、雇佣、升职等方面处处考虑种族因素,有可能造成最优秀人才的流失。最后,以种族的标准进行“一刀切”,未免过于武断。从整体上而言,种族差异和经济状况、社会地位成明显的正相关:白人的整体经济状况和社会地位要优于黑人。但这两者也并非完全重合的关系,对于一名来自富裕之家的黑人学生和一名出自贫寒家庭的白人子弟来说,也许更需要给予照顾的是那个贫困的白人。①

美国社会对于肯定性行动计划莫衷一是,巴基案在联邦最高法院的判决结果没有给这场争论指出明确的方向。厄尔·沃伦于1969年退休,接任联邦最高法院首席大法官的是沃伦·伯格(Warren E. Burger,1969—1986年任首席大法官)。伯格法院一改沃伦法院自由主义的作风,呈现明显的保守主义态势。经过复杂、激烈的讨论,伯格法院批准了巴基的入学申请,认为肯定性行动计划符合宪法,但基于种族的配额制度是违宪的。

总的而言,教育权利的平等并非抽象、绝对化的平等,它植根于不同国家特殊的历史时期,受到社会政治、经济、文化等多种因素的影响;它还有不同的层次,例如布朗案讨论的是白人和黑人种族之间的教育平等权利,而巴基案则将教育权利的平等问题聚焦于个体。无论从哪个层面上探讨,都可以知道该问题的复杂性与具体性。因此,对于教育权利的平等问题,不能一概而论,而是要具体问题具体分析。尽管追求教育平等权利的道路充满着曲折,但其中所包含的对平等的向往、对提升个人能力与素质的渴求、对实现人生价值的追求将永远值得人们为之努力。

① Swain, Carol M. *Race Versus Class: The New Affirmative Action Debate* [M]. Lanham: University Press of America, Inc., 1996:25—36.

参考文献

一、中文文献

(一) 中文著作及译著

1 [美]奥布莱恩. 风暴眼:美国政治中的最高法院[M]. 胡晓进,译. 上海:上海人民出版社,2010.

2 [美]鲍尔, 霍华德. 宪政与自由——铁面大法官胡果·L. 布莱克[M]. 王保军,译. 北京:法律出版社,2004.

3 [美]鲍威,小卢卡斯·A. 沃伦法院与美国政治[M]. 欧树军,译. 北京:中国政法大学出版社,2005.

4 [美]波尔, J. R. 美国平等的故事[M]. 张聚国,译. 北京:商务印书馆,2007.

5 [美]伯纳姆, 威廉. 英美法导论[M]. 林利芝,译. 北京:中国政法大学出版社,2003.

6 [美]博登海默,E. 法理学、法律哲学与法律方法[M]. 邓正来,译. 北京,中国政法大学出版社,1999.

7 [美]布莱克, 纳尔逊. 曼弗德雷. 美国社会生活和思想史(下册)[M]. 许季鸿,等,译. 北京:商务印书馆,1997.

8 [美]布莱斯特, 保罗. 等编著. 宪法决策的过程:案例与材料[M]. 陆符嘉,等,译. 北京:中国政法大学出版社,2002.

9 [美]布鲁姆, 艾伦. 美国精神的封闭[M]. 战旭英,译. 南京:译林出版社,2007.

10 [美]厄本,韦恩. 瓦格纳,詹宁斯. 美国教育:一部历史档案[M]. 周晟,谢爱磊,译. 北京:中国人民大学出版社,2009.

11 [美]方纳, 埃里克. 给我自由!:一部美国的历史[M]. 王希,译. 北京:商务印书馆,2010.

12 [美]方纳, 埃里克. 美国自由的故事[M]. 王希,译. 北京:商务印书馆,2002.

13 [美]弗瑞德, 查尔斯. 何谓法律:美国最高法院中的宪法[M]. 胡敏洁,等,译. 北京:北京大学出版社,2008.

14 [美]富兰克林,J. H. 美国黑人史[M]. 张冰姿,译. 北京:商务印书馆,1988.

15 [美]格兰特, J. 美国黑人斗争史——1619 年至今的历史、文献与分析[M]. 郭瀛,等,译. 北京:中国社会科学出版社,1987.

16 [美]哈伊, 彼得. 美国法律概论[M]. 沈宗灵,译. 北京:北京大学出版社,1997.

17 [美]霍维茨, 莫顿·J. 沃伦法院对正义的追求[M]. 信春鹰,张志铭,译. 北京:中国政法大学出版社,2003.

18 [美]卡多佐, 本杰明. 司法过程的性质[M]. 苏力,译. 北京:商务印书馆,1998.

19 [美]库特勒, 斯坦利·I. 最高法院与宪法:美国宪法史上重要判例选读[M]. 朱曾汶,林铮,译. 北京:商务印书馆,2005.

20 [美]里帕, S. 亚历山大. 自由社会中的教育:美国历程[M]. 於荣,译. 合肥:安徽教育出版社,2010.

21 [美]林布隆, 查尔斯·E. 政策制定过程[M]. 朱国斌,译. 北京:华夏出版社,1988.

22 [美]麦克洛斯基, 罗伯特. 美国最高法院[M]. 任东来,等,译. 北京:中国政法大学出版社,2005.

23 [美]曼彻斯特, 威廉. 光荣与梦想:1932—1972 年美国实录(第三册)[M]. 商务印书馆,1979.

24 [美]佩里,H. W. 择案而审:美国最高法院案件受理议程表的形式[M]. 傅郁林,等,译. 北京:中国政法大学出版社,2010.

25 [美]施瓦茨, 伯纳德. 美国最高法院史[M]. 毕洪梅,等,译. 北京:中国政法大学出版社,2005.

26 [美]斯普林, 乔尔. 美国教育[M]. 张弛,张斌贤,译. 合肥:安徽教育出版社,2010.

27 [美]威廷顿, 基斯. 司法之上的政治基础:美国历史上的总统、最高法院及宪政领导权[M]. 牛悦,译. 北京:北京大学出版社,2010.

28 [美]韦布, L. 迪恩. 美国教育史:一场伟大的美国实验[M]. 陈露茜,李朝阳,译. 合肥:安徽教育出版社,2010.

29 [美]伍德沃德,鲍勃·阿姆斯特朗, 斯科特. 美国最高法院内幕[M]. 熊必俊,等,译. 南宁:广西人民出版社,1982.

30 [美]西格尔,杰弗里. A. 斯佩思,哈罗德·J. 贝尼什, 萨拉·C. 美国司法体系中的最高法院[M]. 刘哲玮,等,译. 北京:北京大学出版社,2011.

31 陈致远. 多元文化的现代美国[M]. 成都:四川人民出版社,2003.

32 邓炎昌. 现代美国社会与文化(第二卷)[M]. 北京:高等教育出版社,1989.

33 邓蜀生. 世代悲欢"美国梦"[M]. 北京:中国社会科学出版社,2001.

34 傅林. 当代美国教育改革的社会机制研究:20 世纪 60 年代美国教育改革运动的形成[M]. 北京:教育科学出版社,2006.

35 何顺果. 美国史通论[M]. 北京:学林出版社,2001.

36 黄兆群. 熔炉下的火焰:美国历史上的移民、民族和种族[M]. 北京:东方出版社,1994.

37 李道揆. 美国政府与政治[M]. 北京:中国社会科学出版社,1990.

38 林榕年. 外国法制史[M]. 北京:中国人民大学出版社,2003.

39 刘绪贻,杨生茂. 美国通史(第二卷)[M]. 北京:人民出版社,2002.

40 刘绪贻,杨生茂. 美国通史(第三卷)[M]. 北京:人民出版社,2002.

41 吕磊. 美国的新保守主义[M]. 南京:江苏人民出版社,2004.

42 南开大学历史系.美国黑人解放运动简史[M].北京:人民出版社,1977.

43 潘大维,刘文琦.英美法导读[M].北京:法律出版社,2000.

44 钱满素.美国自由主义的历史变迁[M].北京:生活、读书、新知三联书店,2006.

45 秦梦群.美国教育法与判例[M].北京:北京大学出版社,2006.

46 邱小平.法律的平等保护:美国宪法第十四条修正案第一款研究[M].北京:北京大学出版社,2005.

47 屈书杰.美国黑人教育发展研究[M].保定:河北大学出版社,2004.

48 任东来.美国宪政历程:影响美国的25个司法大案[M].北京:中国法制出版社,2004.

49 滕大春.美国教育史[M].北京:人民教育出版社,1994.

50 王希.原则与妥协——美国宪法的精神与实践[M].北京:北京大学出版社,2000.

51 吴金平.自由之路——弗·道格拉斯与美国黑人解放运动[M].北京:中国社会科学出版社,2000.

52 徐大同,马德普.现代西方政治思潮[M].北京:高等教育出版社,2006.

53 徐大同.西方政治思想史(第五卷)[M].天津:天津人民出版社,2005.

54 薛涌.右翼帝国的生成——总统大选与美国政治的走向[M].桂林:广西师范大学出版社,2004.

55 张维平,马立武.美国教育法研究[M].北京:中国法制出版社,2004.

56 张友伦,李剑鸣.美国历史上的社会运动和政府改革[M].天津:天津教育出版社,1992.

57 赵可金.美国学:政治维度与中国意义[M].上海:上海人民出版社,2010.

58 左卫民.最高法院研究[M].北京:法律出版社,2004.

（二）中文期刊论文

1 白雪峰.沃伦法院述评[J].南京大学学报,2005(4).

2 陈伟.今日美国黑人的穷根儿[J].读书,2002(1).

3 陈妍.美国沃伦法院时期对司法的影响[J].知识经济,2011(7)

4 陈毓."布朗案"与美国宪法第十四项修正案[J].甘肃农业,2005(11).

5 程晋宽.美国教育司法制度论析[J].外国教育研究,2002(1).

6 甘永涛,刘宁.格林要素:美国种族同校的评判标准[J].中国民族教育,2011(4).

7 甘永涛.美国民族教育:从"自由选择计划"到"学校一体化"[J].外国中小学教育,2010(8).

8 郝艳萍.1964 年民权法案对美国教育的影响[J].内蒙古师范大学学报(教育科学版),2009(4).

9 胡晓进.近三十年来中国学者对美国最高法院的研究与认识[J].美国研究,2008(4).

10 姬虹.民权运动与美国南方黑人政治力量的兴起[J].美国研究,2000(2).

11 纪刚.读懂英美法案例[J].仲裁与法律,2003(1).

12 李晓兵.从普莱西案到布朗案——论美国联邦最高法院与受教育权平等保护的实现[J].国家教育行政学院学报,2004(6).

13 李晓辉.水中之石:普通法传统中的美国法典化[J].人大法律评论,2009(1).

14 刘忠.作为一个偶然地区性事件的正当程序革命[J].北大法律评论,2007.Vol.8,No,2.

15 陆钧.美国教育第一案[J].世界教育信息,2004(9).

16 孟凡哲.普通法系判例制度的文化基础[J].国家检察官学院学报,2006(6).

17 任东来.吹响借书种族隔离制度的号角——布朗诉皮托卡教育管理委员会案[J].南京大学法律评论,2003 年春季号.

18 施晓光.美国教育判例法初探[J].外国教育研究,1996(5).

19 孙光宁.隔离的接受与不接受——"布朗案"中的法律论证[J].

法律方法,2012,(4).

20 田雷. 美国宪法中的“钉子户”[J]. 书城,2008(4).

21 肖永平. 论英美法系国家判例法的查明和适用[J]. 中国法学,2006(5).

22 谢国荣. 布朗案判决后美国南部的象征性改革对民权运动的影响[J]. 武汉大学学报(人文科学版),2010(7).

23 谢国荣. 布朗案判决与美国民权运动述评[J]. 历史教学,2011(5).

24 谢国荣. 二战对美国民权运动的影响[J]. 世界历史,2005(3).

25 谢国荣. 民权运动之前奏:杜鲁门当政时期的黑人民权问题[J]. 历史研究,2005(2).

26 谢静,肖俊峰. 从教育法判例看美国政府对家庭学校的管理[J]. 湖南教育,2005(12).

27 杨婷. 从布朗案看美国联邦最高法院对第十四修正案的运用[J]. 黑龙江科技信息,2007(12).

28 袁征. 美国最高法院关于政府与私立学校关系的判例法[J]. 比较教育研究,2008(3).

29 张爱民. 美国“肯定性行动计划”述评[J]. 南开学报,2000(3).

30 张聚国. 杜波依斯对解决美国黑人问题道路的探索[J]. 史学月刊,2000(4).

31 张聚国. 杜波依斯与布克 · 华盛顿解决黑人问题方案的比较[J]. 南开学报, 2000(3).

32 张冉. 布朗案在执行中受到的抵制——以弗吉尼亚州为例[J]. 北京大学教育评论,2012 年 1 月.

33 张冉. 布朗诉教育委员会案的微观分析[J]. 全球教育展望,2012(3).

34 赵杰. 美国厄尔 · 沃伦法院的历史贡献[J]. 南都学坛(哲学社会科学版),1998(1).

35 郑重. 论美国判例法制度的运行——以历史进程为视角[J]. 法律文化研究,2009,第五辑.

36 左亦鲁. 五十年后的一份异议[J]. 读书. 2010(1).

（三）中文学位论文

1 车廷菲. 中美高等教育领域民族倾向性政策的研究——历史演变与现状分析[D]. 西北师范大学,2009.

2 陈彧洁. 美国联邦高等教育法规的历史演变与主要法案分析[D]. 苏州大学,2008.

3 李超. 布朗案初探[D]. 中国政法大学,2010.

4 李传瑛. 关于美国传统黑人院校发展问题的研究[D]. 浙江师范大学,2006.

5 梁瑞红. 战后美国城市公立学校中种族合校的困境[D]. 厦门大学,2002.

6 刘萍. 沃伦法院时期学术的判例研究[D]. 北京师范大学,2007.

7 刘晓鹏. 布朗案以来美国教育平等化研究[D]. 河北大学,2004.

8 刘跃爽. 通过美国最高法院案例看 20 世纪 50 年代后美国黑人教育发展[D]. 天津师范大学,2010.

9 毛艳. 美国黑人政策中的“隔离但平等”原则[D]. 吉林大学,2007.

10 秦楠. 布朗诉教育委员会案的历史研究[D]. 北京师范大学,2006.

11 屈书杰. 从种族隔离到学校一体化:20 世纪美国黑人教育[D]. 河北大学,2002.

12 田桂友. 论美国当代反种族隔离校车制[D]. 山东大学,2007.

13 徐清. 美国联邦最高法院的案件受理决定权[D]. 华东政法学院,2005.

14 姚霖. 20 世纪 60 年代以来美国少数民族基础教育政策的研究[D]. 广西师范大学,2010.

15 章洁. 罗伯特·肯尼迪与 20 世纪 60 年代美国黑人民权运动[D]. 复旦大学,2007.

二、英文文献

（一）英文著作与论文集

1 Adams, Glenn. *Commemorating Brown*: *the Social Psychology of*

Racism and Discrimination[M]. Washington, DC: American Psychological Association,2008.

2 Alexander, Kern, & Alexander, M. David. *American Public School Law*[M]. Belmont, Calif.: Wadsworth Publishing. 1998.

3 Anderson, James D. *The Education of Blacks in the South, 1860—1935*[M]. Chapel Hill: The University of North Carolina Press, 1988.

4 Anderson, Karen. *Little Rock: Race and Resistance at Central High School*[M]. Princeton, N.J.: Princeton University Press, 2010.

5 Anderson, Wayne. *Brown V. Board of Education: The Case Against School Segregation*[M]. New York: The Rosen Publishing Group, 2003.

6 Arrington, Karen McGill. *With All Deliberate Speed: 1954—19 ??*[M]. Washington, D.C.: United States Comminssion on Civil Rights, 1981.

7 Ashmore, Harry S. *Civil Rights and Wrongs: A Memoir of Race and Politics, 1944—1996*[M]. Columbia: University of South Carolina Press, 1997.

8 Atack, Jeremy. and Peter Passell. *A New Economic View of American History: From Colonial Times to 1940*[M]. New York: W. W. Norton & Company. 1994.

9 Atkinson, David N. *Mr. Justice Minton and the Supreme Court: 1949—1956*[M]. Iowa City: University of Iowa., 1969.

10 Ayers, Edward L. *The Promise of the New South: Life after Reconstruction*[M]. New York: Oxford University Press. 1993.

11 Bagwell, William. *School Desegregation in the Carolinas: Two Case Studies*[M]. Columbia, South Carolina: University of South Carolina Press, 1972.

12 Balkin, Jack M. ed. *What Brown v. Board of Education Should have Said: The Nation's Top Legal Experts Rewrite America's Landmark Civil Rights Decision*[M]. New York: New York University Press, 2001.

13 Ball, Howard. *Hugo Black: Cold Steel Warrior*[M]. New York: Oxford University Press, 1996.

14 Ball, Howard. *Of Power and Right: Hugo Black, William O. Douglas, and America's Constitutional Revolution*[M]. New York: Oxford University Press, 1992.

15 Barone, Michael. *Our Country: The Shaping of America from Roosevelt to Reagan*[M]. New York: Free Press,1990.

16 Bartley, Numan V. *The Creation of Modern Georgia*[M]. Athens: The University of Georgia Press. 1983.

17 Bartley, Numan V. *The Rise of Massive Resistance: Race and Politics in the South During the 1950's*[M]. Baton Rouge: Louisiana State University Press. 1969.

18 Bates, Daisy. *The Long Shadow of Little Rock: A Memori*[M]. Fayetteville: the University of Arkansas Press, 1986.

19 Baum, Lawrence. *The Supreme Court*[M]. 10th edition, CQ Press. 2009.

20 Beals, Melba Patillo. *Warriors Don't Cry: A Searing Memoir of the Battle to Integrate Little Rock's Central High*[M]. New York: Simon & Schuster Children's Publishing, 2007.

21 Belknap, Michal R. *The Supreme Court under Earl Warren, 1953—1969*[M]. Columbia, S. C.: University of South Carolina Press, 2005.

22 Bell, Derrick. *Silent Covenants: Brown v. Board of Education and the Unfulfilled Hopes for Racial Reform*[M]. New York: Oxford University, 2004.

23 Berger, Raoul. *Government by Judiciary: The Transformation of the Fourteenth Amendment*[M]. Liberty Fund. 1997.

24 Bergman, Peter, & Bergman, Mort. *The Chronological History of the Negro in America*[M]. New York, 1969.

25 Berman, Daniel Marvin. *It is so ordered: The Supreme Court Rules on School Segregation*[M]. New York: W. W. Norton, 1966.

26 Berry, Mary, & Blassingame, John. *Long Memory:The Black Experience in America*[M]. New York, Oxford University Press, 1982.

27 Black, Earl. *Southern Governors and Civil Rights: Racial Segregation as*

a Campaign Issue in the Second Reconstruction[M]. Cambridge, MA: Harvard University Press, 1976.

28 Black, Hugo L. *A Constitutional Faith*[M]. New York: Knopf, 1968.

29 Black, Hugo L., & Black, Elizabeth. *Mr. Justice and Mrs. Black: Memoirs*[M]. New York: Random House, 1986.

30 Blassingame, John W. *Black New Orleans: 1860—1880*[M]. Chicago: The University of Chicago Press, 1973.

31 Bond, Horace Mann. *The Education of the Negro in the American Social Order*[M]. New York: Octagon Books, 1966.

32 Bork, Robert H. *The Tempting Of America*[M]. New York: The Free Press, 1997.

33 Brest, Paul. etc. ed. *Process of Constitutional Decision Making: Cases and Materials*[M]. Aspen Pub, 2008.

34 Broderick, Francis L. & Meier, August. *Negro Protest Thought in the Twentieth Century*[M]. New York: The Bobbs-Merrill Company, Inc., 1965.

35 Broderick, Francis L. *W. E. B. Du Bois: Negro Leader in a Time of Crisis*[M]. Stanford: Stanford University Press, 1959.

36 Brown, M. Christopher. *The broken cisterns of African American education: Academic Performance and Achievement in the Post-Brown Era*[M]. Charlotte, NC: Information Age Pub, 2009.

37 Browne, William P. *Groups, Interests, and U. S. Public Policy*[M]. Washington: Georgetown University Press, 1998.

38 Bullock, Henry Allen. *A History of Negro Education in The South From 1619 to The Present*[M]. New York: Praeger, 1970.

39 Burns, James MacGregor. *Roosevelt: The Soldier of Freedom*[M]. New York: Open Road Publishing, 1970.

40 Burton, Orville Vernon. and David O'Brien. *Remembering Brown at fifty: the University of Illinois commemorates Brown v. Board of Education*[M]. Urbana: University of Illinois Press, 2009.

41 Butts, R. Freeman. *Public Education in the United States: From Revolution*

to Reform[M]. New York: Holt, Rinehart and Winston, 1978.

42 Chafe, William. *Civilities and Civil Rights: Greensboro, North Carolina, and the Black Struggle for Freedom*[M]. New York: Oxford University Press, 1980.

43 Clayton, Cornell W. and Howard Gillman. *Supreme Court Decision Making: New Institutionalist approaches*[M]. Chicago: University of Chicago Press, 1999.

44 Compston, Christine L. *Earl Warren: Justice For All*[M]. New York: Oxford University Press, 2002.

45 Conaway, Judith. *Brown v. Board of Education: The Case for Integration*[M]. Deerfield, IL: Compass Point Books, 2007.

46 Cook, James Graham. *The Segregationists*[M]. New York: Appleton-Century-Crofts, 1962.

47 Cray, Ed. *Chief Justice: A Biography of Earl Warren*[M]. New York: Simon & Schuster, 1997.

48 Dabney, Charles W. *Universal Education in the South*[M]. Volume I. Chapel Hill: The University of North Carolina Press, 1936.

49 Degler, Carl N. *In Search of Human Nature: The Decline and Revival of Darwinism in American Social Thought*[M]. New York: Oxford University Press, 1991.

50 DeVore, Donald E. and Joseph Logsdon. *Crescent City Schools: Public Education in New Orleans, 1841—1991*[M]. Lafayette: Center for Louisiana Studies,1991.

51 Dixon, Thomas. *The Clansman*[M]. New York: Doubleday, Page &Co., 1905.

52 Douglas, William O. *The Court Years, 1939—1975*[M]. NY: Random House, 1980.

53 Dunne, Gerald T. *Hugo Black and the Judicial Revolution*[M]. New York: Simon & Schuster, 1977.

54 Ely, James W. *The Crisis of Conservative Virginia: The Byrd Organization and the Politics of Massive Resistance*[M]. Knoxville: The University of Tennessee Press, 1976.

55 Eskridge, William N. *Constitutional Stupidities, Constitutional Tragedies* [M]. New York : New York University Press, 1998.

56 Ferrell, Robert H., ed. *The Eisenhower Diaries* [M]. New York: W. W. Norton, 1981.

57 Ferrell, R., ed. *Off the Record: the Private Papers of Harry S. Truman* [M]. New York: Harper& Row, 1980.

58 Ferrell, Robert H. *Truman: A Centenary Remembrance* [M]. New York: The Viking Press, 1984.

59 Fireside, Harvey, & Fuller, Sarah Betsy. *Brown v. Board of Education: Equal Schooling For All* [M]. Hillside, NJ: Enslow Publishers, 1994.

60 Foner, Eric. *Reconstruction: America's Unfinished Revolution, 1863—1877* [M]. New York: Harper & Row, 1988.

61 Foner, Eric. *The Story of American Freedom* [M]. New York: W. W. Norton & Company, 1998.

62 Franklin, John Hope, & Moss Jr., Alfred A. *From Slavery to Freedom: A History of African Americans* [M]. New York: McGraw-Hill Companies, 1994.

63 Freyer, Tony, ed. *Justice Hugo Block and Modern America* [M]. Tuscaloosa, AL: University of Alabama Press, 1990.

64 Freyer, Tony. *Hugo L. Black and the Dilemma of American Liberalism* [M]. Glen-view, IL: Scott, Foresman Little, Brown, 1990.

65 Friedman, Lawrence M. *American Law: An Introduction* [M]. New York: W. W. Norton & Company, 1998.

66 Friedman, Leon. *Argument: the Oral Argument before the Supreme Court in Brown v. Board of Education of Topeka, 1952—55* [M]. Philadelphia: Chelsea House Publishers, 1969.

67 Garraty, John A., ed. *Quarrels That Have Shaped the Constitution* [M]. New York: Harper and Row, 1964.

68 Gates, Robbins L. *The Making of Massive Resistance: Virginia's Politics of Public School Desegregation, 1954—1956* [M]. Chapel Hill: University of North Carolina Press, 1964.

69　Gillman, Howard. & Cornell, Clayton. *The Supreme Court in American Politics: New Institutionalist Interpretations* [M]. Chicago: University of Chicago Press, 1999.

70　Goldfield, D. R. *Black, White, and Southern: Race Relations and Southern Culture, 1940 to the Present*[M]. Louisiana University Press, 1990.

71　Goulden, Joseph. *The Best Years, 1945—1950*[M]. New York: Atheneum, 1976.

72　Greenberg, Jack. *Crusaders In The Courts: How a Dedicated Band of Lawyers Fought For The Civil Rights Revolution*[M]. New York: Basic Books, 1994.

73　Halberstam, David. *The Fifties*[M]. New York: Villard Books, 1993.

74　Harbaugh, William. *Lawyer's Lawyer: The Life of John W. Davis* [M]. NY: Oxford University Press, 1978.

75　Harlan, Louis R. ed., *The Booker T. Washington Papers*[M]. Vol. 1. Urbana: University of Illinois Press, 1972.

76　Hayman, Robert L. & Leland, Ware. *Choosing Equality: Essays and Narratives on the Desegregation Experience*[M]. University Park, PA: Pennsylvania State University Press, 2009.

77　Heard, A. *A Two-Party South?* [M]. Chapel Hill: University of North Carolina Press, 1952.

78　Herda, D. J. *Earl Warren: Chief Justice for Social Change*[M]. Springfield N. J: Enslow Publishers, 1995.

79　Hirsch, H. N. *The Enigma of Felix Frankfurter*[M]. New York: Basic Books, 1981.

80　Hockett, Jeffrey D. *New Deal Justice: The Constitutional Jurisprudence of Hugo L. Black, Felix Frankfurter, and Robert H. Jackson*[M]. Lanham, Md.: Rowman & Littlefield Publishers, 1996.

81　Horton, James Oliver. *Landmarks of African American History*[M]. New York: Oxford University Press, 2005.

82　Horwitz, Morton J. *The Warren Court and the Pursuit of Justice* [M]. New York: Hill and Wang, 1999.

83 Isaacs, Harold R. *The New World of Negro Americans*[M]. New York: John Day Co., 1963.

84 Jackson, Robert. *The Struggle for Judicial Supremacy*[M]. New York: Alfred A. Knopf, 1941.

85 Jacoway, Elizabeth. *Turn Away Thy Son: Little Rock, the Crisis that Shocked the Nation*[M]. Detroit: Free Press, 2007.

86 Kaestle, Carl F. *Pillars of the Republic: Common Schools and American Society, 1780—1860*[M]. New York: Hill and Wang, 1983.

87 Katcher, Leo. *Earl Warren: A Political Biography*[M]. New York: McGraw-Hill, 1967.

88 Klarman, Michael J. *Brown v. Board of Education and The Civil Rights Movement*[M]. New York : Oxford University Press, 2007.

89 Kluger, Richard. *Simple Justice: the History of Brown v. Board of Education and Black America's Struggle for Equality*[M]. New York: Oxford University Press, 1978.

90 Kurland, Philip B., Gerhard Casper. *Landmark Briefs and Arguments of the Supreme Court of the United States: Constitutional Law*[M]. University Publications of America, 1978.

91 Lash, Joseph P. *From the Diaries of Felix Frankfurter*[M]. New York: W. W. Norton & Company, Inc.,1975.

92 Lewis, Anthony. *Portrait of a Decade: the Second American Revolution*[M]. New York: Random House, 1964.

93 Lewis, David, & Eagles, Charles, ed. *The Civil Rights Movement in America*[M]. Jackson: University Press of Mississippi, 1986.

94 Lewis, George. *Massive Resistance: The White Response to the Civil Rights Movement*[M]. London: Hodder Arnold, 2006.

95 Logan, Rayford W., ed. *What the Negro Wants*[M]. Chapel Hill: University of North Carolina Press.

96 Logan, Rayford. *The Betrayal of the Negro: From Rutherford B. Hayes to Woodrow Wilson*[M]. New York: Collier Books, 1965.

97 Margo, R. A. *Race and Schooling in the South, 1880—1950: An*

Economic History[M]. Chicago: University of Chicago Press, 1991.

98 Martin Jr., Waldo E. *Brown v. Board of Education: A Brief History with Documents*[M]. Boston, MA: Bedford/St. Martin's, 1998.

99 Mauro, Tony. *Illustrated Great Decisions of the Supreme Court*[M]. Washington, D. C.: CQ Press, 2000.

100 Mayer, Robert R. *School Desegregation in a Southern City: A Case Study in the Analysis of Educational Policy*[M]. Lexington, MA: Lexington Books, 1974.

101 McAdam, Doug. *Political Process and the Development of Black Insurgency: 1930—1970* [M]. Chicago: The University of Chicago Press, 1982.

102 McKay, David H. *American Politics and Society*[M]. Blackwell, 1993.

103 McMillen, N. R. *Dark Journey: Black Mississippians in the Age of Jim Crow*[M]. Urbana: University of Illinois Press, 1990.

104 McNeese, Tim. *Brown v. Board of Education: Integrating America's schools*[M]. New York: Chelsea House, 2007.

105 McNeil, G. *Groundwork: Charles Hamilton Houston and the Struggle for Civil Rights*[M]. Philadelphia: University of Pennsylvania Press, 1984.

106 Merrill, Dennis. ed. *Documentary History of the Truman Presidency* [M], Vol. 11. Bethesda, MD: University Publications of America, 1995.

107 Muse, Benjamin. *Ten Years of Prelude: the Story of Integration since the Supreme Court's 1954 Decision* [M]. New York: the Viking Press, 1964.

108 Muse, Benjamin. *Virginia's Massive Resistance*[M]. Bloomington: Indiana University Press, 1961.

109 Mwalimu Shujaa ed. *Beyond Segregation: The Politics of Quality in Afro-American Schooling* [M]. Thousand Oaks, Calif. : Corwin Press, 1996.

110 Myrdal Gunnar, Sissela Bok. An American Dilemma: The Negro Problem and the Modern Democracy[M]. New York: Harper & Row, 1944.

111 Nathan, Glazer. *Affirmative Discrimination: Ethnic Inequality and*

Public Policy[M]. New York: Basic Books, 1975.

112 Newman, Roger K. *Hugo Black: A Biography*[M]. New York: Pantheon Books, 1994.

113 Newton, Jim. *Justice for All: Earl Warren and the Nation He Made*[M]. New York: Penguin Group USA, 2007.

114 Norrell, Robert J. *Reaping the Whirlwind: The Civil Rights Movement in Tuskegee*[M]. New York: Vintage Books, 1985.

115 O'Brien, David M. *Storm Center: The Supreme Court in American Politics*[M]. New York: W. W. Norton, 2003.

116 Ogletree, Charles J. *All Deliberate Speed. Reflections on the First Half Century of Brown v. Board of Education*[M]. New York: W. W. Norton & Company. 2004.

117 Olsen, O. H. *The Thin Disguise: Turning Point in Negro History*[M]. New York: Humanities Press, 1967.

118 Palumbos, Robert M. *Student Involvement in the Baltimore Civil Rights Movement, 1953—63*[M]. Baltimore: Johns Hopkins University Press, 1999.

119 Patterson, James T. *Brown v. Board of Education, a Civil Rights Milestone and its Troubled Legacy*[M]. New York: Oxford University Press, 2001.

120 Payne, C. M. *I've Got the Light of Freedom: The Organizing Tradition and the Mississippi Freedom Struggle*[M]. University of California Press, 2007.

121 Peltason, J. W. *Fifty-eight Lonely Men: Southern Federal Judges and School Desegregation*[M]. New York: Harcourt, Brace &World, 1961.

122 Pierce, Alan. *Brown v. Board of Education*[M]. ABDO, 2004.

123 Pollack, Jack Harrison. *Earl Warren, the Judge who changed America*[M]. Upper Saddle River, New Jersey: Prentice Hall, 1979.

124 Powe. Jr., Lucas. A. *The Warren court and American politics*[M]. Cambridge, Mass.: Belknap Press of Harvard University Press, 2000.

125 Pratt, Robert. *The Color of Their Skin: Education and Race in Richmond, Virginia, 1954—1989*[M]. Charlottesville, VA: University of

Virginia Press, 1992.

126 Rice, Charles Duncan. *The Rise and Fall of Black Slavery*[M]. London: Macmillan. 1975.

127 Rippa, S. Alexander. *Education in a Free Society: An American History*[M]. New York: Longman, 1997.

128 Robinson, Armstead, & Sullivan Patricia, ed, *New Directions in Civil Rights Studies*[M]. Charlottesville: University Press of Virginia, 1991.

129 Rose, Gary L. *Shaping a Nation: Twenty-five Supreme Court Cases that changed the United States*[M]. Bethesda, MD: Academica Press, 2010.

130 Rosenberg, Gerald N. *The Hollow Hope: Can Courts Bring About Social Changes?* [M]. Chicago: University of Chicago Press, second edition, 2008.

131 Rowan, Carl Thomas. *Dream Makers, Dream Breakers: The World of Justice Thurgood Marshall*[M]. Boston: Little, Brown, 1993.

132 Rudwick, E. M., & Harlan L.. *W. E. B. Du Bois: Propagandist of the Negro Protest*[M]. Philadelphia: University of Pennsylvania Press, 1968.

133 Rury, John L. *Education and Social Change: Contours in the History of American Schooling*[M]. New York: Routledge, 2009.

134 Sarratt, Reed. *The Ordeal of Desegregation: The First Decade*[M]. New York: Harper & Row, 1966.

135 Scheiber, Harry N. *Earl Warren and the Warren Court: the Legacy in American and Foreign Law*[M]. Plymouth: Lexington Books, 2007.

136 Schulman, Bruce J. *From Cotton Belt to Sunbelt: Federal Policy, Economic Development, and the Transformation of the South, 1938—1980* [M]. New York: Oxford University Press, 1991.

137 Schwartz, Bernard. *Super Chief. Earl Warren and His Supreme Court*[M]. New York: New York University Press, 1983.

138 Schwartz, Bernard. *Swann's Way* [M]. New York: Oxford University Press, 1986.

139 Schwartz, Bernard. *The Warren Court: a Retrospective*[M]. New York: Oxford University Press, 1996.

140 Shapiro, Martin. *Law and Politics in the Supreme Court: New Approaches to Political Jurisprudence*[M]. Glencoe: Free Press of Glencoe, 1964.

141 Silverstein, Mark. *Constitutional Faiths: Felix Frankfurter, Hugo Black, and the Process of Judicial Decision Making*[M]. Ithaca, N. Y.: Cornell University Press, 1984.

142 Simon, James F. *The Antagonists: Hugo Black, Felix Frankfurter and Civil Liberties in Modern America*[M]. New York: Simon & Schuster, 1989.

143 Sitkoff, Harvard. *The Struggle for Black Equality*[M]. New York: Hill &Wang, 1981.

144 Smith, Bob. *They Closed Their Schools: Prince Edward County, Virginia, 1951—1964*[M]. Chapel Hill: The University of North Carolina Press, 1965.

145 Spring, Joel. *American Education*[M]. McGraw Hill Higher Education, 2000.

146 Stockley, Grif. *Race relations in the Natural State*[M]. Little Rock, AR: Butler Center for Arkansas Studies, 2007.

147 Stockley, Grif. *Ruled By Race: Black/White Relations in Arkansas from Slavery to The Present*[M]. Fayetteville: University of Arkansas Press,2009.

148 Stulberg, Lisa M. *Race, Schools, and Hope: African Americans and School Choice After Brown*[M]. New York: Teachers College Press, 2008.

149 Swain, Carol M. *Race Versus Class: The New Affirmative Action Debate*[M]. Lanham: University Press of America, Inc., 1996.

150 Sweeney, James W. *Race, Reason and Massive Resistance: The Dairy of David J. Mays, 1954—1959*[M]. Athens, Georgia: University of Georgia Press, 2008.

151 Telgen, Diane. *Defining Moments: Brown v. Board of Education*[M]. Detroit, MI: Omnigraphics, Inc. 2005.

152 Thomas, Brook. ed. *Plessy v. Ferguson: A Brief History with*

Documents[M]. Boston: Bedford Books, 1997.

153 Tougas, Shelley. *Little Rock Girl* 1957: *How A Photograph Changed the Fight for Integration*[M]. Mankato, Minnesota: Compass Point Books, 2012.

154 Tushnet, Mark V. *Making Civil Rights Law: Thurgood Marshall and the Supreme Court, 1936—1961* [M]. Cary, NC: Oxford University Press, 1994.

155 Tushnet, Mark V. *The NAACP's Legal Strategy Against Segregation Education, 1925—1950* [M]. Chapel Hill: The University of North Carolina Press, 1987.

156 Tushnet. Mark V. *The Warren Court in Historical and Political Perspective*[M]. Charlottesville, VA: University of Virginia Press, 1993.

157 Tyack, David B., & Cuban Larry. *Tinkering Toward Utopia: A Century of Public School Reform* [M]. Cambridge, Massachusetts: Harvard University Press, 1995.

158 Tyack, David B. *Seeking Common Ground: Public Schools in a Diverse Society* [M]. Cambridge, Massachusetts: Harvard University Press, 2003.

159 Tyack, David B. *Turning Points in American Educational History* [M]. Books on Demand, 1967.

160 Urofsky, Melvin I. *The Warren Court: Justices, Rulings, and Legacy*[M]. Santa Barbara, CA: ABC-CLIO, 2001.

161 Vance, Rupert B. & Demerath, Nicholas J. ed. *The Urban South* [M]. Chapel Hill: University of North Carolina Press, 1954.

162 Walker, Jack L. *Sit-Ins in Atlanta: A Study in the Negro Revolt* [M]. New York: McGraw Hill, 1964.

163 Walker, Paul Robert. *Remember Little Rock: The Time, the People, the Stories*[M]. Washington: National Geographic Society, 2009.

164 Warren, Earl. *The Memoirs of Earl Warren*[M]. Garden City: Doubleday, 1977.

165 Weaver, John Downing. *Warren: The Man, The Court, The Era* [M]. New York: Little, Brown, 1964.

166 Webb, L. Dean. *The History of American Education: A Great American Experiment* [M]. Upper Saddle River, NJ: Pearson Education, Inc., 2006.

167 White, G. Edward. *Earl Warren: A Public Life*[M]. New York: Oxford University Press, 1987.

168 White, Howard A. *The Freedmen's Bureau in Louisiana*[M]. Baton Rouge: Louisiana State University Press, 1970.

169 Whitman, Mark. *Brown v. Board of Education: A Documentary History*[M]. Princeton, NJ: Markus Wiener Publishers, 2004.

170 Whittington, Keith E. *Whittington Political Foundations of Judicial Supremacy: The Presidency, the Supreme Court and Constitutional Leadership in U. S. History*[M]. New Jersey, Princeton: Princeton University Press, 2007.

171 Wilhoit, F. M. *The Politics of Massive Resistance* [M]. George Braziller, 1973.

172 Wilkins, Roy. and Tom Mathews. *Standing Fast: The Autobiography of Roy Wilkins*[M]. Topsfield, MA: Viking Press, 1984.

173 Wilkinson Ⅲ, J. Harvie. *From Brown to Bakke: the Supreme Court and School Integration:1954—1978*[M]. New York: Oxford University Press, 1979.

174 Woll, Peter. *American Government: Readings and Cases*[M]. Boston: Little, Brown, 1984.

175 Wolters, Raymond. *Race and Education, 1954—2007*[M]. Columbia, MO: University of Missouri Press, 2009.

176 Woodward, C. Vann. *Origins of the New South, 1877—1913* [M]. Baton Rouge: Louisiana State University Press, 1971.

177 Woodward, C. Vann. *The Strange Career of Jim Crow*[M]. New York: Oxford University Press, 1974.

178 Wynn, Neil A. *The Afro-American and the Second World War* [M]. New York: Holmes & Meier, 1993.

179 Yarbrough, Tinsley E. *A Passion for Justice : J. Waties Waring and Civil Rights*[M]. Cary, NC: Oxford University Press, 1987.

180 Yarbrough, Tinsley E. *Mr. Justice Black and His Critics*[M]. Durham, NC: Duke University Press, 1988.

181 Young, Nancy Beck. *Documentary history of the Dwight D. Eisenhower presidency*[M]. Bethesda, MD : LexisNexis, 2005.

（二）英文期刊论文

1 Ancheta, Angelo N. *Civil Rights, Education Research, and the Courts*[J]. *Educational Researcher*. Vol. 35, No. 1(Jan. -Feb., 2006).

2 Aucoin, B. J. *The Southern Manifesto and Southern Opposition to Desegregation*[J]. *The Arkansas Historical Quarterly*. Vol. 55, No. 2 (Summer, 1996).

3 Badger, Tony. *Southerners Who Refused to Sign the Southern Manifesto*[J]. *The Historical Journal*. Vol.42, No. 2. (June, 1999).

4 Beatriz M. Arias. *The Impact of Brown on Latinos: A Study of Transformation of Policy Intentions*[J]. *Teachers College Record*. Volume 107, Number 9, September 2005.

5 Bell Jr, Derrick A. *Brown v. Board of Education and the Interest-Convergence Dilemma*[J]. *Harvard Law Review*. Vol. 93, No. 3 (Jan., 1980).

6 Bickel, Alexander. *The Original Understanding and the Segregation Decision*[J]. *Harvard Law Review*. 1(1955).

7 Billington, Monroe. *Public School Integration in Missouri, 1954—64*[J]. *The Journal of Negro Education*. Vol. 35, No. 3(1966).

8 Brantley, George D. *Present Status of Integration in the Public Schools of Missouri*[J]. *The Journal of Negro Education*. Vol.24, No. 3(Summer, 1955).

9 Brill, Andrew. *"Brown" in Fayetteville: Peaceful Southern School Desegregation in 1954*[J]. *The Arkansas Historical Quarterly*. Vol. 65, No. 4(Winter, 2006).

10 Brown II, M. Christopher. *Collegiate Desegregation as Progenitor and Progeny of Brown v. Board of Education: The Forgotten Role of Postsecondary Litigation, 1908—1990*[J]. *The Journal of Negro Education*.

Vol. 73, No. 3(Summer, 2004).

11 Brown, Tony N. *Lesane-Brown, Chase L. Race Socialization Messages across Historical Time*[J]. *Social Psychology Quarterly*. Vol. 69, No. 2(Jun., 2006).

12 Caffrey, Bernard. *Simms Anderson II, and J. Garrison. Change in Racial Attitudes of White Southerners after Exposure to the Atmosphere of a Southern University*[J]. *Psychological Reports*, Vol.25, 1969.

13 Cannon, Bradley C. *The Supreme Court as a Cheerleader in Politico-Moral Disputes*[J]. *The Journal of Politics*. Vol. 54, No.3, Aug., 1992.

14 Carol Ascher & Edwina Branch-Smith. *Precarious Space: Majority Black Suburbs and Their Public Schools*[J]. *Teachers College Record*. Volume 107, Number 9(September 2005).

15 Carter, Robert L. & Thurgood Marshall. *The Meaning and Significance of the Supreme Court Decree* [J]. *The Journal of Negro Education*. Vol.24, No. 3(Summer,1955).

16 Carter, Stephen L. *Do Courts Matter?* [J]. *Michigan Law Review*. Vol. 90, No. 6, 1992.

17 Cover, Robert M. *The Origins of Judicial Activism in the Protection of Minorities*[J]. *The Yale Law Journal*. Jun., 1982.

18 Daniel, Philip T. K. *Accountability and Desegregation: Brown and Its Legacy*[J]. *The Journal of Negro Education*. Vol. 73, No. 3, Special Issue(Summer, 2004).

19 *Declaration of Constitutional Principles*[J]. *Arkansas Historical Quarterly*. Appendix A. Vol. 55, No. 2(Summer, 1996).

20 Diamond, John B. *Still Separate and Unequal: Examining Race, Opportunity, and School Achievement in "Integrated" Suburbs* [J]. *The Journal of Negro Education*. Vol. 75, No. 3, Research and Its Impact on Educational Policy and Practice(Summer, 2006).

21 Dudziak, Mary L. *Desegregation as a Cold War Imperative*[J]. *Stanford Law Review*. Vol. 41, No. 1(Nov., 1988).

22 Elman, Philip & Silber, Norman. *The Solicitor General's Office,*

Justice Frankfurter, and Civil Rights Litigation: an Oral History[J]. *Harvard Law Review.* Vol. 100, No. 4(Feb., 1987).

23 Fleming-Rife, Anita. Proffitt, Jennifer M. *The More Public School Reform Changes, the More It Stays the Same: A Framing Analysis of the Newspaper Coverage of Brown v. Board of Education*[J]. *The Journal of Negro Education.* Vol. 73, No. 3,(Summer, 2004).

24 Freeman, Damon. *Reexamining Central High: American Memory and Social Reality*[J]. *Organization of American History Newsletter*, February 2000.

25 Garrow, David J. *Hopeless Hollow History: Revistionist Devaluating of Brown v. Board of Education*[J]. *Virgina Law Review*,Vol. 80, 1994.

26 Gooden, Mark A. *A History of Black Achievement as Impacted by Federal Court Decisions in the Last Century*[J]. *The Journal of Negro Education.* Vol. 73, No. 3, Special Issue: Brown v. Board of Education at 50(Summer, 2004).

27 Grant, George C. *Desegregation in Maryland since the Supreme Court Decision*[J]. *The Journal of Negro Education.* Vol.24, No. 3(Summer 1955).

28 Greenberg, Jack. *The Supreme Court, Civil Rights and Civil Dissonance*[J]. *The Yale Law Journal.* Vol.77, No. 8, July, 1968.

29 Gruhl, John. *The Supreme Court's Impact on the Law of Libel: Compliance by Lower Federal Courts*[J]. *The Western Political Quarterly.* Vol. 33, No. 4(Dec., 1980).

30 Harvey, William B. & Harvey Adia M., Mark King. *The Impact of the Brown v. Board of Education Decision on Postsecondary Participation of African Americans*[J]. *The Journal of Negro Education*, Vol. 73, No. 3 (Summer, 2004).

31 Hunt, Tomas C. & Wagoner, Jennings L. *Race, Religion, and Redemption: William Henry Ruffner and the Moral Foundations of Education in Virginia*[J]. *American Presbyterians: Journal of Presbyterian History*, vol. 66, 1988.

32 Hunter, Richard C. *The Administration of Court-Ordered School*

Desegregation in Urban School Districts: The Law and Experience[J]. *The Journal of Negro Education*. Vol. 73, No. 3, Special Issue: Brown v. Board of Education at 50(Summer, 2004).

33 Hutchinson, Dennis J. *Unanimity and Desegregation: Decision-making in the Supreme Court: 1948—1958*[J]. *Georgetown Law Journal*. 68 (1979).

34 Hyman, Herbert H. & *Sheatsley*, Paul B. *Attitudes Toward Desegregation* [J]. *Scientific American*(Dec. 1956).

35 Johnson, C. S. *Some Significant Social and Educational Implications of the U. S. Supreme Court's Decision*[J]. *Journal of Negro Education*, Vol. 23 (Summer 1954).

36 Johnson, R. O. *Desegregation of Public Education in Georgia—One Year Afterward* [J]. *The Journal of Negro Education*. Vol. 24, No. 3 (Summer, 1955).

37 Jordan, Lawrence V. *Educational Integration in West Virginia—One Year Afterward* [J]. *The Journal of Negro Education*. Vol. 24, No. 3 (Summer, 1955).

38 Kelly, Alfred H. *The Congressional Controversy over School Segregation, 1867—1875*[J]. *The American Historical Review*. Vol. 64, No. 3(Apr., 1959).

39 Klarman, Michael. *Brown, Racial Change, and the Civil Rights Movement*[J]. *Virginia Law Reviews*, Vol. 80, No. 7(July 1994).

40 Knox, Ellis O. *Racial Integration in the Public Schools of Arizona, Kansas and New Mexico*[J]. *The Journal of Negro Education*. Vol. 23, No. 3 (Summer, 1954).

41 Korstad, Robert. & Lichtenstein, Nelson. *Opportunities Found and Lost: Labor, Radicals, and the Early Civil Rights Movement*[J]. *Journal of American History*. vol. 75, No. 3(December 1988).

42 Liebman, Lance. *Constitutional Values and Public Education*[J]. *Bulletin of the American Academy of Arts and Sciences*. Vol. 34, No. 3 (Dec., 1980).

43 Loeb, Martin. *Kansas City Does Its Duty*[J]. *Social Problems*.

Vol. 4, No. 2(1956).

44 Marshall, Albert P. *Racial Integration in Education in Missouri* [J]. *The Journal of Negro Education.* Vol. 25, No. 3(1956).

45 McConnell, Michael. *Originalism and Desegregation Decision*[J]. *Virgina Law Review.* Vol. 81, No. 4(May, 1995).

46 McConnell, Michael. *Originalist Justification for Brown: A Reply to Professor Klarman*[J]. *Virgina Law Review.* Vol. 81, No. 7(Oct., 1995).

47 McKinney, J. C. & Bourque, L. B. *The Changing South: National Incorporation of a Region*[J]. *American Sociological Review.* Vol. 36, No. 3 (June 1971).

48 Meyer, David S. Boutcher, Steven A. *Signals and Spillover: Brown V. Board of Education and Other Social Movements* [J]. *Perspectives on Politics.* Vol. 5, No. 1(Mar., 2007).

49 Mikva, Abner. *The Role of Theorists In Constitutional Cases*[J]. *University of Colorado Law Review.* 63(1992).

50 Milner, H. Richard. Howard, Tyrone C. *Black Teachers, Black Students, Black Communities, and Brown: Perspectives and Insights from Experts*[J]. *The Journal of Negro Education.* Vol. 73, No. 3(Summer, 2004).

51 Parrish, C. H. *Desegregation in Public Education—a Critical Summary* [J]. *The Journal of Negro Education.* Vol. 24, No. 3(1955).

52 Pritchett, C. Herman. *Equal Protection and the Urban Majority* [J]. *The American Political Science Review*, Vol. 58, No. 4,Dec., 1964.

53 Rindfuss, Ronald R. *A Fertility Reaction to a Historical Event: Southern White Birthrates and the 1954 Desegregation Ruling*[J]. *Science.* New Series, Vol. 201, No. 4351(Jul. 14, 1978).

54 Romero, David W. Romero, Francine Sanders. *Precedent, Parity, and Racial Discrimination: A Federal/State Comparison of the Impact of Brown v. Board of Education*[J]. *Law & Society Review.* Vol. 37, No. 4 (Dec., 2003).

55 Sanders, Francine. *Brown v. Board of Education: An Empirical*

Reexamination of Its Effects on Federal District Courts [J]. *Law & Society Review*. Vol. 29, No. 4(1995).

56 Shagaloff, June. *Desegregation of Public Schools in Delaware* [J]. *The Journal of Negro Education*. Vol. 24, No. 3(Summer, 1955).

57 Smith, Rogers M. *Political Jurisprudence, The "New Institutionalism," and the Future of Public Law* [J]. *The American Political Science Review*. Vol. 82, No. 1(Mar., 1988).

58 Taylor, Joseph T. *Desegregation in Louisiana—One Year After* [J]. *The Journal of Negro Education*. Vol.24, No. 3((Summer, 1955).

59 Tomkins, Alan J. Oursland, Kevin. *Social and Social Scientific Perspectives in Judicial Interpretations of the Constitution: A Historical View and an Overview* [J]. *Law and Human Behavior*. Vol. 15, No. 2, Social Science and the U. S. Constitution(Apr., 1991).

60 Tushnet, Mark. *Some Legacies of Brown v. Board of Education* [J]. *Virginia Law Review*. October 2004, Volume 90, Issue 6.

61 Tushnet, Mark. *The Significance of Brown v. Board of Education* [J]. *Virgina Law Review*. Vol. 80,1994.

62 Tushnet, Mark. & Lezin, Katya. *What Really Happened in Brown v. Board of Education?* [J]. *Columbia Law Review*. Vol. 91, No. 8, Dec., 1991.

63 Ulmer, S. Sidney. *Earl Warren and the Brown Decision* [J]. *The Journal of Politics*. Vol.33, No. 03(1971).

64 Vaughn, William P. *Partners in Segregation: Barnas Sears and the Peabody Fund* [J]. *Civil War History*. Vol. 10(September 1964).

65 Ware, Leland B. *Setting the Stage for Brown: The Development and Implementation of the NAACP's School Desegregation Campaign, 1930—1950* [J]. *Mercer Law Review*. Vol. 52, 2000—2001.

66 Yinger, J. M. & Simpson, G. E. *Can Segregation Survive in an Industrial Society?* [J] *The Antioch Review*. Vol. 18, No. 1(Spring 1958).

(三) 英文学位论文

1 Ashley-Fridie, B. *Another Shade of Brown: A Historical Study of*

"Brown V. Board of Education" And Its Impact on The Education of Mexican Americans In Edinburg, Texas In The Rio Grande Valley Of South Texas[D]. The University of Texas-Pan American, 2006.

2 Batchelor, J. E. *Rule of law: North Carolina school desegregation from brown to Swann, 1954—1974* [D]. North Carolina State University, 1992.

3 Bellman, K. A. *Language and Rhetoric in Brown. Board of Education* [D]. The University of Nebraska - Lincoln, 1990.

4 Bercik, M. J. *The Little Rock School Crisis of* 1957 *And Its Impact on The Economy of Arkansas*[D]. University of Pittsburgh, 1999.

5 Bordman, M. B. *Dear Old Golden Rule Days: A Study In The Rhetoric Of Separate-but-equal In Roberts v. City of Boston(1849), Plessey v. Ferguson(1896), and brown v. board of education(1954)*[D]. University of Maryland College Park, 1993.

6 Bouillion, D. E. *The Story That's Never Been Told: African-American Perceptions of Desegregation*[D]. Stephen F. Austin State University, 2004.

7 Brown, B. D. *Persistence And Pervasion of Disproportionate Representation of African American Students In Special Education Programs: 47 Years After Brown Vs. Board of Education Of Topeka And 22 Years After Larry P. Vs. Wilson Riles*[D]. University of California, Berkeley with San Francisco State University, 2001.

8 Brown, L. T. *Brown v. Board of Education And School Desegregation: An Analysis of Selected Litigation*[D]. Virginia Polytechnic Institute and State University, 2004.

9 Burnette, A. E. *A Lost Cause Revisited: Virginia's Massive Resistance, 1954—1962*[D]. Northwestern University, 1996.

10 Burrell, L. A. *Brown Versus The Board of Education, A Historical Analysis Of Brown I, Brown II And Brown III* [D]. University of Houston, 1996.

11 Butler, B. J. *The Effects of School Desegregation on The Policy of Integration Established In Brown V. Board of Education*[D]. Northern Illinois University, 1999.

12 Conway, I. A. *Central Virginia dream keepers: Narratives of African American teachers that taught before, during and after the brown v Topeka, Kansas board of education decision*[D]. University of Virginia, 2000.

13 Cumming, D. O. *Facing Facts, Facing South: The Southern Education Reporting Service And The Effort to Inform The South After Brown v. Board, 1954—1960*[D]. The University of North Carolina at Chapel Hill, 2002.

14 Daugherity, B. J. *Keep on Keeping on: The NAACP And The Implementation of Brown v. Board of Education In Virginia*[D]. The College of William and Mary, 2010.

15 Ehrlander, M. F. *Equal Educational Opportunity In The Post-Brown Era*[D]. University of Virginia, 1999.

16 Franklin Weekley, R. *Brown v. Board: The Struggle and The Legacy*[D]. University of Missouri - Columbia, 2004.

17 Hart, N. L. C. *African-American Community Perspectives on Brown v. Board of Education of Topeka*, 1954[D]. University of Kansas, 1995.

18 Hill, R. C. *The Historical Development of The Public Schools In Topeka, Kansas, 1854—1980: A Search For Understanding of Topeka's Educational Roots*[D]. Kansas State University, 1995.

19 Horsford, S. D. *Vestiges of Desegregation: Black Superintendent Reflections on The Complex Legacy of Brown v. Board of Education*[D]. University of Nevada, Las Vegas, 2007.

20 Jackson, J. P. *The Transformation of Social Science Into Modern Authority in Brown v. Board of Education, 1945—1957*[D]. University of Minnesota, 1996.

21 Lopez, P. J. *Opinions of Selected Individuals Concerning Future Influence of The Court-Approved Remedy Plan on Elementary Schools In Topeka*[D]. Kansas State University, 2002.

22 McDonald, J. D. *An Historical Study on The Effects of Case Brown v. Board of Education In Nashville, Tennessee In 2001*[D]. Tennessee State University, 2002.

23 O'Brien, T. V. *Georgia's Response to Brown v. Board of Education:*

The Rise and Fall Of Massive Resistance, 1949—1961 [D]. Emory University, 1992.

24 Pitts, W. E. *E. E. Butler High School, Desegregation, And The Gainesville City-Hall County, Georgia, Schools, 1821—1973: A Victory of Sorts*[D]. Georgia State University, 1999.

25 Samad, A. A. *Legal and Policy Interpretations of The Fourteenth Amendment in The Post-Brown Era: A 50-Year Case Study on The Policy Implementation Challenges of Brown v. Board of Education* [D]. The Claremont Graduate University, 2007.

26 Samuels, A. L. *School desegregation from Brown to Fordice, 1954—1992: A Case Study in American Individualism*[D]. Louisiana State University and Agricultural & Mechanical College, 1998.

27 Smith, J. P. *A History of College Admissions At The University of Mississippi Since 1954: Implications of Brown v. Board of Education, Meredith V. Fair, And Ayers V. Fordice Upon Student Selection Criteria* [D]. The University of Memphis, 1998.

28 Standley, A. P. *Alexander Bickel, Charles Black, and the ambiguous legacy of brown v. board of education: Competing conceptions of law, justice and democracy within postwar legal thought*[D]. Yale University, 1993.

29 Stegall, S. A. *The Development of Semi Urban Schools: A Response to Resegregation*[D]. School of Education, 2008.

30 Strickler, V. J. *Reconsidering Rosenberg: How his challenge to brown v. board of education May Be Better Met*[D]. Stanford University, 2006.

31 Stulberg, L. M. *Teach a New Day: African American Alternative Institution-Building and the Politics of Race and Schooling since Brown*[D]. University of California, Berkeley, 2001.

32 Thurneck, L. *Abolishing "Jim Crow": A History of Public Argument and the Reversal of The "Separate But Equal" Doctrine* [D]. Indiana University, 1998.

33 Walker, A. *The Ghost of Jim Crow: Law, Culture, and the Subversion of Civil Rights, 1954—1965*[D]. Yale University, 2003.

34 Walthers, K. G. *Fifty Years After Brown v. Board of Education: Seeking Equal Opportunity at The Local Level* [D]. The University of Utah, 2006.

35 Washington, S. *The Educational Contract*[D]. New School University, 2005.

36 Wright, J. L. *After the* 1954 *Brown Decision: A Narrative Inquiry Into The Declining Presence of African American Educators*[D]. Stephen F. Austin State University, 2003.

（四）英文报纸、杂志

1 Kirp, David L. *How Now, Brown*[N]. *The Nation*, June 1, 1992.

2 *A Supreme Court Bomb*! [N] *Afro-American*, May 22, 1954.

3 *The Decision of A Century*[N], *Atlanta Daily World*, May 18, 1954.

4 *Will Stun Communists*[N], *Pittsburgh Courier*, May 18,1954.

5 *End of Dual Society*[N], *Chicago Defender*, May 18, 1954; June 12, 1954.

6 *Christian Science Monitor*[N], May 22, 1954.

7 *Equality Redefined*[N]. *Boston Herald*, May 18, 1954.

8 *The Segregation Decision*[N]. *Los Angeles Times*, May 19, 1954.

9 "*All God's Chillun*" [N]. *New York Times*, May 18, 1954.

10 *The Thinker*[N]. *Tennessean*, May 22, 1954.

11 *The Supreme Court Has Given Us Time*[N]. *Atlanta Constitution*, May 18, 1954.

12 *Courier Journal*[N], May 18, 1954.

13 *Adjustment Held Difficult*[N]. *Mississippian*, May 18, 1954.

14 *The Decision of a Century*[N], *Daily World*, May 18, 1954.

15 *No School Segregation*[N]. *Arkansas Democrat*, May 18, 1954.

16 *No Job For a Race Horse*[N]. *Arkansas Democrat*, May 22, 1954.

17 "*Violates*" *Way of Life*[N]. *Cavalier Daily*, May 18, 1954.

18 *New Orleans Times-Picayune*[N], May 18, 1954.

19 *Southern Education Reporting Service. Southern School News*[N]. Nashville, Tennessee, October 1954—1964.

20 *Voters Vineyard*[N]. *Afro-American*, June 1955.

21 *Need for Changing*[N]. *Afro-American*, June 1955.

22 *Farmville Herald*[N], November 4, 1955.

23 *Richmond Times-Dispatch*[N]. August 22, 1958.

24 *New York Times*[N], October 21—23, 1958.

25 *Richmond Times-Dispatch*[N], October 29—31, 1958.

26 *Richmond News Leader*[N], November 11, 1958.

（五）论文集

1 Ball, A. ed. *With More Deliberate Speed: Achieving Equity and Excellence in Education—Realizing The Full Potential of Brown v. Board of Education, 105th Yearbook of The National Society for the Study of Education*[C]. Chicago: University of Chicago Press, 2006.

2 Byrne, Dara N. ed. *Brown v. Board of Education: Its Impact on Public Education, 1954—2004* [C]. New York: Thurgood Marshall Scholarship Fund, 2005.

3 Clive Webb, ed. *Massive Resistance: Southern Opposition to the Second Reconstruction*[C]. New York: Oxford University Press, 2005.

4 Harvard, William C. ed, *Changing Politics of the South*[C]. Baton Rouge: Louisiana State University Press, 1972.

5 Herbert Hill & James Johns, Jr. ed. *Race in America: the Struggle for Equality*[C]. Madison: University of Wisconsin Press, 1993.

6 Rhode, Deborah L. ed, *Brown at Fifty: the Unfinished Legacy*[C]. American Bar association, 2004.

7 Shoemaker, Don. ed. *With All Deliberate Speed: Segregation-Desegregation in Southern Schools*[C]. Westport, Connecticut: Negro Universities Press, 1957.

（六）英文统计报告

1 Southern Education Reporting Service. *A Statistical Summary, State by State, of Segregation-Desegregation Activity Affecting Southern Schools from 1954 to Present, Together With Pertinent Data on Enrollment, Teachers, Colleges, Litigation and Legislation* [R]. Nashville, Tenn.: Southern

Education Reporting Service, 1961.

2 Southern Education Reporting Service. *Statistical Summary of School Segregation-Desegregation in the Southern and Border States*[R]. Nashville, Tennessee,1964.

3 United States Commission on Civil Rights. *School desegregation in Williamsburg County, South Carolina: a staff report of the U. S. Commission on Civil Rights*[R]. Washington: The Commission, 1977.

4 United States Commission on Civil Rights. *Twenty Years After Brown; A Report of the United States Commission on Civil Rights*[R]. Washington: The Commission, 1979.

（七）信件

1 Burton Papers, Library of Congress.

2 Frankfurter Papers, Harvard Law School.

3 Frankfurter Papers, Library of Congress.

附　录

一、联邦最高法院对普莱西诉弗格森案的判决意见①

PLESSY v. FERGUSON.

163 U. S. 537, 16 S. Ct. 1138 U. S. 1896

May 18, 1896.

In Error to the Supreme Court of the State of Louisiana.

This was a petition for writs of prohibition and certiorari originally filed in the supreme court of the state by Plessy, the plaintiff in error, against the Hon. John H. Ferguson, judge of the criminal district court for the parish of Orleans, and setting forth, in substance, the following facts:

That petitioner was a citizen of the United States and a resident of the state of Louisiana, of mixed descent, in the proportion of seven-eighths Caucasian and one-eighth African blood; that the mixture of colored blood was not discernible in him, and that he was entitled to every recognition, right, privilege, and immunity secured to the citizens of the United States of the white race by its constitution and laws; that on June 7, 1892, he engaged and paid for a first-class passage on the East Louisiana Railway, from New Orleans

① Westlaw International[EB/OL]. http://international. westlaw. com/find/default. wl? cite = 163 + U. S. + 537&rs = WLIN13. 01&findjuris = 00001&vr = 2. 0&rp = % 2ffind% 2fdefault. wl&sp = BeijingNU - 04&fn = _top&mt = 314&sv = Split, 2013—3—1 to Covington, in the same state, and thereupon entered a passenger train, and took possession of a vacant seat in a coach where passengers of the white race were accommodated; that such railroad company was incorporated by the laws of Louisiana as a common carrier, and was not authorized to distinguish between citizens according to their race, but, notwithstanding this, petitioner was required by the conductor, under penalty of ejection from said train and imprisonment, to vacate said coach, and occupy another seat, in a coach assigned by said company for persons not of the white race, and for no other reason than that petitioner was of the colored race; that, upon petitioner's refusal to comply with such order, he was, with the aid of a police officer, forcibly ejected from said coach, and hurried off to, and imprisoned in, the parish jail of New Orleans, and there held to answer a charge made by such officer to the effect that he was guilty of having criminally violated an act of the general assembly of the state, approved July 10, 1890, in such case made and provided.

The petitioner was subsequently brought before the recorder of the city for preliminary examination, and committed for trial to the criminal district court for the parish of Orleans, where an information was filed against him in the matter above set forth, for a violation of the above act, which act the petitioner affirmed to be null and void, because in conflict with the constitution of the United States; that petitioner interposed a plea to such information, based upon the unconstitutionality of the act of the general assembly, to which the district attorney, on behalf of the state, filed a demurrer; that, upon issue being joined upon such demurrer and plea, the court sustained the demurrer, overruled the plea, and ordered petitioner to plead over to the facts set forth in the information, and that, unless the judge of the said court be enjoined by a writ of prohibition from further proceeding in such case, the court will proceed to fine and sentence petitioner to imprisonment, and thus deprive him of his constitutional rights set forth in his said plea, notwithstanding the unconstitutionality of the act under which he was being prosecuted; that no appeal lay from such sentence, and petitioner was without relief or remedy except by writs of prohibition and certiorari. Copies of the information and other proceedings in the criminal district court were annexed to the petition as an exhibit.

Upon the filing of this petition, an order was issued upon the respondent to show cause why a writ of prohibition should not issue, and be made perpetual, and a further order that the record of the proceedings had in the criminal cause be certified and transmitted to the supreme court.

To this order the respondent made answer, transmitting a certified copy of the proceedings, asserting the constitutionality of the law, and averring that, instead of pleading or admitting that he belonged to the colored race, the said Plessy declined and refused, either by pleading or otherwise, to admit that he was in any sense or in any proportion a colored man.

The case coming on for hearing before the supreme court, that court was of opinion that the law under which the prosecution was had was constitutional and denied the relief prayed for by the petitioner (Ex parte Plessy, 45 La. Ann. 80, 11 South. 948); whereupon petitioner prayed for a writ of error from this court, which was allowed by the chief justice of the supreme court of Louisiana.

Mr. Justice Harlan dissenting.

二、文森法院要求进行进一步辩论的五个问题①

Supreme Court of the United States

Oliver BROWN, Mrs. Richard Lawton, Mrs. Sadie Emmanuel, et al., appellants, v.

BOARD OF EDUCATION OF TOPEKA, SHAWNEE COUNTY, KANSAS, et al.

No. 8.

June 8, 1953

① Westlaw International[EB/OL]. http://international.westlaw.com/find/default.wl?cite=345+U.S.972&rs=WLIN13.01&vr=2.0&rp=%2ffind%2fdefault.wl&sp=BeijingNU-04&fn=_top&mt=314&sv=Split,2013—3—1

Case ordered restored to the docket and is assigned for reargument on Monday, October 12, next. In their briefs and on oral argument counsel are requested to discuss particularly the following questions insofar as they are relevant to the respective cases:

'1. What evidence is there that the Congress which submitted and the State legislatures and conventions which ratified the Fourteenth Amendment contemplated or did not contemplate, understood or did not understand, that it would abolish segregation in public schools?

'2. If neither the Congress in submitting nor the States in ratifying the Fourteenth Amendment understood that compliance with it would require the immediate abolition of segregation in public schools, was it nevertheless the understanding of the framers of the Amendment.

'(a) that future Congresses might, in the exercise of their power under section 5 of the Amendment, abolish such segregation, or

'(b) that it would be within the judicial power, in light of future conditions, to construe the Amendment as abolishing such segregation of its own force?

'3. On the assumption that the answers to questions 2(a) and(b) do not dispose of the issue, is it within the judicial power, in construing the Amendment, to abolish seggregation in public schools?

'4. Assuming it is decided that segregation in public schools violates the Fourteenth Amendment.

'(a) would a decree necessarily follow providing that, within the limits set by normal geographic school districting, Negro children should forthwith be admitted to schools of their choice, or

'(b) may this Court, in the exercise of its equity powers, permit an effective gradual adjustment to be brought about from existing segregated systems to a system not based on color distinctions?

'5. On the assumption on which questions 4(a) and(b) are based, and assuming further that this Court will exercise its equity powers to the end described in question 4(b).

'(a) should this Court formulate detailed decrees in this case;

'(b) if so what specific issues should the decrees reach;

'(c) should this Court appoint a special master to hear evidence with a view to recommending specific terms for such decrees;

'(d) should this Court remand to the courts of first instance with directions to frame decrees in this case and if so what general directions should the decrees of this Court include and what procedures should the courts of first instance follow in arriving at the specific terms of more detailed decrees?

'The Attorney General of the United States is invited to take part in the oral argument and to file an additional brief if he so desires.'

三、1954年5月17日最高法院对布朗案的判决意见①

BROWN et al.

v.

BOARD OF EDUCATION OF TOPEKA, SHAWNEE COUNTY, KAN., et al.

BRIGGS et al.

v.

ELLIOTT et al.

DAVIS et al.

v.

COUNTY SCHOOL BOARD OF PRINCE EDWARD COUNTY, VA., et al.

GEBHART et al.

v.

BELTON et al.

Nos. 1, 2, 4, 10.

Reargued Dec. 7, 8, 9, 1953.

Decided May 17, 1954.

---

① Westlaw International[EB/OL]. http://international. westlaw. com/find/default. wl? cite = 347 + U. S. + 483 + &rs = WLIN13. 01&vr = 2. 0&rp = % 2ffind% 2fdefault. wl&sp = BeijingNU - 04&fn = _top&mt = 314&sv = Split, 2013—3—1.

MR. CHIEF JUSTICE WARREN delivered the opinion of the Court.

These cases come to us from the States of Kansas, South Carolina, Virginia, and Delaware. They are premised on different facts and different local conditions, but a common legal question justifies their consideration together in this consolidated opinion.

In each of the cases, minors of the Negro race, through their legal representatives, seek the aid of the courts in obtaining admission to the public schools of their community on a non-segregated basis. In each instance, they had been denied admission to schools attended by white children under laws requiring or permitting segregation according to race. This segregation was alleged to deprive the plaintiffs of the equal protection of the laws under the Fourteenth Amendment. In each of the cases other than the Delaware case, a three-judge federal district court denied relief to the plaintiffs on the so-called "separate but equal" doctrine announced by this Court in *Plessy v. Fergson*, (163 U. S. 537). Under that doctrine, equality of treatment is accorded when the races are provided substantially equal facilities, even though these facilities be separate. In the Delaware case, the Supreme Court of Delaware adhered to that doctrine, but ordered that the plaintiffs be admitted to the white schools because of their superiority to the Negro schools.

The plaintiffs contend that segregated public schools are not "equal" and cannot be made "equal," and that hence they are deprived of the equal protection of the laws. Because of the obvious importance of the question presented, the Court took jurisdiction. Argument was heard in the 1952 Term, and reargument was heard this Term on certain questions propounded by the Court.

Reargument was largely devoted to the circumstances surrounding the adoption of the Fourteenth Amendment in 1868. It covered exhaustively consideration of the Amendment in Congress, ratification by the states, then-existing practices in racial segregation, and the views of proponents and opponents of the Amendment. This discussion and our own investigation convince us that, although these sources cast some light, it is not enough to resolve the problem with which we are faced. At best, they are inconclusive. The most avid proponents of the post-War Amendments undoubtedly intended them to remove all legal distinctions among "all persons born or naturalized in the United States." Their opponents, just as certainly, were antagonistic to both the letter and the spirit of the Amendments and wished them to have the most limited effect. What others in Congress and the state legislatures had in mind cannot be determined with any degree of certainty.

An additional reason for the inconclusive nature of the Amendment's history with respect to segregated schools is the status of public education at that time. In the South, the movement toward free common schools, supported by general taxation, had not yet taken hold. Education of white children was largely in the hands of private groups. Education of Negroes was almost nonexistent, and practically all of the race were illiterate. In fact, any education of Negroes was forbidden by law in some states. Today, in contrast, many Negroes have achieved outstanding success in the arts and sciences, as well as in the business and professional world. It is true that public school education at the time of the Amendment had advanced further in the North, but the effect of the Amendment on Northern States was generally ignored in the congressional debates. Even in the North, the conditions of public education did not approximate those existing today. The curriculum was usually rudimentary; ungraded schools were common in rural areas; the school term was but three months a year in many states, and compulsory school attendance was virtually unknown. As a consequence, it is not surprising that there should be so little in the history of the Fourteenth Amendment relating to its intended effect on public education.

In the first cases in this Court construing the Fourteenth Amendment, decided shortly after its adoption, the Court interpreted it as proscribing all state-imposed discriminations against the Negro race. The doctrine of "separate but equal" did not make its appearance in this Court until 1896 in the case of *Plessy v. Ferguson*, *supra*, involving not education but transportation. American courts have since labored with the doctrine for over half a century. In this Court, there have been six cases involving the "separate but equal" doctrine in the field of public education. In *Cumming v. County Board of Education*, 175 U. S. 528, and *Gong Lum v. Rice*, 275 U. S. 78, the validity of the doctrine itself was not challenged. In more recent cases, all on the graduate school level, inequality was found in that specific benefits enjoyed by white students were denied to Negro students of the same educational qualifications. *Missouri ex rel. Gaines v. Canada*, 305 U. S. 337; *Sipuel v. Oklahoma*, 332 U. S. 631; *Sweatt v. Painter*, 339 U. S. 629; *McLaurin v. Oklahoma State Regents*, 339 U. S. 637. In none of these cases was it necessary to reexamine the doctrine to grant relief to the Negro plaintiff. And in *Sweatt v. Painter*, *supra*, the Court expressly reserved decision on the question whether *Plessy v. Ferguson* should be held inapplicable to public education.

In the instant cases, that question is directly presented. Here, unlike *Sweatt v. Painter*, there are findings below that the Negro and white schools involved have been equalized, or are being equalized, with respect to buildings, curricula, qualifications and salaries of teachers, and other "tangible" factors. Our decision, therefore, cannot turn on merely a comparison of these tangible factors in the Negro and white schools involved in each of the cases. We must look instead to the effect of segregation itself on public education.

In approaching this problem, we cannot turn the clock back to 1868, when the Amendment was adopted, or even to 1896, when *Plessy v. Ferguson* was written. We must consider public education in the light of its full development and its present place in American life throughout the Nation. Only in this way can it be determined if segregation in public schools deprives these plaintiffs of the equal protection of the laws.

Today, education is perhaps the most important function of state and local governments. Compulsory school attendance laws and the great expenditures for education both demonstrate our recognition of the importance of education to our democratic society. It is required in the performance of our most basic public responsibilities, even service in the armed forces. It is the very foundation of good citizenship. Today it is a principal instrument in awakening the child to cultural values, in preparing him for later professional training, and in helping him to adjust normally to his environment. In these days, it is doubtful that any child may reasonably be expected to succeed in life if he is denied the opportunity of an education. Such an opportunity, where the state has undertaken to provide it, is a right which must be made available to all on equal terms.

We come then to the question presented: Does segregation of children in public schools solely on the basis of race, even though the physical facilities and other "tangible" factors may be equal, deprive the children of the minority group of equal educational opportunities? We believe that it does.

In *Sweatt v. Painter*, *supra*, in finding that a segregated law school for Negroes could not provide them equal educational opportunities, this Court relied in large part on "those qualities which are incapable of objective measurement but which make for greatness in a law school." In *McLaurin v. Oklahoma State Regents*, *supra*, the Court, in requiring that a Negro admitted to a white graduate school be treated like all other students, again resorted to intangible considerations: ". . . his ability to study, to engage in discussions and exchange views with other students, and, in general, to learn his profession." Such considerations apply with added force to children in grade and high schools. To separate them from others of similar age and qualifications solely because of their race generates a feeling of inferiority as to their status in the community that may affect their hearts and minds in a way unlikely ever to be undone. The effect of this separation on their educational opportunities was well stated by a finding in the Kansas case by a court which nevertheless felt compelled to rule against the Negro plaintiffs: Segregation of white and colored children in public schools has a detrimental effect upon the colored children. The impact is greater when it has the sanction of the law, for the policy of separating the races is usually interpreted as denoting the inferiority of the Negro group. A sense of inferiority affects the motivation of a child to learn. Segregation with the sanction of law, therefore, has a tendency to[retard] the educational and mental development of negro children and to deprive them of some of the benefits they would receive in a racial[ly] integrated school system. Whatever may have been the extent of psychological knowledge at the time of *Plessy v. Ferguson*, this finding is amply supported by modern authority. Any language in *Plessy v. Ferguson* contrary to this finding is rejected.

We conclude that, in the field of public education, the doctrine of "separate but equal" has no place. Separate educational facilities are inherently unequal. Therefore, we hold that the plaintiffs and others similarly situated for whom the actions have been brought are, by reason of the segregation complained of, deprived of the equal protection of the laws guaranteed by the Fourteenth Amendment. This disposition makes unnecessary any discussion whether such segregation also violates the Due Process Clause of the Fourteenth Amendment.

Because these are class actions, because of the wide applicability of this decision, and because of the great variety of local conditions, the formulation of decrees in these cases presents problems of considerable complexity. On reargument, the consideration of appropriate relief was necessarily subordinated to the primary question—the constitutionality of segregation in public education. We have now announced that such segregation is a denial of the equal protection of the laws. In order that we may have the full assistance of the parties in formulating decrees, the cases will be restored to the docket, and the parties are requested to present further argument on Questions 4 and 5 previously propounded by the Court for the reargument this Term The Attorney General of the United States is again invited to participate. The Attorneys General of the states requiring or permitting segregation in public education will also be permitted to appear as *amici curiae* upon request to do so by September 15, 1954, and submission of briefs by October 1, 1954.

It is so ordered.

四、1955年5月31日联邦最高法院对布朗案的第二次判决意见①

Oliver BROWN, et al., Appellants, v. BOARD OF EDUCATION OF TOPEKA, Shawnee County, KANSAS, et al.

Harry BRIGGS, Jr., et al., Appellants, v. R. W. ELLIOTT, et al.

Dorothy E. DAVIS, et al., Appellants, v. COUNTY SCHOOL BOARD OF PRINCE EDWARD COUNTY, VIRGINIA, et al.

Spottswood Thomas BOLLING, et al., Petitioners, v. C. Melvin SHARPE, et al.

Francis B. GEBHART, et al., Petitioners, v. Ethel Louise BELTON, et al.

Nos. 1 to 5.

Argued April 11, 12, 13 and 14, 1955. Decided May 31, 1955.

Class actions by which minor plaintiffs sought to obtain admission to public schools on a nonsegregated basis. On direct appeals by plaintiffs from adverse decisions in United States District Courts, District of Kansas, 98 F. Supp. 797, Eastern District of South Carolina, 103 F. Supp. 920, and Eastern District of Virginia, 103 F. Supp. 337, on certiorari before judgment on appeal to the United States Court of Appeals for the District of Columbia from adverse decision in United States District Court for the District of Columbia, and on certiorari from decision favorable to plaintiffs in the Supreme Court of Delaware, 91 A. 2d 137, the Supreme Court, 347 U. S. 483, 74 S. Ct. 686, 98 L. Ed. 873, and 347 U. S. 497, 74 S. Ct. 693, 98 L. Ed. 884, held that racial discrimination in public education was unconstitutional and restored cases to docket for further argument regarding formulation of decrees. On further argument, the Supreme Court, Mr. Chief Justice Warren, held that in proceedings to implement Supreme Court's determination, inferior courts might consider problems related to

① Westlaw International[EB/OL]. http://international.westlaw.com/find/default.wl? cite = 349 + U. S. + 294&rs = WLIN13.01&vr = 2.0&rp = %2ffind%2fdefault.wl&sp = BeijingNU - 04&fn = _top&mt = 314&sv = Split, 2013—3—1 administration, arising from physical condition of school plant, school transportation system, personnel, revision of school districts and attendance areas into compact units to achieve system of determining admission to public schools on a nonracial basis, and revision of local laws and regulations, and might consider adequacy of any plans school authorities might propose to meet these problems and to effectuate a transition to racially nondiscriminatory school systems.

Judgments, except that in case No. 5, reversed and cases remanded with directions; judgment in case No. 5 affirmed and case remanded with directions.

后　记

本书在我博士学位论文的基础上修订而成，它是我博士阶段学习和研究的一个总结，也为我在北师大的学习生活画上了一个句号。

布朗案是美国教育史上一个里程碑式的法庭判例，它涉及20世纪美国最重要的社会问题之一——黑人和白人之间的种族关系问题。20世纪下半叶，美国教育领域中一系列的改革措施，比如校车制、学券制、择校、特许学校、肯定性行动计划，都与布朗案的判决有着紧密的联系。理解布朗案的始末缘由、审判过程，会更加深入理解20世纪下半叶美国教育的发展。由于与布朗案相关的文献资料以英文居多，很多资料在国内难以获得，再加上这一案件以美国20世纪五六十年代纷繁复杂的社会历史为背景，涉及多个研究领域，因此教育领域的研究者们虽然对布朗案或多或少都有所耳闻，但对这一判例的前因后果、来龙去脉非常熟悉的人并不是很多。我对现代美国教育史具有浓厚的兴趣，在导师张斌贤教授的鼓励下，遂将布朗案作为博士论文的研究对象。在赴美的一年中，我广泛搜集了与布朗案相关的各类文献资料；在文献阅读、整理和写作过程中，虽然遇到了很多困难，但都在导师的指导下一一克服。

在本书的写作、修改和出版过程中，我得到了各方的支持和帮助，在此表示深深的感谢。

感谢我的导师张斌贤教授。感谢张老师引领我进入美国教育史的研究领域，感谢张老师言传身教，教我如何做人、做事、做学问，感谢张老师在我博士论文的选题、构思、写作、修改、出书过程中提出的宝贵意见，感谢张老师在硕、博期间对我的鼓励、支持和关心！本书中若有任何可取之处，都是张老师悉心指导的结果。

感谢我的另外一位导师迈克尔·W.阿普尔教授。在阿普尔教授的邀请下，我有幸到美国威斯康星大学麦迪逊校区访学一年，才有机会为本书的写作查阅大量的外文学术资料。在他的“星期五讨论班”上，我得以与来自世界各地的学者以及威斯康星大学的博士生们进行学术交流；阿普尔教授经常就我的博士论文与我进行学术讨论，他的真知灼见对我帮助极大。

感谢北师大教育历史与文化研究院的郭法奇教授、李子江教授、王晨副教授、孙益博士，各位老师对我的学业给予了热情的指导，在我博士论文的形成过程中提出了宝贵的意见，使我受益匪浅。感谢北师大外国教育史专业的各位学友，谢谢你们为本书的成形提出的宝贵意见。感谢我的母校北京师范大学，在这里获得的学术熏陶使我受益无穷。感谢联校教育社科医学研究论文奖计划对本人博士论文的资助，衷心感谢向该计划提供无偿资助的香港圆玄学院和汤伟奇博士、“联校论文奖计划”发起人之一的杜祖贻教授。

感谢我亲爱的妈妈，她是我的人生导师，是我最坚强的后盾，军功章上有我的一半，也有妈妈的一半。感谢我的爸爸，对他的思念，是我不畏困难、勇往直前的深层动力。感谢我所有的亲人、朋友和同学，感谢所有爱我的人和我爱的人。

由于本人学识、时间和精力有限，书中难免存在缺点和错误，敬请方家批评指正。

祝　贺

2013 年 5 月于北京师范大学